Joachim Käppner

1941

Der Angriff auf die ganze Welt

Rowohlt · Berlin

1. Auflage April 2016
Copyright © 2016 by
Rowohlt · Berlin Verlag GmbH, Berlin
Karten Peter Palm, Berlin
Satz aus der Plantin, PostScript, InDesign
Gesamtherstellung CPI books GmbH, Leck, Germany
ISBN 978 3 87134 826 6

Für Jurek Rotenberg,
meinen Freund, von dem ich so vieles lernen durfte

Things fall apart; the centre cannot hold.
Mere anarchy is loosed upon the world.
The blood-dimmed tide is loosed, and everywhere
The ceremony of innocence is drowned;
The best lack all conviction, while the worst
Are full of passionate intensity.

Alles zerfällt; das Zentrum hält nicht stand.
Schiere Anarchie wird losgelassen auf die Welt.
Blutrot schwappt frei die Flut, und rings umher
Das Spiel der Unschuld wird ertränkt.
Die Besten haben keine Überzeugung mehr; die
    Schlimmsten
Sind von der Kraft der Leidenschaft erfüllt.

William Butler Yeats (1865–1939): The Second Coming

Inhalt

Vorwort

Als Boris Dorfman geboren wurde, das war im Jahre 1923, gehörte seine Heimatstadt Cahul zu Rumänien. Das Städtchen, heute Teil der Republik Moldawien, liegt in Bessarabien, auf das die Sowjetunion Ansprüche erhob, weil es einst zum russischen Zarenreich gehört hatte. Die jüdische Familie Dorfman zählte zum gebildeten und aufstrebenden Bürgertum, man sprach zu Hause jiddisch. Als Boris Dorfman sechzehn Jahre alt war, teilten die Diktatoren Adolf Hitler und Josef Stalin Osteuropa heimlich unter sich auf. Bessarabien gehörte zur «Interessenssphäre» der Sowjets, die 1940 einrückten und das Land gewaltsam okkupierten. Er war nun sowjetischer Staatsbürger rumänischer Herkunft und jüdischer Identität. Zu den Zehntausenden, welche die neuen Herren als verdächtige Elemente tief nach Russland deportieren ließen, gehörten auch die Dorfmans. Er kämpfte als Rotarmist ab 1941 gegen die Rumänen und die Deutschen, 1944 kam er nach Lemberg in der Ukraine und blieb. Von den einhundertsechzigtausend Juden Lembergs lebte kaum noch jemand, die Deutschen hatten fast alle ermordet. Boris Dorfman erlebte, wie Stalin Zehntausende Polen aus der Stadt nach Westen «umsiedeln» ließ und wie die letzten Spuren jüdischer Kultur von den Kommunisten unterdrückt wurden.

Jetzt ist Boris Dorfman früherer Rumäne, früherer Bürger der Sowjetunion und heutiger Bürger der Ukraine; er fühlt und versteht sich als Jude, der die Geschichte und Traditionen seiner Gemeinde lebendig erhält. Er liebt seine Stadt und sein Land, aber viel lieber wäre ihm, dass nicht schon wieder Krieg herrschen würde, diesmal zwischen der Ukraine und den russischen Separatisten im Donbass. Er sagt heute: «Warum ist keine Seite bereit zu Kompromissen? Wir haben doch 1941 erlebt, welche Schrecken der Krieg bringt.»

Drei Staaten, drei Systeme, drei Kriege: das Leben des Boris Dorfman.

Die Staaten: Rumänien, die Sowjetunion, die Ukraine. Die Systeme: nationalistische Diktatur, Sowjetkommunismus von Stalin bis Gorbatschow, die postsowjetische Ukraine in allen ihren Zuständen von 1991 bis heute. Die Kriege: 1940, 1941 bis 1944, 2012 bis heute.

Für Menschen seiner Generation ist das nicht einmal ein ungewöhnlicher Lebensweg. Der Krieg riss sie fort wie ein Sturm, es gab kein Halten; er schleuderte sie durch einen Wirbel neuer Herren und Ideologien, und der Einzelne konnte fast nichts dagegen tun. 1941, vor fünfundsiebzig Jahren, überfiel die Wehrmacht die Sowjetunion und entfesselte den Vernichtungskrieg, der alle Schrecken der bisherigen Feldzüge um ein Vielfaches vergrößerte, so schlimm die Bombenangriffe, Massaker und Kämpfe auch gewesen sein mochten. Es ist das Jahr, in dem die Flamme des Krieges von Mitteleuropa übersprang auf den Balkan, nach Griechenland, nach Russland und schließlich in den Pazifik. Er hatte, als es begann, wie ein europäischer Krieg ausgesehen, wenn auch ein besonders brutaler, und viele hofften, er habe seinen Höhepunkt bereits überschritten und werde bald zu Ende gehen. Doch er war ein Weltkrieg, als es endete, die größte militärische Auseinandersetzung der Geschichte, die alle Kontinente erfasste und wenige Staaten der Welt unberührt ließ. Es war das Jahr, in dem der Zivilisationsbruch durch

Hitlerdeutschland zwar nicht begann, das war schon 1939 in Polen geschehen, aber zu einer ungeheuren Zahl neuer Opfer führte und als systematischer Genozid organisiert wurde: der Mord an den Juden, den sowjetischen Kriegsgefangenen, der Beginn des «Generalplans Ost» als Basis des deutschen «Lebensraums» im Osten.

Es leben nicht mehr viele Menschen, die dieses entscheidende Jahr noch als Erwachsene miterlebt haben und davon berichten können. Mit der Lebenswirklichkeit der Jüngeren hat es äußerlich so wenig zu tun wie der Mongolensturm von 1241, sieben Jahrhunderte zuvor. Selbst die Großeltern, die meisten von ihnen waren 1941 noch Kinder gewesen wie meine Mutter, deren Vater am 22. Juni im Radio vom Angriff auf die Sowjetunion hörte, das Gerät ausschaltete und sagte: «Der Hitler, dieser Verbrecher.» Für die Generation, die in den sechziger und siebziger Jahren geboren wurde, war die Zeitzeugenschaft der Älteren noch so selbstverständlich, dass man sich oft erst, als wieder einmal eine Beerdigung anstand, Vorwürfe machte, sie nicht noch mehr und noch genauer gefragt zu haben. Viele wären freilich nicht bereit gewesen, die Wahrheit oder überhaupt etwas zu sagen. Und für die anderen, die etwas zu sagen gehabt hätten, kam das Interesse der Nachgeborenen zu spät.

Dieses Buch möchte heutigen Lesern in verständlicher und anschaulicher Weise nahebringen, welche großen und unwiderruflichen Weichenstellungen das Jahr 1941 brachte und welche Motive die Handelnden umtrieben. Es ist kein fachwissenschaftliches Werk, sondern gedacht für ein breites Publikum; aber es beruht auf den Erkenntnissen, welche die Historiker gerade in den vergangenen zwei Jahrzehnten so reichlich gewonnen haben.

Es ist ein Buch über den Krieg. Über den Krieg als Mittel

der Politik und über die Politik im Banne eines Krieges, in dem es keinen Ausgleich und keine Kompromisse geben konnte. Diesen Krieg würde Hitlerdeutschland gewinnen, oder seine Feinde, die es angegriffen hatte, würden es tun. Das Buch handelt von den Politikern, die ihn beschlossen und betrieben; von den Soldaten, die ihn führten; von den Menschen, über die er hinwegrollte wie eine Walze aus Feuer; es handelt von Grausamkeit und Verzweiflung, von Mut und Widerstehen.

Und es handelt von der Verantwortung des Menschen für sein Handeln. Ein Krieg ist so wenig wie eine Diktatur eine Sturmflut oder eine Lawine, er ist keine Naturkatastrophe, die unverhofft hereinbricht. Sehr viele Menschen haben Handlungsspielräume, und mögen sie noch so klein sein. Sie haben die Wahl, die richtige oder die falsche Entscheidung zu treffen, wenn auch oftmals nur in Details und innerhalb jener winzigen Ausschnitte des Geschehens, innerhalb deren sie sich bewegten. Ein junger Mann aus, sagen wir, dem Spessart hatte 1941 keine Wahl, ob er zu den Soldaten ging oder nicht; er war durch Wehrpflicht und die mordlustige Militärjustiz dazu gezwungen, gleich, ob er sich für den Krieg begeisterte, ihn fürchtete oder ablehnte. Er war aber nicht gezwungen, in Russland Wehrmachtsbordelle aufzusuchen, auf Zivilisten zu schießen, Speisekammern in Dörfern zu plündern oder lachend Fotos von Judenpogromen zu machen. Es gab sehr viele Soldaten, die solche Dinge getan haben; es gab auch viele, die das nicht taten. Es gab Spielräume. Das Erschreckende ist, wie viele sie nicht nutzten und damit zu Trägern des Vernichtungskrieges wurden. Und doch ist Schuld immer eine individuelle Frage.

Aber weil es so viele, sehr viele waren, die schuldig wurden, handelt das vorliegende Buch auch von der Frage, war-

um die Wehrmacht sich in solchem Ausmaß an einem verbrecherischen Krieg beteiligte. Heute, zwanzig Jahre nach
der Wehrmachtsausstellung des Hamburger Instituts für
Sozialforschung und den Arbeiten vieler Historiker wie Jürgen Förster, Johannes Hürter, Christian Hartmann, Wolfram Wette und anderen, muss man nicht mehr darüber diskutieren, ob die Wehrmacht einen verbrecherischen Krieg
führte. Natürlich tat sie es.

Das macht nicht jeden zum Verbrecher, der in ihr diente
oder dienen musste, solch kollektive Urteile sind immer
falsch. Doch sie hat auch nicht, wie es noch Jahrzehnte nach
1945 behauptet wurde, einen richtigen Krieg im falschen,
einen «normalen» oder «fairen» Krieg für ein mörderisches
System geführt. Das ist an sich ein Widersinn. Aber das
Selbstbild einer in großen Teilen «sauberen Truppe», das
die beteiligten Generäle gleich nach dem Krieg zeichneten,
blieb lange lebendig.

Es hat die «Traditionspflege» der Bundeswehr, ausgerechnet der Armee des Parlaments und des «Staatsbürgers in
Uniform», noch über die Ära Kohl hinaus belastet und mit-
geprägt. Es hat dazu geführt, dass die ersten klugen Ansätze
einer kritischen Militärgeschichtsschreibung, entworfen
von Manfred Messerschmidt, am Militärhistorischen Forschungsamt in den Siebzigern auf wenig Gegenliebe stießen.
Die Kämpfe von damals muten heute selbst schon wie ein
Stück Geschichte an. Sie spiegeln sich noch wider in den
ersten Bänden des Standardwerks «Das Deutsche Reich
und der Zweite Weltkrieg». Im Band über den Überfall auf
die Sowjetunion, erschienen 1983, haben einige Verfasser
wie Jürgen Förster das Konzept des Vernichtungskrieges,
den die Wehrmachtsführung bewusst mittrug, klar erfasst
und beschrieben. Andere behaupteten noch, «Barbarossa»

sei im Grunde ein deutscher Präventivkrieg gegen einen russischen Überfall gewesen. Was den Historikern misslang, schaffte die Wehrmachtsausstellung 1995. Sie enthielt garstige Fehler und manche Übertreibungen, aber sie war es, die den Bann gebrochen hat. Seitdem ist es leichter, das Jahr 1941 in Gänze zu betrachten, in dem Hitler seine willigen Generäle den Vernichtungskrieg planen und ausführen ließ.

Es markiert den großen Wendepunkt in der Geschichte des Zweiten Weltkrieges. Als es begann, stand Großbritannien allein gegen das triumphierende Hitlerreich. Als es endete, führte dieses Reich Krieg gegen die Sowjetunion und die USA. Es war ein Krieg geworden, den es nicht gewinnen konnte und glücklicherweise auch nicht gewonnen hat. Es war auch die Entscheidung zwischen drei Systemen und Weltanschauungen. Anfangs triumphierte der Faschismus, und Hitlers Deutschland, ausgerechnet, war im Bunde mit der Sowjetunion. Zur gleichen Zeit folterte und ermordete die SS in den Konzentrationslagern deutsche Kommunisten. Das perverse Bündnis, das die totalitären Diktaturen 1939 geschlossen hatten, nutzte beiden. Stalin bekam erhebliche Teile Osteuropas und sah erst einmal zu, wie Hitler sich anschickte, die Demokratie in Europa auszulöschen. Aus sowjetischer Sicht war der fortwährende Krieg zwischen Deutschland und England nur ein Gemetzel kapitalistischer Staaten unter sich. Solange es dabei blieb, würden sie sich nicht gegen die Sowjetunion richten, so das Kalkül.

Es hatte unrichtiger nicht sein können. In der Strategie des deutschen Diktators und seiner Umgebung war es das erklärte Ziel schon seit 1940, die Sowjetunion zu vernichten, die in der NS-Ideologie ein «jüdisch-bolschewistisches» System darstellte. Das eroberte Land sollte zum deutschen «Lebensraum im Osten» werden. Mit dem Überfall auf die

Sowjetunion am 22. Juni 1941, dem «Fall Barbarossa», erreichte dieser Krieg eine ganz neue Dimension des Schreckens. Zwei das Leben ihrer Bürger allumfassende, ideologisch begründete Diktaturen mobilisierten alle ihre gewaltigen Kräfte und Ressourcen. Nie zuvor hatten so große Armeen so erbittert gegeneinander gekämpft, nie zuvor hatten Eroberer ein solches Ausmaß an Mord und Verwüstung gebracht wie die Deutschen.

Die Sowjetunion hätte wahrscheinlich nicht überlebt ohne die letzte Bastion der – von ihr so verachteten – demokratischen Freiheit Europas: Winston Churchills Großbritannien. Churchills stolze Kampfansage an Hitler, «wir werden uns niemals ergeben», beraubte den deutschen Diktator jeder Hoffnung, er werde im Osten jemals freie Hand für seinen Vernichtungsfeldzug bekommen. Der Versuch Hitlers, seinen Ostkrieg gegen Interventionen der Briten abzusichern, trug den Krieg auf den Balkan, nach Griechenland und Nordafrika. In der perversen Logik der Nazi-Ideologie musste der Russlandfeldzug gewonnen sein, bevor die Amerikaner Großbritannien beispringen würden. Um sie zu schwächen, verbündete sich das Deutsche Reich mit Japan, und im Dezember 1941, binnen weniger Tage, entschied sich nach dem Angriff auf Pearl Harbor das Schicksal der Welt.

Diese historischen Entscheidungen und vor allem das Ringen dreier Systeme 1941 will das vorliegende Buch beschreiben. Der epochale Einschnitt jenes Jahres war ohne jeden Zweifel der Überfall auf die Sowjetunion, er steht daher im Mittelpunkt, samt seinen Zielen und Verbrechen. Es will nicht der Versuchung erliegen, die Verbrechen Hitlers und Stalins ganz oder fast gleichzusetzen. Gewiss, viele, die nach 1939 in Stalins finsteren Machtbereich geraten waren – Polen, Balten, Bessarabier, Juden –, hätten nicht für

17

möglich gehalten, dass es noch schlimmer kommen könnte; diese Zwangsherrschaft aus Terror und Indoktrination übertraf alles Bisherige. Die Deutschen aber belehrten sie eines Schlechteren: Es konnte noch schlimmer kommen, viel schlimmer. Wenn heute Bücher wie Antony Beevors «Stalingrad» und «Berlin» oder Timothy Snyders «Bloodlands» die Gräuel beider Seiten schildern, ist das nur angemessen, solange man sie nicht gleichsetzt. Diese Werke sind aber auch ein verdienstvoller Versuch, die angelsächsische Perspektive auf den Krieg zurechtzurücken, in welcher Stalins Reich jahrzehntelang weder in seiner moralischen Abgründigkeit noch in seinem entscheidenden Beitrag zum Sieg über Nazideutschland angemessen erfasst worden war.

Aber darüber darf man nicht vergessen, dass auch die demokratische Welt 1941 zu ihrer Kraft und ihren Werten zurückfand, obwohl die USA noch lange am Rande des Krieges verharrten. Wahrscheinlich wäre es den angelsächsischen Mächten ohne den Kampf der Sowjetunion nur mit äußerster Mühe – oder der Atombombe – gelungen, Hitlerdeutschland zu schlagen und Europa zu befreien. Und umgekehrt: Ohne die allein gegen die Nazis kämpfenden Briten und ohne die Amerikaner, die mit Geld, Material und Waffen halfen, hätte die Sowjetunion das Jahr 1941 kaum überlebt. Auch davon handelt dieses Buch: von der späten, beinahe zu späten Selbstbehauptung der freien Welt, einer ethisch fundierten Welt, die wir heute als viel zu selbstverständlich betrachten. Aber das ist sie nicht. Sie ist eine historische, einmalige Errungenschaft, und 1941 markiert das Jahr, in dem sie ihre Stimme, ihre Würde und ihre Kraft wiederfand.

München, im Januar 2016
Joachim Käppner

Fünf Menschen, 1941

«Der stille Typ»: Johannes Blaskowitz

Als der Krieg begann, mit dem deutschen Überfall auf Polen, hatte Johannes Blaskowitz fast sein gesamtes Leben in Uniform verbracht. Er wurde 1883 als Sohn eines Pfarrers geboren und stammte aus Wehlau im tiefsten Ostpreußen, gelegen in einer wehmütigen Landschaft aus Birkenwäldern und Seen nahe der Grenze zum Zarenreich. Bereits im Alter von zehn Jahren trat der Junge, der sehr früh seine Mutter verloren hatte, in die Kösliner Kadettenschule ein. Die einheitliche Kluft der Kadetten, die brachiale Disziplin, das Gehorsamsprinzip, das ältere Kadetten den Neuen gern einprügelten: von nun an bis zu seinem letzten Tag bestimmte das Militär sein Leben. Selbst als junger Offizier trug Johannes Blaskowitz die Ausgehuniform, wenn er in Berlin auf Bällen Damen zum Tanz bat. Er war ein guter Reiter und Fechter. 1902 hieß es in der Beurteilung seines Infanterieregiments, er eigne sich als intelligenter und herausragender Soldat aus zwei Gründen zum Offizier: wegen seines militärischen Talents und seines klaren moralischen Standpunktes.[1]

Der Erste Weltkrieg war für Blaskowitz wie für seine ganze Generation ein einschneidendes, die gewohnten Deutungen der Welt erschütterndes Erlebnis. Er war Kompaniechef und Generalstabsoffizier und diente an fast allen Fronten.

1920 übernahm ihn die Reichswehr, wo Blaskowitz als Mann galt, der bis ins Mark von alter Schule sei. Zehn Jahre später war er Landeskommandant von Baden. Die Rettung der wankenden Republik betrachtete er wie die allermeisten Offiziere in keiner Weise als Aufgabe der Truppe, ganz im Gegenteil, der «Parteienhader» sei das «eigentliche Unglück Deutschlands», wie Blaskowitz sagte.

Die Reichswehr und ihre späteren Apologeten bezeichneten deren Haltung gern als unpolitisch. Sie war das genaue Gegenteil. Es war Politik, sich von der Republik und der demokratischen Reichsverfassung zu distanzieren, deren Schutz man gelobt hatte. Es war Politik, sich als eigentlichen Hüter der Nation zu begreifen und die aufsteigende Nazibewegung, je nach Sichtweise, als natürlichen oder auch unnatürlichen, auf jeden Fall hilfreichen Verbündeten zu behandeln. Wie etliche Angehörige des Militärs und der alten Eliten hing auch Blaskowitz der Illusion an, Hitler zur Not in die Schranken weisen zu können: Sollten die Nazis «Dummheiten machen», sagte er 1932 auf einem Truppenübungsplatz, «wird ihnen mit aller Gewalt entgegengetreten werden, und man wird selbst vor blutigsten Auseinandersetzungen nicht zurückschrecken».

Natürlich kam es anders. Hitler entmachtete 1934 die Kampf- und Pöbeltruppe der SA, und die Armee war nun – wie sie es gewollt hatte – alleinige bewaffnete Macht der Nation. Aufrüstung, Soldatenkult und die mühelose Entmachtung möglicher Opponenten festigten Hitlers Griff auf die Wehrmacht, wie die Truppe nun hieß. Generalmajor Johannes Blaskowitz hatte nach der Besetzung Prags im März 1939 die «vollziehende Gewalt» in Böhmen inne. Er war – in seiner, und nur in seiner Welt – ein bedeutender Mann geworden, ein «Glückskind», wie er sich selbst bescheinigte.[2]

Wenig deutete darauf hin, dass Johannes Blaskowitz einmal den Zorn des «Führers» auf sich ziehen würde. Der Generalmajor gehörte zu den führenden Kommandeuren beim Angriff auf Polen 1939, er schlug deren Armee in der verlustreichen Schlacht an der Bsura und nahm die Kapitulation eines polnischen Generals in Warschau entgegen, dem er «ehrenvolle» Behandlung versprach. Nach dem Feldzug übernahm er das Amt des Oberbefehlshabers Ost («Ober-Ost»), des höchsten militärischen Vertreters im besetzten Polen («Generalgouvernement») und in Ostpreußen.

Wenn Johannes Blaskowitz von «alter Schule» war, bedeutete dies zunächst: Disziplin, Strenge, Gehorsam, antidemokratische Haltung. Alte Schule bedeutete aber nicht: Massenmorde, willkürliche Exekutionen, brennende Dörfer. Das unterworfene Land bot der deutschen Führung eine Art Blaupause für den späteren Vernichtungskrieg, von Beginn an herrschte Terror gegen Juden und Polen. Verantwortlich waren die SS und weitere Mordorgane wie die Sicherheitspolizei, die Sipo, vor allem aber die Zivilverwaltung des Generalgouvernements unter Hans Frank in Krakau.

Polen erlebte die ersten systematischen Mordaktionen durch die SS-Einsatzgruppen, Opfer waren überwiegend Juden und Angehörige der polnischen Führungsschichten, aber auch Geiseln und angebliche Partisanen. In Będzin brannte die SS mit Flammenwerfern die Synagoge nieder und ermordete binnen zweier Tage fünfhundert jüdische Menschen.[3] Schon am 27. November 1939 verfasste Johannes Blaskowitz einen Lagebericht, in dem er die Verbrechen scharf verurteilte und es ablehnte, «mit den Gräueltaten der Sicherheitspolizei identifiziert zu werden», geschweige denn sie zu unterstützen. OKH-Oberbefehlshaber Walther von Brauchitsch las das Memorandum und ließ es Hitler vorlegen. Der «Führer» tobte: Sein oberster Soldat in Polen habe wohl «kindliche Einstellungen» und vertrete «Heilsarmee-Methoden». Hitler hatte Blaskowitz schon mehrfach gerüffelt, weil er ihm militärstrategisch zu konservativ erschien.

Wenn konservativ bewahrend heißt, dann versuchte der Generaloberst nun, wenigstens ein Minimum herkömmlicher Behandlung der Besiegten zu bewahren. Weiterhin prangerte er den «Blutrausch» von Franks Mordtruppen an. Er war nicht einmal ganz allein, mehrere hohe Offiziere trugen ihm Informationen zu und unterstützten seine Haltung. Ulrich von Hassell, der 1944 von der NS-Justiz ermordet wurde, berichtete am Tag vor Heiligabend 1939: «Erschießungen unschuldiger Juden nach Hunderten am laufenden Band. Blaskowitz hat eine Denkschrift gemacht, in der alles offen dargelegt werde und in der ein Satz stehe, daß zu befürchten sei, die SS werde nach Art ihres Verhaltens in Polen später sich in der gleichen Weise auf das eigene Volk stürzen.»[4] Blaskowitz selbst schrieb: «Die Ansicht, man könne das polnische Volk mit Terror einschüchtern und am Boden halten, wird sich bestimmt als falsch erweisen. Dafür ist die Leidensfähigkeit des Volkes viel zu groß.»[5] Unbeirrt ließ Blaskowitz bis Mai 1940 weitere Eingaben und Memoranden folgen; direkt in Polen eingreifen konnte er nicht, weil die innere Verwaltung, sprich das Mordregime, Hans Frank in Krakau oblag. Blaskowitz bemühte sich aber, jüdische Arbeiter in den Fabriken zu belassen, statt sie in Lager zu sperren, und den Soldaten die Teilnahme an allen Ausschreitungen zu untersagen. Die Wehrmacht war an den Morden in vielen Fällen beteiligt. Etliche Bilder sind erhalten, auf denen Soldaten alte jüdische Orthodoxe umringen und ihnen feixend die Schläfenlocken abschneiden. Die Männer fotografierten sich dabei, Selfies des beginnenden Zivilisationsbruchs.

Blaskowitz wird hier nicht angeführt, weil sein Protest typisch für die Wehrmacht gewesen wäre. Sein Beispiel ist genannt, weil es so untypisch, eine solche Ausnahme ist. Kein anderer General während des gesamten Krieges ist der Vernichtungspolitik so klar und offen entgegengetreten – kein einziger. Während des Vernichtungskrieges in der Sowjetunion ab 1941 gab es niemanden wie ihn. Dabei galt Johannes Blaskowitz keineswegs als Sturkopf, den sein kantiger Schädel und sein preußisches Erscheinungsbild hätten vermuten lassen können. Luftwaffen-Generalfeldmarschall Erhard Milch nannte ihn «den stillen Typ» und nicht besonders charakterstark. Und doch zeigte er mehr Charakter als alle seinesgleichen. Am 8. Dezember 1939 flog Blaskowitz' Stabschef, General Jäneke, zum Oberkommando des Heeres und legte dort einen weiteren Report über die unfassbaren Verbrechen in Polen vor. Er schilderte Verfolgung und Ghettoisierung der Juden, die Auswirkungen auf die Moral der Truppe und der polnischen Bevölkerung; das besetzte Land sinke in einen Zustand der Gesetzlosigkeit herab. Es gab Debatten und «große Erregung», dann ignorierte OKH-Chef von Brauchitsch den Bericht und gab ihn nicht an Hitler weiter, obwohl Blaskowitz ihn persönlich dazu aufforderte.[6] Von Brauchitsch fiel ihm sogar in den Rücken und ließ den Soldaten in Polen per Befehl mitteilen, der «Volkstumskampf» erfordere eben Härte.

Mitte Mai 1940 warf Hitler den lästigen und ungeliebten «Ober-Ost» schließlich hinaus und versetzte ihn in den Westen. Sein Nachfolger, General Georg von Küchler, unterband jede weitere Kritik aus dem Offizierskorps und arbeitete eng mit dem Vernichtungsapparat zusammen.[7] Die weiteren Jahre sind ein trauriger Epilog. Blaskowitz wurde Oberbefehlshaber im besetzten Frankreich und ließ seine

1. Armee 1942 auf Hitlers Befehl in den unbesetzten Teil des Landes einmarschieren. Gegen die Kämpfer der Résistance ging er hart vor, verbot aber die sonst üblichen willkürlichen Geiselerschießungen. Am Ostfeldzug nahm er nicht teil, vom Widerstand des 20. Juli 1944 distanzierte er sich. In den letzten Kriegstagen war er noch Oberbefehlshaber der «Festung Holland».

Leider wird man niemals erfahren, was Johannes Blaskowitz vor den Richtern des Internationalen Militärtribunals in Nürnberg über das Mordsystem des NS-Staates und die Rolle der Soldaten darin gesagt hätte. Im Prozess gegen das Oberkommando der Wehrmacht 1948 gehörte er zu den Angeklagten. Ein Begleiter sah ihn am 5. Februar plötzlich von der Freitreppe im dritten Stock des Gerichtsgebäudes in die Tiefe der Rotunde stürzen. Johannes Blaskowitz war offenbar freiwillig gesprungen und sofort tot. Für Gerüchte, er sei Opfer eines Mordkomplottes jener ehemaligen Kameraden, die seine Aussage fürchten mussten, haben sich niemals Belege finden lassen.[8]

Mit den Protesten in Polen hat Johannes Blaskowitz nicht viel erreicht. Seine Demarchen loteten aus, wie groß der Spielraum eines Militärbefehlshabers sein konnte. Sie gefährdeten nachhaltig seine Karriere, niemals aber Leib und Leben. Er folgte in diesen Monaten 1939/40 seinem Gewissen, weil sein Gewissen stark genug war. Seine historische Bedeutung liegt weniger in dem, was er geleistet und getan hat. Sie lässt sich nur im Vergleich zu dem ermessen, was alle anderen seinesgleichen nicht geleistet und getan haben. Er zumindest hat den Versuch unternommen, dem Bösen entgegenzutreten, einen Versuch nur, der aber immer mit seinem Namen verbunden bleiben wird.

«Ich danke Ihnen, dass Sie so menschlich waren»: Bob Doe, Jagdflieger (Großbritannien)

Neujahr ist sehr kalt gewesen, der 2. Januar 1941 ebenso. Rings um den RAF-Stützpunkt Warmwell Station liegt Schnee. Dorset im Winter, eine melancholische Landschaft, wie erstarrt in Frost und Nebel. Im Kriegstagebuch der 238. Squadron ist für die beiden ersten Tage des neuen Jahres notiert: «Nothing of interest.» Nichts von Interesse. Über Dorset haben, nur wenige Monate ist das her, die härtesten Kämpfe der Luftschlacht um England getobt. Aber jetzt ist alles still. Erst am dritten Tag geschieht etwas.

Bob Doe, Jagdflieger, sieht die Winterlandschaft aus 15 000 Fuß Höhe, hell scheint der Mond auf Felder und Dörfer. Er hat keinen Blick dafür. Irgendetwas stimmt nicht mit seiner Hurricane, dem einmotorigen Jagdflugzeug, das doch so robust und zuverlässig ist. Der Öldruck sinkt, der Motor macht merkwürdige Geräusche. Dank des neuen, störungsfreien VHF-Funks alarmiert er den Stützpunkt. Er solle zurückkommen, so schnell wie möglich, heißt es dort. Es sind keine deutschen Flugzeuge in der Gegend, unten in Warmwell schießen sie Leuchtraketen ab; von oben winzige bunte Sterne, die den Weg heim weisen. Auf 10 000 Fuß bleibt der Motor stehen. Aber eine Hurricane fällt dann nicht vom Himmel; Does Flugzeug segelt auf den starken Tragflächen abwärts, gelenkt von der ruhigen Stimme aus dem Funkgerät. Er kommt vor der Landebahn herunter, besser könnte es nicht sein, denkt er. Er sieht noch dunkel den Schatten des Hangars zu seiner Rechten. Und dann ist alles schwarz, kein Licht mehr.

Die Hurricane ist in ein Hindernis gekracht, Bob Doe wird von der Wucht des Aufpralls aus dem Gurt gerissen und schlägt voll mit dem Gesicht in die Armaturen. Das Bodenpersonal holt ihn rasch aus dem Wrack. Er erwacht erst viele Stunden später, bandagiert, betäubt von der schweren Narkose: «Eine junge Krankenschwester, noch in der Ausbildung, hat mit mir gesprochen, sie wollte mich bei Bewusstsein halten, glaube ich. Das Mädchen war sehr hübsch, anders als ich mit dem zertrümmerten Gesicht. Dann habe ich begriffen, wovon sie die ganze Zeit redete: Ich hätte Glück, denn genau in meinem Bett hier sei Lawrence von Arabien gestorben.» Ein Schönheitschirurg wird sein Gesicht später fast ganz wiederherstellen, Bob Doe wird auch wieder fliegen, in Burma, und Flugschüler ausbilden, die grün und verängstigt sind, wie er es einmal war. Aber seinen wichtigsten Beitrag hatte er im Januar 1941 schon geleistet.

Im Hospital hat er oft zurückgedacht. Bob Doe hat zu jenen Jagdpiloten gehört, die den Deutschen am Himmel über Südengland ihre erste und historische Niederlage zufügten. Zwei Tage nach dem 13. August 1940, den der deutsche Luftwaffenchef Hermann Göring tönend zum «Adlertag» ausgerufen hatte, hatte er seinen ersten Kampfeinsatz: «Ich dachte nur: Ich bin der schlechteste Pilot der ganzen Staffel.» Seine Performance in der Flugakrobatik hatte die Ausbilder verdrossen den Kopf schütteln lassen. Da saß er in der modernsten Jagdmaschine der Welt, die Bodenstation führte ihn unaufhaltsam den deutschen Angriffsverbänden entgegen, und er fühlte sich klein, hilflos, ohne Kompetenz. Anderen erging es nicht besser, zwei der jungen Männer flogen sogar aus Versehen nach Frankreich. Und dann fand sich die RAF-Staffel unversehens mitten in einem deutschen Bomberpulk wieder. Doe folgte seinem Kommandanten in eine scharfe Kurve und hatte plötzlich eine Me 110 im Reflexvisier, einen großen zweimotorigen

26

Begleitjäger mit zwei Mann Besatzung; er eröffnete das Feuer aus acht Maschinengewehren. Zu seiner Verblüffung kippte die Messerschmidt über die Tragfläche zur Seite und stürzte direkt ins Meer. Eine zweite Me 110 näherte sich ihm von hinten, er hatte sie nicht einmal bemerkt. Doch der deutsche Pilot war zu schnell und zog an ihm vorbei. Wieder drückte Doe auf den roten Knopf, und wieder schoss er ein Flugzeug mit Hakenkreuzzeichen ab. Er hatte getroffen und getötet, er war im Krieg. Bob Doe war gerade 20 Jahre alt.

Am 7. September, die Luftschlacht tobte immer noch, waren nur noch drei der 15 Piloten dabei, mit denen die Staffel den Einsatz begonnen hatte. Die anderen: tot, vermisst, verwundet. Am 10. Oktober erwischte ihn ein deutscher Jäger, als sein Flugzeug gerade aus einer Wolke kam; Doe wurde verwundet und stieg gerade noch rechtzeitig mit dem Fallschirm aus. Zu diesem Zeitpunkt hatte die RAF die «Battle of Britain» fast schon gewonnen – solange sie den Himmel über Südengland nicht preisgab, würde es keine Invasion der Wehrmacht über das Meer geben können, gleichgültig, ob Hitler in Berlin drohte, er werde Englands Städte «ausradieren» lassen. Mit 14 bestätigten und einigen wahrscheinlichen Luftsiegen gehörte Doe jetzt zu den «Assen» – und zu den Männern, denen Churchill voller Pathos, aber zu Recht bescheinigte, die letzte Bastion der Demokratie in Europa gerettet zu haben: «Niemals in der Geschichte des Krieges haben so viele so wenigen so viel verdankt.»

Aber Bob Doe hat nie jenen Sieg vergessen, den er nicht errang. Es war auf dem Höhepunkt der Schlacht, wie er später erzählte: unter ihm das Meer, unruhig, schäumend, bedrohlich, vor ihm der deutsche Messerschmidt-Jäger, eine Me 109. Bob Does Spitfire hängt am Himmel hinter ihr, folgt ihr, es gibt kein Entkommen, die deutsche Maschine qualmt, das Glasdach des Cockpits ist abgerissen, darin der Pilot. Die Messerschmidt trudelt ins Visier, ein Druck auf den roten Knopf am Steuerknüppel, und Doe würde ein Ende machen mit dem «Hunnen», der übers Meer kam, um die Briten in die Knie zu zwingen, einer von so vielen.

Aber Doe schießt nicht. Sein Herz rast. Er sieht, wie der deutsche Pilot mühsam die Kontrolle über seine Maschine bewahrt, ein junger, gut aussehender Mann. Bob Doe ist nun Herr über dieses fast verwirkte Leben. Er lenkt die Hurricane neben den Deutschen und schaut hinüber, der andere starrt fassungslos zurück. Doe gibt ihm das universale «Thumbs up»-Zeichen und legt seine Jagdmaschine in eine steile Kurve. Zurück, nach Hause.

Lange nach dem Krieg, so wird Doe später berichten, «bekam ich einen Brief einer Frau Pingel aus Deutschland. Sie schrieb mir: Mr. Doe, ich danke Ihnen, dass Sie so menschlich waren und meinen Mann leben ließen. Ohne Sie würde es meine Kinder und Enkel nicht geben.» Rolf Pingel war ein deutscher Jagdflieger; 22 alliierte Maschinen sind ihm zum Opfer gefallen. Luftkriegshistoriker, eine in Großbritannien sehr beliebte Spezies, streiten bis heute: War der Mann in der Messerschmidt wirklich Rolf Pingel, wie allgemein vermutet wurde, oder ein anderer? Aber eigentlich tue das wenig zur Sache, sagte Bob Doe im Interview 2009, ein Jahr vor seinem Tod: «Man muss sich auch in einem Krieg an den Werten messen, die man verteidigt.»[9] Als er weitersprach, ein alter Gentleman, brachte er das Gespräch lieber schnell auf seinen Hauscocktail: Noilly Prat, Gin, ein wenig Zitrone. Etwas für Männer, sagte er, lachte und sah zur Seite. Seine Augen waren feucht. Der Krieg nimmt keine Rücksicht auf Gefühle. Und über sie zu sprechen, über das Töten, das er niemals wollte, fiel Bob Doe noch 69 Jahre nachher sehr, sehr schwer.

«Lord Kern der Sache»: Harry Hopkins, Berater des Präsidenten (USA)

Das Flugzeug kam rasch näher über das ruhige Meer der Karibik, bald war das Dröhnen der Propeller zu hören. Gefolgt von einer Fontäne aus Gicht, setzte es direkt neben dem schweren Kreuzer USS *Tuscaloosa* auf: Ein Flugboot der Navy brachte am 9. Dezember 1940 Post aus Washington – einen einzigen Brief. Ein Offizier des Schiffes trug ihn in die Kabine des Gastes, der sich hier häuslich eingerichtet hatte, mit Akten und Verschlusssachen, Romanen, Pokerkarten und Zigarren aus Kuba: Franklin D. Roosevelt, Präsident der Vereinigten Staaten von Amerika. Offiziell diente diese Reise dem Zweck, Marinebasen zu inspizieren; aber eigentlich gehörte sie zu jenen kleinen Fluchten aufs Meer, mit denen Roosevelt Erholung und neue Kraft suchte und meistens auch fand. Der Präsident genoss Sonne und Wärme, angelte, sah sich an Bord Kinofilme an, und bei alldem war nur ein kleiner Kreis von Vertrauten dabei sowie Pala, sein neuer Foxterrierwelpe.

Und, wie immer, Harry Hopkins. Der Fünfzigjährige sah zu, wie Marinesoldaten den Rollstuhl des Präsidenten auf einen windgeschützten Platz an Deck brachten und sich diskret zurückzogen. Hier saß Roosevelt allein und las, wie Hopkins dem Absender später berichtete, «den Brief wieder und wieder». Dieser Absender war Winston Churchill, Premierminister Großbritanniens, des letzten Staates Europas, der sich Hitlers Kriegsmacht widersetzte. Nur: Wie lange noch? Genau davon handelte das Schreiben, auf vielen Seiten, verfasst mit allem Gefühl für Drama und Überredungskunst, über das Churchill so reichlich verfügte. Es war, sollte er später sagen, «einer der wichtigsten Briefe meines Lebens».[10]

Zu diesem Zeitpunkt mussten die bedrängten Briten jede einzelne Patrone, jedes Ersatzteil, sämtliche Hilfsgüter aus den USA umgehend bezahlen, so sah es ein Gesetz vor, das die Isolationisten in den USA vor längerem schon durchgesetzt hatten. Ohne materielle Hilfe aus Amerika aber würde England diesen Krieg nicht durchhalten, trotz aller Ressourcen des Empires und der Kolonien. Die Ökonomie des Krieges war unbarmherzig: Die Dollarreserven gingen schneller zur Neige als die Bestände an Schiffen und Kampfflugzeugen, und das nach vierzehn Monaten eines Krieges, dessen Ende unabsehbar war.

Die britischen Streitkräfte seien derzeit außerstande, schrieb Churchill offen, «den immensen Armeen Deutschlands auf irgendeinem Schauplatz des Krieges standzuhalten». Zwar sei in Großbritannien selbst die Invasionsgefahr «stark zurückgegangen» seit dem Sieg in der Luftschlacht und der Neuaufstellung der Armee. Die Schiffsverluste auf der lebenswichtigen Atlantikroute aber, überwiegend durch U-Boote verursacht, hatten katastrophale Ausmaße erreicht, Tendenz steigend. Neben vielen anderen Bitten äußerte Churchill schließlich den entscheidenden Wunsch: «Ob geschenkt, geliehen oder geliefert: eine große Zahl amerikanischer Kriegsschiffe, vor allem Zerstörer, sind unverzichtbar, um die Atlantikroute offenzuhalten.»[11]

Das war der entscheidende Punkt. Hopkins hat Roosevelts Reaktion später so geschildert: Zwei Tage habe der Präsident nachgedacht, von Churchills Brief tief bewegt – konnte das Schicksal der freien Welt wirklich von Barzahlungsklauseln der amerikanischen Außenhandelsgesetze abhängen? «Dann schilderte er plötzlich die Lösung – das ganze Programm. Er schien keine genaue Vorstellung davon zu haben, wie man das rechtlich tun könnte. Aber er hatte keinen Zweifel, dass er einen Weg finden würde.» Das Lend-Lease-Programm war geboren, die Idee, den Briten zunächst Dutzende älterer Zerstörer zu «leihen», im Gegenzug zu Nutzungsrechten für einige britische Übersee-Stützpunkte: So technisch das klang, es war der Anfang eines gewaltigen Hilfsprogramms, ja der erste ganz große Schritt der USA in Richtung Krieg gegen Nazideutschland – und zugleich der Weg, den Widerstand des Kongresses und der öffentlichen Meinung in den USA auszuhebeln: Amerika würde fürs Erste nicht kämpfen, aber dem Bedrängten helfen. In dieser entscheidenden Frage der Weltpolitik sollte nicht, wie es Roosevelt nach seiner Rückkehr vor der Presse ausdrückte, das «Dollarzeichen» entscheiden. Hopkins hatte die Idee zusammen mit dem Präsidenten entworfen, dem er nachher gelassen Ruhm und Urheberschaft überließ.

Er hat nie ein offizielles Amt bekleidet und gehört doch zu den Schlüsselfiguren der Demokratien im Zweiten Weltkrieg: Hopkins, der treue Diener seines Herrn; die «graue Eminenz» im Weißen Haus, der über lange Jahre einflussreichste Berater Roosevelts; groß und dünn, the «half man», wie der magenkranke, oft bleiche, ausgezehrt wirkende Freund des Präsidenten in Washington genannt wurde; der Mann mit den strengen Zügen, zurückweichendem Haar und Augen voller Leidenschaft und Konzentration, der trotz Krankheit und Stress geistreich und voller Witz war, vor allem, wenn letzterer zulasten pompöser Würdenträger und Verursachern von Ungerechtigkeiten aller Art ging.

Das lag gewiss an seiner Herkunft aus sehr schlichten Verhältnissen. Als Sohn eines Veteranen aus dem amerikanischen Bürgerkrieg hatte der junge Hopkins nach dessen Tod bei der Mutter im Laden geholfen. Als engagierter Mitarbeiter der Arbeitslosenhilfe fiel er Roosevelt auf, damals

Senator in New York. Hopkins beschrieb die große Depression nach dem Bankencrash von 1929 so: «Jedes Mal, wenn der Sekundenzeiger auf der Uhr vorrückt, verliert ein Mann seinen Job.» Er wurde zum Chefarchitekten des so unkapitalistischen New Deal – das erfolgreiche staatliche Arbeitsbeschaffungsprogramm schuf Jobs für mindestens fünfundzwanzig Millionen US-Bürger – und damit zum Lieblingsfeind der amerikanischen Erzkapitalisten, Großkonzerne und der politischen Rechten. Viel von dem Hass, der eigentlich dem Präsidenten galt, traf ungefiltert Hopkins. Selbst im eigenen Lager war er nicht beliebt, vielen erschien er unheimlich, zu nah am Präsidenten. In Washington galt er, wie sein Mitarbeiter Robert E. Sherwood kurz nach dem Krieg schrieb, als «spezielle Iowa-Mischung aus Machiavelli, Svengali und Rasputin».[12] Hier mischten sich giftiger Hauptstadttratsch mit Neid und Bewunderung. Vor allem gingen alle drei Namen, Sinnbilder für jeder Moral entkleidete Suche nach Macht, an Hopkins' sozialen und demokratischen Grundwerten vorbei. Der Kampf an Roosevelts Seite gegen den Faschismus und für die Freiheit wurde die zweite große Mission dieses so unideologisch wirkenden Mannes.

Roosevelt war Churchill nur ein Mal beiläufig begegnet, 1918 in London, wo er ihn als selbstgefälligen Vertreter der englischen Oberschicht empfand. Churchill konnte sich daran nicht erinnern. Nun, Anfang 1941, von der erholsamen Ruhe auf der *Tuscaloosa* in den Washingtoner Betrieb zurückgekehrt, schickte der Präsident seinen diskreten Berater nach London, um die Lage, die Stimmung und vor allem die Möglichkeiten der weiteren Unterstützung auszuloten. Selbst für einen VIP wie Hopkins war ein Flug über den Atlantik eine zermürbende Angelegenheit. Zwar flog er im

«Yankee Clipper», einem riesenhaften viermotorigen Flugboot der Pan American mit allen Annehmlichkeiten. Doch mit kriegsbedingten Umwegen und mehreren Tankstopps kam er erst nach drei Tagen in England an, am 9. Januar 1941. Churchills Mitarbeiter Brendan Bracken erwartete den Gast in Poole an der Südküste und war, wie Hopkins' Biograph David Roll schreibt, «alarmiert, als er Hopkins sah: bleich, dünn wie ein Skelett, mit vor Fieber glitzernden Augen, lag er in seinem Sitz», unfähig, die Maschine zu verlassen oder auch nur den Sitzgurt zu öffnen.[13] Als man Churchill berichtete, Roosevelt schicke einen privaten Vertrauten namens Harry Hopkins, soll er gefragt haben: «Harry wer?»[14]

Das war kein vielversprechender Auftakt. Auch die ersten politischen Begegnungen mit Außenminister Anthony Eden und Lord Halifax («ein hoffnungsloser Tory», der glücklicherweise im Krieg gegen Hitler nichts mehr zu sagen habe) beeindruckten den Emissär wenig. Am Freitagmittag stand er schließlich in Downing Street Number 10, dem Sitz des Premierministers, und betrachtete Handwerker beim Beseitigen von Bombenschäden; abends schrieb Hopkins an Roosevelt: «Ein runder, rotgesichtiger Mann erschien und lächelte, er streckte mir eine fette, aber nichtsdestoweniger überzeugende Hand hin und hieß mich in England willkommen.» Es war der Beginn einer großen Freundschaft, persönlicher vielleicht als die von Churchill und Roosevelt, und einer immens wichtigen Arbeitsbeziehung.

Churchill ernannte Hopkins, der das direkte Wort liebte und bis an die britische Schmerzgrenze benutzte, so scherzhaft wie respektvoll zum «Lord Root of the Matter». Lord Kern der Sache verbrachte sechs Wochen in England, Churchill zeigte ihm Bunker und Flakstellungen an der südlichen Steilküste, nahm ihn mit auf ein Minensuchboot, von dem

Hopkins beinahe ins Meer gefallen wäre, und in die Zirkel aller wichtigen Entscheider. Viele Tage verbrachte der Amerikaner in Chartwell, Churchills Landhaus, und erweckte sogar Eifersucht: «Es erscheint mir, als sei das Allererste, wonach Churchill fragt, wenn er morgens erwacht, Harry Hopkins. Und Harry ist der Letzte, mit dem er noch spricht, bevor er zu Bett geht», murrte der US-Minister Harold Ickes, nicht ohne hinzuzufügen, dass Churchill sicher ebenso gewinnend auftreten würde, hätte ihm Roosevelt einen Mann mit einer ansteckenden Seuche geschickt.[15]

Man darf nicht vergessen, dass viele US-Diplomaten, etwa der einflussreiche, erst nach Roosevelts Wiederwahl im November 1940 zurückgetretene US-Botschafter in London, Joseph P. Kennedy, aufseiten der Appeaser standen und Churchill nicht zutrauten, gegen Hitler zu bestehen. Hier war nun jemand in London, der eine andere Botschaft verkündete: «Alles, was wir wollen, ist, den verdammten Hurensohn Hitler fertigzumachen.» Iowa pur, zur hellen Freude des Premiers, und dass Hopkins damit ohne Zweifel seine Befugnisse überschritt, störte Churchill kein bisschen. Er hatte einen Mann nach seinem Herzen gefunden, und wenn der Mann verknitterte Anzüge trug, wirre Haarsträhnen über die Stirn strich und schlagfertige Witze riss, umso besser.

Hopkins berichtete Roosevelt vom Kampfgeist der Briten und Churchills Entschlossenheit, sich den Nazis niemals und unter keinen Umständen zu beugen: «Wenn Mut allein einen Krieg entscheiden könnte – dessen Ausgang wäre unvermeidlich … Diese Regierung braucht unsere Hilfe, Mr. President, sie braucht alles, was wir ihr nur geben können.»[16] Von da an war Hopkins die Schaltstelle zwischen Präsident und Premierminister, Mittler und Mediator; nicht im Bunde der Dritte, das wäre viel zu viel gesagt, aber der richtige Mann an der richtigen Stelle. Er war es, der das erste persönliche Treffen der beiden 1941 vor Neufundland organisierte, das in der Atlantik-Charta für eine freie Welt endete, und der Churchill bei seinem Besuch in Washington im Dezember desselben Jahres kaum von der Seite wich. Noch auf der Konferenz von Jalta mit Stalin 1945 war er dabei, gleich seinem Präsidenten vom nahenden Tod gezeichnet; er starb 1946, nur ein Jahr nach Roosevelt.

Sein Nachruhm wäre weit größer, hätte er im Entscheidungsjahr 1941 nicht noch einen anderen engen Gesprächspartner gefunden: Josef Stalin. Nach dem deutschen Überfall flog Hopkins, auf noch mühsameren Wegen, nach Moskau, wieder als Roosevelts Vertrauter, und traf den Tyrannen im Kreml. Es war Ende Juli 1941, die Wehrmacht errang in Russland Sieg auf Sieg. Stalin mochte krankhaft misstrauisch und verschlagen sein, und doch war Hopkins einer der ganz wenigen Politiker aus dem Westen, die er sofort respektierte und auf deren Wort er etwas gab. Hopkins selbst behauptete scherzhaft, dass sei nur seiner Fähigkeit zu verdanken, Wodkaabende mit den russischen Gastgebern durchzuhalten: «Wodka has authority.»

Natürlich, Stalin wusste die Gelegenheit zu nutzen und versicherte sich in dieser Stunde der Bedrängnis amerikanischer Hilfe durch Lend-Lease-Waffen und Material, die fortan reichlich flossen. Aber er gab auch etwas dafür: kämpfende Armeen. Hopkins hatte im Januar verstanden, dass Churchill und die Briten niemals aufgeben würden, jetzt im Juli erkannte er denselben eisernen Willen in Moskau. In beiden Fällen hatten Amerikas Außenpolitiker das Gegenteil behauptet und einen Sieg Hitlers vorhergesagt. In beiden Fällen wusste es Hopkins nicht nur besser, er überzeugte auch Roosevelt davon. Gewiss spürte er die Aura von Macht und Bedrohung, die um Stalin herrschte, die Angst in den Augen der Kreml-Mitarbeiter, wenn der Diktator ihnen über den Mund fuhr. Aber Macht verkörperte Hopkins selbst – die des Präsidenten der USA.

Ein deutscher Luftangriff unterbrach das Gespräch, Stalin nahm Hopkins mit zum großen Bunker in der Metrostation Kirowskaja. Dort wartete bereits NKWD-Chef Berija, um seinen Gebieter eilfertig in die Sicherheit der Tiefgeschosse zu bringen. Oleg Chlewijuk überliefert in der neuen Stalin-Biographie den Bericht eines Funktionärs über die anschließende Szene: «Berija nahm Stalins Arm. ... Stalin reagierte grob und heftig, so wie er es immer tat, wenn er zornig war: ‹Fort mit Ihnen, Sie Feigling!›» Hopkins und Stalin sahen in den Nachthimmel, zuckende Scheinwerfer suchten nach den deutschen Bombern. «Dann passierte etwas, was während der nächtlichen Luftangriffe selten geschah»: Rasch hintereinander traf die Flugabwehr zwei Flugzeuge, die brennend durch die Dunkelheit hinabstürzten. «‹Das wird jedem passieren, der mit dem Schwert zu uns kommt›, sagte Stalin. ‹Und jeder, der im Guten kommt, wird als Gast willkommen geheißen.› Er nahm den Arm des Amerikaners und führte ihn nach unten.»[17]

Später, nach dem Krieg, in der Ära des eifernden Gesinnungsschnüfflers McCarthy, entstand in der amerikanischen Rechten die bis heute nachwirkende Verschwörungstheorie, Hopkins sei ein sowjetischer Spion gewesen oder habe zumindest dem Stalinismus nahegestanden. So hat der Kalte Krieg das Denken verzerrt. Hopkins war ein Realist. Er erkannte, dass allein Hitlers Aggression die Demokratien und den Sowjetkommunismus zusammengeführt hatte. Und wenn dies so war, so konnte der Westen die Rote Armee als Bündnispartner dringend brauchen; sie trug, über den ganzen Krieg gesehen, ja die Hauptlast des Landkrieges gegen die Wehrmacht. In diesem Juli 1941, todmüde und krank, begegnete er Stalin auf Augenhöhe: «Wir (die USA) hatten keine Zeit, uns lieber zurückzuhalten, weil Russlands Wege nicht die unseren waren. Wenn wir Hitlers Macht brechen konnten, indem wir Russland mit Waffen unterstützten, dann war der Präsident bereit, diese Hilfe zu leisten.»[18]

Gewiss verabscheute er, ähnlich wie Roosevelt, den Sowjetführer bei weitem nicht so sehr, wie Churchill dies tat, der das Verbrecherische in Stalins System viel tiefer erfasste. Offenbar vermied Hopkins Stalin gegenüber jedes Wort über die Millionen Toten des sowjetischen Terrorsystems. Aber wenn am Ende des Jahres die «große Allianz» stand, die den NS-Terrorstaat am Ende zerbrechen würde, dann war Lord Root of the Matter mehr als jeder andere der Mann, der die Scharniere beweglich hielt; und auch er bezahlte, wie Millionen andere, einen sehr hohen Preis: 1944 fiel einer seiner Söhne. Am Ende des Jahres schrieb er seinem Freund Jean Monnet, dem späteren Mitbegründer der Europäischen Union: «Große und heroische Tage liegen vor uns. Ich denke, wir haben die Basis geschaffen, um am Ende zu siegen.»[19]

«Ich könnte zu jedem Grabstein etwas erzählen»: Boris Dorfman, Rotarmist (Ukraine)

Es gibt Städte, über die brach der Krieg wie ein Unwetter herein. Er setzte sie in Brand, zertrümmerte sie, fegte Häuser, Heiligtümer und Fabriken hinweg, als habe es sie nie gegeben. Als der Krieg vorübergezogen war, betrauerten die Bewohner ihre Toten und bauten ihre Stadt wieder auf: Warschau, Rotterdam, Stalingrad, Smolensk, Dresden.

In Lemberg ist das anders gewesen, als habe der Gott, der hier in so vielen Sprachen und Religionen angerufen wurde, eine andere Wahl getroffen, eine Wahl ohne Güte. Der Krieg kam und ging und kam zurück, die Häuser blieben stehen, schön und prächtig wie in alter Zeit. Aber es waren Häuser, in denen der Hass gedieh, der Hass der Nationen aufeinander: Polen gegen Ukrainer, Ukrainer gegen Russen, die Deutschen gegen alle und alle gegen die Juden. Die Häuser sind geblieben, die Menschen nicht. Sie wurden fortgejagt, verschleppt, zu Abertausenden ermordet.

Sogar das Gefängnis ist noch da, das so viel Blut gesehen, die Schreie der vielen Gefolterten und die Erschießungskommandos im Hof erlebt hat, wechselnde Opfer, wechselnde Uniformen. Manchmal nimmt Boris Dorfman Besucher mit in die Bryllowastraße, führt sie an einem gelangweilten Milizposten vorbei ins Innere. Niemand ist hier mehr eingekerkert, aber die Kerker sind noch da. Alles ist noch so, wie es viel zu lange war. Finstere Zellen ohne Licht. Verliese, aus denen kein Schrei nach draußen drang. Verhörzimmer, Metallstühle, ein altes Telefon. Hier wurden Menschen an Körper und Seele gebrochen, und ein paar hundert Meter weiter tranken andere Menschen Kaffee im Gartenlokal. Polnische Geheimpolizisten kerkerten hier ab 1920 Anhänger der ukrainischen Nationalbewegung ein. 1939 fielen die Deutschen von Westen ein, von Osten kam die Rote Armee und besetzte Lemberg. Bis dahin war die galizische Stadt, erblüht unter der k. u. k. Herrschaft Österreich-Ungarns, dem «Kakanien» Robert Musils, auch ein galizisches Jerusalem gewesen, eine der großen Stätten jüdischer Gelehrsamkeit in Osteuropa. Aber jetzt nutzte der

NKWD das Gefängnis in der Bryllowastraße, und Stalins brutale Geheimpolizei war gekommen, um den Terror der neuen Ordnung über die alte Stadt zu bringen.

Boris Dorfman zitiert eine alte Redensart über die Zeit nach 1918: «In Lemberg ist die Erde ukrainisch, die Regierung polnisch, die Häuser sind jüdisch.» Er schüttelt den Kopf: «Der Nationalismus hat die alte Welt zerstört.» Er selbst ist damals kein Häftling gewesen, wenigstens das nicht. Er war noch ein Junge, heute ist er dreiundneunzig Jahre alt und lebt in einem der alten kakanischen Häuser. Innen hat er ein kleines Zimmer, vollgestellt mit Klavier, Büchern und Erinnerungen an ein Lemberg, das es nicht mehr gibt, schon lange nicht mehr. Er kommt aus einer jüdischen Familie, bürgerliche Leute, sie lebten in einem großen Haus. So lange ist die Kindheit her, doch die Bilder sind noch da: «Meine Jugend war ruhig und schön.» 1940 wurden Boris Dorfman und seine Eltern jählings vom NKWD festgenommen und in Transportzüge gebracht, tief ins Innere der Sowjetunion ging die Fahrt, jeder an einen anderen Ort. Die Mutter, bis dahin Leiterin einer jüdischen Organisation zur Auswanderung, musste als Holzfällerin im Uralgebirge arbeiten, der Vater bei der Kohlenverarbeitung. Die Zwangssowjetisierung «zerriss unsere Familie und rettete uns doch das Leben», sagt Dorfman, «welch ein Paradox». Der jugendliche Boris begann eine Ingenieurausbildung, tief in Russland.

Deshalb war er nicht mehr in Galizien, als Ende Juni 1941 die Deutschen kamen. In Lembergs NKWD-Gefängnis lagen Leichen übereinander, verstümmelt durch grausame Folterungen. Juden waren dabei, Polen und viele Ukrainer. Ukrainische Nationalisten riefen nach Rache und Vergeltung, sie traf die Juden, obwohl sie gar nichts für die Gräuel konnten, die Stalins abrückende Folterknechte angerichtet hatten. Der NKWD wollte, wenn er denn schon weichen musste, noch so viele «sowjetfeindliche Elemente» wie möglich massakrieren. In Lemberg töteten sie mehr als dreitausend Menschen. Die Wehrmacht kam zwar in sauberen Uniformen und in guter Ordnung in die Stadt. Aber niemand sollte sich Illusionen machen. Die Juden zogen sich besorgt in ihre Häuser zurück, draußen sahen sie eine Art Volksfest: «Die Ukrainer empfingen die Deutschen mit Blumen, Lachen, Freude, als Retter und Befreier.»[20]

Schon in den ersten Tagen wurden Juden hier in das Gefängnis eingesperrt und auf der Straße totgeschlagen, ein Pogrom durch ukrainische Extremisten, wohlwollend gefördert durch die neuen deutschen Herren. Ein Überlebender berichtete später: «Ich sah Tausende in grausamer Weise geschlagene und verstümmelte Juden, zur völligen Nacktheit entblößte Frauen und blutüberströmte Kinder. Ich sah Greise, die auf der Straße verbluteten, und deutsche Helden, die sich an diesem schrecklichen Anblick ergötzten und fotografierten.»[21] Sie blieben drei Jahre. Sie ermordeten die Lemberger Professoren, als Teil ihres Plans, die polnische Intelligenz auszulöschen, und die meisten der hundertsechzigtausend Juden der Stadt. 1943 räumte die SS endgültig das Ghetto, polnische Untergrundkämpfer berichteten: «Auf den Plätzen und Straßen fanden wilde Jagden statt. Man erschlug sie, wo man sie fand.»

Zu diesem Zeitpunkt trug Boris Dorfman eine Uniform der Roten Armee. Als die Deutschen angriffen, wurde er eingezogen. Beinahe hätte er das Schicksal vieler gefangener Rotarmisten geteilt: Gleich in den ersten Kriegstagen 1941 geriet er in Gefangenschaft, als seine Einheit am Pruth überrannt wurde. Die rumänischen Bewacher waren lax, er floh und schlug sich zur Front durch. Über den Krieg spricht er nicht gern. Es war eine grausame, harte Zeit. 1944 kam die Rote Armee nach Lemberg, die Deutschen flohen, die meisten Polen mussten gehen, Stalin verschob die Grenze nach Westen, und der NKWD zog wieder in der Bryllowastraße ein.

Boris Dorfman hat den Krieg gehasst, doch wenigstens erlebte er ihn nicht als hilfloses Opfer, sondern als junger Mann, der zurückschießen konnte. Man lebt anders mit einer solchen Geschichte. Aber die Geschichte Lembergs trägt er mit sich herum, «ich könnte zu jedem Grabstein etwas erzählen». Vieles hat er aufgeschrieben, er spricht noch Jiddisch, die fast ausgestorbene Sprache des jüdischen Osteuropa. In sowjetischer Zeit war ein jüdisches Bekenntnis auch in Lemberg kaum möglich. Erst 1988, in der Reformära Michail Gorbatschows, gründete Boris Dorfman die erste jüdische Organisation der Stadt seit vielen Jahrzehnten. Er hat Tausende Bilder gesammelt aus jener versunkenen Welt, Vorträge gehalten, er gibt eine Monatszeitung heraus: *Shofar*, den Wächter. Er skypt mit den Enkeln in aller Welt, täglich beantwortet er E-Mails, viele von früheren Lembergern, die wissen wollen: Wie war es damals? Was war mit meiner Familie?

Und was wird? Tausendsechshundert Juden leben noch – oder wieder – in der Stadt nahe der Grenze zu Polen, der Stadt, die so europäisch und doch vom vereinten Europa so weit entfernt ist. Alle Hoffnungen, die auch Dorfman hegte, auf ein bescheidendes Wiederaufleben des jüdischen Lemberg hat der neue Krieg seit 2013 zunichtegemacht, der bewaffnete Konflikt um die Krim und die Ostukraine. Junge Juden, viele aus Russland gekommen, die sich hier in Lemberg angesiedelt hatten, sind in den Westen gegangen. Der Kreis der Menschen, die noch die alten Lieder singen, wird immer kleiner. Der Rabbiner kommt aus New York City.

Wenn jemand heute den Krieg in der Ostukraine gegen die russischen Separatisten wirklich bedauert, dann ist es der alte Herr Dorfman. Doch, die demokratische Umwälzung von 2013 hat er schon begrüßt, er brachte den Demonstranten auf dem Lemberger Maidan-Platz sogar selbst gekochte Rote-Bete-Suppe. Aber die Welt des neuen Konfliktes der Nationen ist die seine nicht, «es gibt nur Schwarz und Weiß, nur Gute und Böse», und all das hat er schon einmal erlebt. Deshalb, sagt er, «fürchte ich, dass noch ein großes Unheil über unser Land kommen wird».[22]

«Wir spazieren durch den dunklen Wald»: Alki Zei, Partisanin (Griechenland)

In den ersten Tagen ist sie nicht aus dem Haus gegangen: «Starr vor Schreck war die Stadt.» Alki Zei ist damals ein junges Mädchen, schön und selbstbewusst mit großen Plänen. Sie will Schauspielerin werden. Aber die fremden Männer in den grauen Uniformen, die ihre Panzer Ende April 1941 unterhalb der Akropolis parken, haben das verhindert. Generalfeldmarschall Walther von Brauchitsch lässt sich im Kreise seiner Entourage vor den Tempeln der klassischen griechischen Welt fotografieren. Athen, einstmals Begründerin der Demokratie, ist nun in den Händen der Wehrmacht und der NS-Herrschaft, welche gekommen ist, all diese Werte auszulöschen und durch eine Ordnung des Schreckens zu ersetzen.

Also wird Alki Zei, geboren 1925, kein Bühnenstar, sondern eine Kämpferin. Später, stolze vierzig Jahre später, hat sie ein Buch darüber geschrieben: «Die Verlobte des Achilles».Weil es den Kampf der linken Partisanen von der ELAS schildert, hat es so lange gedauert; denn Griechenlands tapfere Widerstandsbewegung mündete nach 1945 in einen mörderischen Bürgerkrieg, der bis 1949 dauern wird. Der Konflikt spaltete das Land noch auf Jahrzehnte. «Der Kalte Krieg, der Europa so lange entzweite, er wurde in Griechenland tatsächlich Mann gegen Mann ausgetragen», schrieb 2009 die Journalistin Christiane Schlötzer in der *Süddeutschen Zeitung.* Beim Interview sagte ihr Alki Zei: «In anderen Ländern hat man Widerstandskämpfern Orden verliehen. Bei uns sind sie im Gefängnis gelandet.»[23]

Das Mädchen Alki, seine Mutter und seine Tante setzen sich 1941 über den besorgten Vater hinweg. Die Mutter zieht sich elegant an, niemand in Athens Straßen kontrolliert sie, und verteilt heimlich Flugblätter gegen den Faschismus. Alkis Aufgabe ist es, im gutbürgerlichen Athener Haus alle Spuren konspirativer Treffen zu beseitigen. Sie wird Mitgründerin eines Puppentheaters, und die Leute applaudieren, wenn eine der Figuren sagt: «Wir spazieren durch den dunklen Wald» – man kann es als Anspielung auf die Partisanen in den Bergen verstehen. Im Winter 1941 wäre die Familie beinahe verhungert, Deutsche und Italiener bluten das Land aus für den großen Krieg im fernen Russland. Er wirft seine Schatten bis hierher.

Der Kampf der Roten Armee gegen die Wehrmacht begeistert viele junge Griechen, so spärlich die Nachrichten auch fließen. Dezember 1941: Die Russen werfen die Deutschen vor Moskau zurück, der Siegeszug des Faschismus hat ein Ende. Im Buch beschreibt sie, wie bescheiden und doch höchst riskant dagegen die ersten Aktionen gegen die Besatzungsmacht geraten: «Harte Pomeranzen, von Bäumen gepflückt, hatten die Mädchen in ihre Blusen gesteckt und die

Jungen in ihre Hosentaschen, um sie auf die Deutschen zu schleudern. Das waren ihre Waffen gewesen. Die Deutschen hatten Gewehrsalven gefeuert.» Alki Zei und ihre Schwester gehen in die Berge, zu den linken Partisanen der ELAS. Sie wollen kämpfen. Sie sind junge Frauen in einem zutiefst traditionellen Land. Die linken Partisanengruppen, dominiert von den Kommunisten, bieten plötzlich eine neue Perspektive: Emanzipation. Sie erlebten, sagte Alki Zei im Interview, «eine neue Unabhängigkeit». Eine der Frauen antwortete auf die Frage, ob sie denn keine Angst vor dem Kampf habe: «Zuerst hat mich mein Vater geschlagen, dann mein Mann. Wovor soll ich mich fürchten?»

1943, als Mussolini stürzt und die Deutschen nun allein in Griechenland herrschen, werden Kampf und Unterdrückung noch brutaler. Viele Freunde von Alki Zei kommen nicht wieder. Zugleich spalten die ideologischen Konflikte der alliierten Mächte den Widerstand in zwei Lager, die immer weiter auseinandertreiben. Mittendrin: die jungen Partisaninnen. 1944 rücken die Deutschen endlich ab, die Partisanen feiern auf den Straßen Athens, in anderen Vierteln wird noch gekämpft:

Freiheit, schönstes Mädchenwunder,
steigst jetzt vom Gebirg hinunter,
dich umarmt das Volk verzückt,
tanzt und feiert wie verrückt.
EAM, EAM, EAM, EAM, des Volkes Stimme,
dringt bis an den Sternenhimmel.

Die EAM ist die Nationale Befreiungsfront, von den Kommunisten geführt. Die Sowjets haben das Land aber ihrem ungeliebten Verbündeten Churchill überlassen, der wenigstens die Griechen vor dem Stalinismus retten will, wenn die Rote Armee schon Osteuropa beherrscht. Die linken Kämpfer schießen jetzt auf die Königstreuen, denen wiederum britische Soldaten beispringen. Die EAM verliert, 1949 ist der Kampf vorbei. Dass die Welt viel komplizierter ist, als sie dachte, lernt Eleni, Alki Zeis Alter Ego im Buch, 1956, als ein russischer Freund völlig aufgelöst ist. Sie lebt jetzt in Moskau. Er hat von der Geheimrede gehört, mit der Nikita Chruschtschow auf dem XX. Parteitag der KPdSU Stalins Verbrechen aufdeckt:

«Kaum sieht mich Michail Grigorewitsch, nimmt er mich in die Arme. Er zittert.

– Begreifst Du? Jetzt kehren meine Freunde zurück!

– Welche Freunde, Michail Grigorewitsch?

– Aus den Straflagern.»[24]

Als «Requiem für eine ganze Nation» hat ein Kritiker Alki Zeis romanhaftes Buch bezeichnet.[25] Sie schildert Hass und Rache der griechischen Rechten, schont aber auch die Mythen und doktrinären Lebenslügen der Linken nicht; sogar Achilles, Verlobter und Held, fragt einmal ratlos, wie man bloß einen Entschluss der kommunistischen Partei anzweifeln könne. Es ist ein Buch von tiefer Menschlichkeit, parteiisch, aber nicht parteilich – kein Wunder, dass es so lange dauerte, bis es erschien, hier wie dort nahm man es übel.

Sie soll ihn nur Achilles nennen; das genüge: Eleni lernt im Zug zwischen Athen und Piräus Achilles kennen, den Guerillaführer, der diesen nicht ganz bescheidenen Codenamen trägt, gleich dem Helden Homers, der vor Trojas Toren den großen Krieger Hektor erschlug und um die Mauern der Stadt schleifte. Sie kämpft gegen die Deutschen, wartet als verdächtige Kommunistin nach 1945 in einem Gefängnis auf die Mörder, lebt in Paris und in der

Sowjetunion: In den Sechzigern flieht sie einmal mehr aus ihrem Land, als die rechtsradikalen Obristen gegen die Demokratie putschen. In diesem Buch spiegelt sich das Leben der Autorin sehr deutlich wider; Alki Zei verwebt darin Vergangenheit und Gegenwart in ein dichtes Netz. Das eine ist nicht ohne das andere zu denken, und manchmal täte man auch in den Konflikten um Eurokrise und Schuldenschnitt, um Grexit und das moderne Europa gut daran, dies nicht zu vergessen.[26]

1939–1941: ein europäischer Krieg?

«Trauer und Schande»: Hitlers Aufstieg und die Appeaser

Zu Beginn des Jahres 1941 hätten wenige ahnen können, wie die Welt ein Jahr später aussehen würde. Es war das Jahr, in dem sich der Krieg noch einmal grundlegend änderte. Jener «letzte europäische Krieg», als den ihn der amerikanische Historiker John Lukacs in seinem gleichnamigen Klassiker bezeichnete, würde innerhalb von nur zwölf Monaten zu einem globalen werden. Im Dezember 1941 brannte die Welt. Ein Blick zurück.

An einem kalten Januartag des Jahres 1934 kam ein junger Engländer nach Goch am Niederrhein. Patrick Leigh Fermor stand am Beginn seiner Wanderung von Amsterdam nach Istanbul; sehr viel später würde er seine Erlebnisse aufschreiben und der versunkenen Kultur Mittel- und Osteuropas der dreißiger Jahre ein literarisches Denkmal setzen. Aber jetzt war er ein Neunzehnjähriger, klassisch gebildet und neugierig auf die Länder, die er mit offenem Herzen betrat. In Holland hatte er tolerante und sympathische Menschen getroffen, er liebte das Land und «den heimlichen Zauber, der von ihm ausging».

Jenseits der Grenze, in Goch, schneite es. In den nebelverhangenen Straßen hingen Hakenkreuzflaggen, und der Herrenausstatter am Markt präsentierte im Schaufenster

47

Parteiuniformen und Fotografien der Nazigrößen. Der Wanderer betrachtete sie. Eines zeigte Adolf Hitler, dem ein blondes Schulmädchen einen Strauß Margeriten reichte. «Was für ein schöner Mann», sagte eine Passantin zu ihrem Begleiter und zeigte auf den «Führer».

Fermor schreibt in «Die Zeit der Gaben»: «Das Knarren von Stiefeln im Gleichschritt zum Klang eines Marschliedes drang aus einer Seitenstraße. Auf das Lied, das den Takt ihrer Schritte angab – ich sollte es in den nächsten Wochen noch oft hören –, folgte der unerbittliche Rhythmus des Horst-Wessel-Liedes: Wer es einmal vernommen hat, wird es nie mehr vergessen. Mittlerweile war es dunkel geworden, dicke Schneeflocken tanzten im Licht der Laternen. … Ihre Hemden (der SA-Männer), mit einer roten Armbinde am linken Ärmel, wirkten wie Packpapier, doch als die Männer den Worten ihres Anführers lauschten, sahen sie finster und bedrohlich aus. … Ich glaube, das Gasthaus, in dem ich Zuflucht fand, hieß ‹Der schwarze Adler›.»[27]

Eigentlich mochte Fermor die Deutschen, die Landschaften mit ihren Schlössern, die mittelalterlichen Türme und Fachwerkhäuser; auf seinem langen Fußmarsch traf er tiefkatholische Bauern, heiter gesinnte Studentinnen, die über die Nazis spotteten, und hilfsbereite Dorfbewohner, die ihm einen Schlafplatz anboten. Und doch spürte er, dass sich dieses Land in großer Geschwindigkeit fortbewegte aus der Welt, die ihm vertraut war, jener der europäischen Demokratien samt ihrem Denken, ihren Normen und Regeln. Das von Naziliedern erfüllte Münchner Hofbräuhaus, schrieb er, erschien ihm als Sinnbild für diesen Weg einer Kulturnation in die Dunkelheit. Es «verwandelte sich unter meinem immer trüberen Blick in den Schauplatz finsterer germanischer Sagen, in deren glühendem Blut Schwerter dahinschmolzen wie Eiszapfen. Es war ein Ort für Streitäxte und blutige Gemetzel, für die letzten Seiten des Nibelungenliedes, wo die Hauptstadt des Hunnenreichs in Flammen steht und die gesamte Einwohnerschaft der Burg hingemetzelt wird.»[28]

Patrick Leigh Fermor hatte, aus einem gesunden Instinkt und zugleich dem Sinn der Jugend für Dramatik heraus, bereits im ersten Jahr des Nazireiches die dunkle Drohung empfunden, die von diesem System ausging. Er selbst würde es wenige Jahre später erbittert bekämpfen, als britischer Kommandosoldat, der die griechische Widerstandsbewegung unterstützte und 1944 den deutschen Besatzungsgeneral auf Kreta entführte. Doch für die meisten seiner Zeitgenossen erschien ein neuer Krieg, gar ein neuer Weltkrieg, in den ersten Jahren der NS-Herrschaft völlig unvorstellbar.

Die Siegermächte des Ersten Weltkrieges, die Westalliierten, brauchten lange, um das Wesen des Hitlerreiches zu begreifen. Als sie ihren Fehler erkannten, war es zu spät, viel zu spät. Die deutsche Führung mochte in Paris oder London vor 1938/39 als aggressiv, paranoid und gefährlich empfunden werden – doch nicht als sehr viel aggressiver, paranoider und gefährlicher als die grau uniformierten Armeen des Kaiserreichs, die man im Herbst 1918 endlich besiegt hatte. Der deutsche Regierungschef mochte sich in nächtlichen Lichtinstallationen als Führer feiern lassen und mit seinem hysterischen Geschrei vor jubelnden Massen Befremden, ja, Ekel bei gesitteten Europäern erregen. Doch schien er neben den Francos und Mussolinis nur einer von etlichen Despoten der Alten Welt zu sein, wenn auch der gefährlichste. Ideologie und Auftreten der Nazis waren scheußlich, aber trieben sie am Ende nicht doch nur klassische europäische Machtpolitik? Wer sich im Rahmen des

Herkömmlichen bewegte, mit dem musste doch ein, notfalls schmerzhafter, Ausgleich möglich sein.

Die Beschwichtigungspolitiker in London und Paris haben, ohne jeden Zweifel, während der dreißiger Jahre alle Möglichkeiten verstreichen lassen, Hitlerdeutschland rechtzeitig in die Schranken zu weisen. Sie verhielten sich zaghaft, blauäugig und feige. Sie beließen es bei Protestnoten, als das Reich 1935 die Wehrpflicht wieder einführte und die Wehrmacht 1936 das entmilitarisierte Rheinland besetzte. Sie protestierten lau gegen die Judenverfolgung, die 1935 mit den Nürnberger Rassegesetzen weltweites Entsetzen hervorrief, aber im folgenden Jahr schickten sie ihre Athleten zu den Olympischen Spielen nach Berlin. Und Antisemitismus gab es auch anderswo – in Frankreich reichlich, selbst im weniger von solchen Obsessionen zerrissenen Großbritannien verwehrten nicht wenige elitäre Clubs «Menschen mit anderen Speisesitten», nämlich koscheren, grundsätzlich den Zutritt.

Die europäischen Großmächte unternahmen nichts, um der spanischen Republik zu Hilfe zu kommen, als 1936 die Franco-Faschisten putschten. Die unterlassene Hilfeleistung für Spanien gilt bis heute höchstens als Randerscheinung der Appeasement-Politik, aber das ist falsch. Die Demokratien sahen weg, obwohl der mörderische Bürgerkrieg die Killing Fields des Zweiten Weltkrieges schon ahnen ließ: Massaker, ideologische Besessenheit, Luftangriffe wie jenen auf Guernica, bei dem Hunderte Zivilisten starben. Die faschistischen Staaten Italien und Deutschland kannten solche Zurückhaltung nicht: Sie schickten Geld, Waffen und schließlich Soldaten auf die Iberische Halbinsel; ohne diese Hilfe hätte die Republik womöglich standgehalten. Stattdessen gewann dort Stalins Sowjetunion immer mehr an

Einfluss. Die Kommunisten nutzten die Lücke, welche die demokratischen Nachbarn gelassen hatten. Je mehr aber die Politkommissare die Republik unter Kontrolle brachten, je mehr sie die demokratischen, linkssozialistischen, anarchistischen Kräfte schwächten, desto mehr sahen die Staatsmänner des Westens ihre schlimmsten Ängste vor der roten Gefahr bestätigt; sie rührten nun erst recht keine Hand, und die Republik ging unter in einer Orgie aus Blut, Rache und Repression. Hitler und Mussolini dagegen halfen nicht nur ihren Gesinnungsbrüdern, sie nahmen Spanien auch als Versuchsobjekt für ihre neuen Waffen, etwa die modernen Bomber. Die Journalistin und Kriegsreporterin Martha Gellhorn beklagte in ihren Briefen an Eleanor Roosevelt das Versagen der westlichen Demokratien in Spanien: Sie sei «zornig bis ins Mark», schrieb sie, und diesem Krieg werde ein großer Krieg folgen, und der «dümmste, verlogenste, grausamste Ausverkauf» aller Werte werde ihn nicht verhindern.[29]

Wie recht sie behalten sollte. 1938 forderte und erhielt Hitlerdeutschland das Sudentenland, jenes Gebiet aus der Erbmasse des k.u.k.-Reichs, in dem eine deutsche Mehrheit nun Teil des tschechoslowakischen Staates war und mit Macht «heim ins Reich» begehrte. Es schlug die dunkelste und moralisch niederträchtigste Stunde des Appeasements, denn die Tschechoslowakei war, anders als die spanische Republik, ein Verbündeter der Westmächte, den sie im Abkommen von München kühl opferten im Irrglauben, die Welt damit vor dem Krieg zu bewahren. Und es war wohl der letzte Moment, in dem sie die nötige militärische Macht dazu aufgebracht hätten, bevor Deutschland endgültig kriegsbereit war. Nachdem der britische Premierminister Neville Chamberlain von München heimgeflogen war, einer jubelnden Menge «Frieden in unserer Zeit» zugerufen und das Abkommen mit Hitler in der Luft geschwenkt hatte, trat am 6. Oktober 1938 Winston Churchill vor das Unterhaus, sein schärfster und weitsichtigster Kritiker. «Wir haben», sagte er, während Abgeordnete der konservativen Regierungspartei, seine eigenen Parteifreunde, die *Right Honorable Friends* der Fraktion, empört zischten: «Wir haben eine völlige, durch nichts gemilderte Niederlage erlitten … Das Äußerste, was der Premierminister erreichen konnte, ist, dass der deutsche Diktator, anstatt die Speisen vom Tisch zu rauben, sie sich nun Gang für Gang servieren lassen kann.»[30] Genau so kam es. Schon im März des folgenden Jahres besetzte die Wehrmacht Prag und alles, was von der Tschechoslowakei übrig geblieben war.

So verwerflich diese Politik der «guilty men», der schuldigen Männer, schon zwei Jahre später erscheinen musste, als man sie mit diesen Worten beschimpfte: Das Appeasement war aber doch mehr als ein Symptom moralischen Bankrotts; jene, die es betrieben, wie die britischen Regierungen, ob labourgeführt oder konservativ, unter Ramsay Macdonald, Stanley Baldwin und Neville Chamberlain, hielten es für Realpolitik, und nach den herkömmlichen Maßstäben europäischer Machtpolitik hätten sie nicht einmal unrecht gehabt. Frankreich wie Großbritannien waren Großmächte im Abstieg. Die Weltwirtschaftskrise ab 1929 hatte sie tief getroffen, in ihren Gesellschaften gärten soziale Gegensätze, und noch dazu waren die Menschen nach dem Gemetzel des Grabenkrieges bis 1918 zutiefst kriegsmüde; Churchill, der 1940 als unerschütterlicher Warlord die Nation hinter sich einte, galt in der britischen Zivilgesellschaft kaum zwei Jahre vorher als *warmonger*, als übler «Kriegstreiber» und Imperialist.

Ersteres war grober Unfug: Churchill wollte den Krieg nicht. Er wollte ihn verhindern, bevor es zu spät war. Aber ein Imperialist war er, reinsten Wassers. Er wollte um jeden Preis das Empire bewahren. Einer seiner geistreichsten Polemiken gegen Chamberlains Vorgänger Stanley Baldwin galt, anders als manche Legende es später wahrhaben wollte, gar nicht dessen windelweicher Strategie gegenüber den NS-Staat. Im Unterhaus polterte Churchill, seine Eltern hätten es ihm in seiner Kindheit, um das Gemüt des Jungen nicht zu verstören, bedauerlicherweise untersagt, in Barnums Zirkus «das knochenlose Wunder» zu bestaunen, offenbar einen Artisten, der seinen Körper über alle Gesetze der Anatomie hinaus dehnte. Es habe, rief Churchill, «daher fünfzig Jahre gedauert, bis ich das knochenlose Wunder anschauen durfte, und hier sitzt es gerade auf der Regierungsbank.» Gemeint war nicht, dass Baldwin die Luftverteidigung in Großbritannien aufs skandalöseste vernachlässigt hatte, sondern dass der Premier sich mit Plänen trug, Indien mehr Freiheiten zu gewähren. (Baldwin war aber auch, um Gerechtigkeit walten zu lassen, als Appeaser ein beliebtes Ziel für Churchills schneidenden Witz; so sagte er über dessen Politik gegenüber Hitler: «Ich wünsche Stanley Baldwin nichts Böses. Aber es wäre schon viel besser, wenn er niemals gelebt hätte.») Doch in den Kolonialreichen begannen die Menschen aufzubegehren gegen die Herrschaft der Europäer, die sich doch so wenig mit deren demokratischen Prinzipien vertrug.

Jedes militärische Eingreifen gegen Hitler musste notwendigerweise die leise wirtschaftliche Erholung der Dreißiger gefährden. Die Haushaltslage Frankreichs und Großbritanniens blieb prekär, Kolonialreiche hin oder her, beide Staaten hatten sich finanziell nie mehr wirklich vom Ersten Weltkrieg erholt. Und das war etwas, was Chamberlain viel schärfer sah als Churchill: dass ein neuer Krieg das König-reich ruinieren und es sein Empire kosten würde. Noch dazu hatten vor allem die Briten so massiv abgerüstet, dass ihr Drohpotenzial mit jedem Jahr, in denen die Waffen-schmieden des Deutschen Reiches an der Ruhr oder in Schlesien neue Panzer und Flugzeuge herstellten, weniger glaubwürdig erschien. Bei den Franzosen war das weniger so; ihre hochgerüstete Armee galt als beste der Welt. Der Panzer Char B1 war den deutschen Modellen überlegen, die Grenze nach Deutschland mit der als unüberwindlich geltenden Festungsanlage gesichert, der Maginot-Linie. Frankreich wollte vorbereitet sein für den Fall, dass die Ar-meen mit den grauen Uniformen zurückkämen, auch wenn niemand wirklich damit rechnete, dass derlei zu seinen Leb-zeiten noch geschehen könnte. Dennoch scheuten auch die Regierungen in Paris die unabsehbaren Risiken einer Mi-litärintervention. Noch dazu erregte allein der Gedanke an eine solche Idee im eigenen Land Befremden, ja Abscheu: «Sterben für Danzig?» ist heute neben «Peace in our time» ein Epitaph der Beschwichtigungspolitik; noch im Som-mer 1939 aber traf diese polemische Frage die Stimmung im Lande sehr genau. Als Hitler die internationalisierte Freie Stadt Danzig für das Reich beanspruchte, sah kaum jemand Grund genug, deswegen einen Krieg vom Zaun zu brechen – und konnte man die Deutschen, wenn sie deutsch besiedelte Gebiete der Nachbarländer beanspruchten, nicht auch verstehen?

Es wird oft übersehen, dass die Appeasement-Politik nicht allein aus Zaghaftigkeit und Illusion geboren war, sie hatte auch einen harten, machiavellistischen Kern, und dies war der Antikommunismus. Wenn Hitler, der von jeher gegen die Bolschewisten gewütet hatte und die deutschen

Kommunisten in Konzentrationslager sperren und ermorden ließ, nun in einen Konflikt mit der Sowjetunion geraten würde, vielleicht gar einen Krieg – dann wären die Westmächte vielleicht nicht die lachenden, aber sehr wohl die vom Kampf der Tyrannen profitierenden Dritten gewesen. Ob offen ausgesprochen oder, häufiger, uneingestanden: Der Gedanke, ein wiederbewaffnetes, mächtiges Deutschland wäre bei all seinen hässlichen und bedrohlichen Seiten auch ein Bollwerk gegen die rote Gefahr, zieht sich wie ein roter Faden durch die Beschwichtigungspolitik. Gerade in Frankreich war die Kommunistische Partei stark.

Umgekehrt verzehrten sich immer mehr europäische Rechte vor Bewunderung angesichts der «neuen Ordnung», die Hitler zu verkörpern schien. Die *Action Française* rechtfertigte im November 1938 den Verzicht auf ein militärisches Einschreiten gegen Deutschland während der Sudetenkrise: «Eine Niederlage Deutschlands hätte den Zusammenbruch jener autoritären Systeme in Europa bedeutet, die das Hauptbollwerk gegen den Kommunismus und vielleicht die sofortige Bolschewisierung Europas bilden.»[31] So offen hätten es die demokratischen Staatenlenker des Westens nicht gesagt, aber im Kern dachten sie wenig anders.

Man versteht die «schuldigen Männer» der dreißiger Jahre besser, wenn man diese Motive mitberücksichtigt. Schon Sebastian Haffner schrieb 1967 in seiner grandiosen Churchill-Biographie: «Hatte Churchill, der – einer gegen alle – Chamberlains Politik drei Jahre lang in Grund und Boden verdammte und nichts als Narrheit, Schwäche, Schande und Ruin darin sah, ganz und gar recht und Chamberlain ganz und gar unrecht?»[32] Im nachträglichen Lichte und mit der Geschichte eines Krieges, der mehr als fünfzig Millionen Tote forderte, darf man diese Frage mit Ja beantworten, deutlicher noch, als Haffner es tat. Ja, Churchill hatte recht, und die Appeaser hatten es nicht. Aber es war schwer, das damals zu erkennen, zu schwer für die meisten Menschen in einem Europa, das von Krieg und Krise zu sehr geschunden war, um einen neuen Krieg zu riskieren.

Wenn die Appeaser zwar töricht und verhängnisvoll, aber doch nach bestem Gewissen handelten, dann taten sie dies entlang der Muster klassischer europäischer Politik. Sie gestanden einer großen, gefährlichen Macht Rechte und Territorien zu, um Schlimmeres zu verhindern und sie somit einzuhegen. Sie machten Kompromisse, weil diese das kleinere Übel zu sein schienen, und hielten den Schaden für unerfreulich, aber doch begrenzt. Sie gaben Hitler daher in großen Fragen nach, wo sie in viel kleineren Konflikten gegenüber der ersten deutschen Demokratie hart und fordernd aufgetreten waren, wie bei der Ruhrbesetzung 1923. Sie taten dies, weil sie es für Realpolitik hielten.

Genau damit aber verkannten sie diesen neuen Gegner zutiefst. Der Nazismus, geboren in schummrigen Münchner Bierschwemmen von Männern, die wie Debile redeten und handelten, von Entwurzelten des Weltkrieges, von hasszerfressenen Obskuranten, hatte sich binnen weniger Jahre in eine mächtige Bewegung und eine Massenpartei verwandelt; jetzt beherrschten seine Ideen einen der bedeutendsten Staaten der Welt. Wie sehr sich diese deutsche Gesellschaft verwandelt hatte, in größeren Teilen freiwillig und in kleineren erzwungen, das begriffen die Staatsmänner in Whitehall im Élysée-Palast nicht.

Wenn Politik die Kunst des Möglichen ist, dann dachte dieser Feind in Kategorien des Unmöglichen. Wenn Politik die Kunst des Ausgleichs ist, dann war mit diesem Gegner kein Ausgleich möglich, nicht auf lange Sicht. Wenn Natio-

nen ihre Interessen definieren, dann waren jene der Westmächte von ganz anderer Art als die der deutschen Diktatur,
es konnte hier keinen Kompromiss geben, weder 1938 noch
jemals später, nicht mit diesem Staat und erst recht nicht
mit dessen Führer. Hitler, schreibt Sebastian Haffner, «war
ein Mann, der den Krieg um des Krieges willen wollte –
oder, um genauer zu sein, um der biologischen Revolution
willen, die sein eigentliches Ziel war und die nur im Krieg
möglich wurde. Er war auch kein Staatsmann. Er dachte
nicht in Staaten, sondern in Rassen.»[33]

Das ist heute eine gängige Erkenntnis; doch bleibt
die Gefahr, sich zu sehr auf Hitler zu fixieren. Den westlichen Regierungschefs fehlte jede Vorstellung davon, dass
ein hochentwickelter Industriestaat, noch dazu von einer
alten Kulturnation getragen, den Boden politischer Ratio
und Moral so grundlegend und für immer verlassen hatte.
Das Europa der Zwischenkriegszeit war weit entfernt von
jener Wertegemeinschaft, als die sich heute die Europäische
Union versteht; das demokratische Modell war verblasst,
überall, von Madrid über Rom bis in die Hauptstädte des
Balkans, herrschten nationalistische Regime, in Berlin die
Nazis und tief im Osten, von der Alten Welt abgeschnitten
und bedrohlich, die Sowjets. Und selbst wenn der Gebieter
des Deutschen Reiches gegen die Juden, die Demokraten,
die Bolschewisten hetzte – die Vorstellung schien unmöglich,
das ganze Land, das bis 1914 noch wie selbstverständlich zu
jenem «stolzen Turm» gehört hatte, wie die US-Historike-
rin Barbara Tuchman das stolze alte Europa genannt hatte,
würde dem Tyrannen in seine fiebrigen Gewaltphantasien
folgen.

Diese Gewaltphantasien zeigten sich bereits in jener Un-
terredung von Berchtesgaden 1938, als Chamberlain persön-

lich mit Hitler verhandelte. Der Brite notierte anschließend: «Er (Hitler) sagte mir, er sei seit seiner Jugend besessen von der Rassentheorie und dass die Deutschen eine Rasse seien. Aber er habe inzwischen eine Linie gezogen zwischen dem Möglichen und dem Unmöglichen. Er erkenne jetzt, dass es Deutsche in Regionen gebe, die unmöglich ins Reich geholt werden können. Aber wenn sie gleich hinter der Grenze leben, dann liege die Sache anders.» Drei Millionen Sudetendeutsche wollten zum Reich gehören.

Das war nun nicht die ganze Wahrheit, denn auch im Sudentenland gab es deutsche Sozialdemokraten, Liberale, Kommunisten, Gewerkschafter und andere Antifaschisten, von den Juden ganz abgesehen, und sie alle wünschten nichts weniger, als an die Nazis verraten zu werden. Chamberlain fragte ihn offen heraus, ob Hitler denn mit dem Sudetenland zufrieden sein werde oder die Tschechoslowakei zerstückeln wolle: Nun, sagte Hitler, «er strebe die rassische Einheit an und wolle keine Masse von Tschechen (in Deutschland), alles, was er verlange, seien die Sudetendeutschen.» Hitlers Ziele schimmern durch jede Zeile dieser Niederschrift. Aber für einen gewissenhaften, indes phantasielosen Pragmatiker wie Chamberlain waren sie nicht zu sehen.

Bald nach der Sudetenkrise rollten also deutsche Panzer durch Prag. Damit hatte sich Hitler endgültig demaskiert, und es ging selbst den größten Illusionskünstlern 1939 langsam auf, dass sie mit allem Nachgeben nichts anderes erreicht hatten als eine immer größere Ausdehnung Deutschlands. Widerwillig begannen die Briten, sich auf einen möglichen Krieg vorzubereiten. Ihre Landstreitkräfte waren in schlechter Verfassung; aber da die größte Bedrohung für das Inselreich von Luftangriffen ausging, wurde wenigstens die Luftverteidigung energisch ausgebaut.

Die RAF erhielt in größeren Stückzahlen die modernen Jagdflugzeuge *Hurricane* und *Spitfire*, Letztere war sogar der deutschen Me 109 leicht überlegen. Entlang der Küste entstand ein dichtes Netz von Radarstationen, damals eine revolutionäre und geheim gehaltene Technologie; sie erlaubte es, anfliegende Verbände schon lange im Voraus auszumachen und die Abfangjäger zeitig starten zu lassen. So war Großbritannien wenigstens in der Luft gerüstet, und dieses Detail sollte, auch wenn das keiner der Beteiligen zu ahnen vermochte, 1940 dazu führen, dass sich England behauptete und den Widerstand fortsetzte – und damit letztlich dazu, dass Deutschland den Krieg verlieren würde.

Dem größten Irrtum von allen unterlag Stalin und mit ihm die Welt der kommunistischen Parteien. Ausgerechnet sie, Vertreter einer völlig neuen Kraft und völlig neuer Motive und Absichten in der internationalen Politik, einer Ideologie, die allem Bestehenden dem Kampf angesagt hatte und den Bewohnern der kapitalistischen Staaten ein säkulares Heilsversprechen machte, würden sie nur ihre Ketten sprengen – ausgerechnet sie verstanden am wenigsten, was an Hitlerdeutschland das Neue, Abgründige, Böse war.

Beide Ideologien versprachen, die Alte Welt zu zertrümmern. Die Kommunisten sprachen, theoretisch, jeden an, der sich ihnen anschließen wollte, das verlieh ihrer geschlossenen Ideologie den universellen Reiz. Die Faschisten fanden ebenfalls Widerhall in allen Schichten der Gesellschaft, grenzten aber ganze Völker und «Rassen» rigoros aus; sie sagten der Demokratie und dem Kommunismus zugleich den Kampf an.

Und dennoch schüttelten sich am 24. August 1939 in einem Moskauer Saal der sowjetische Diktator Josef Stalin und der deutsche Außenminister Joachim von Ribbentrop lächelnd die Hände, als seien sie die besten Freunde. Und für den Moment waren sie das auch – auf Kosten der westlichen Demokratien, deren Versuche, das Hitlerreich durch eine «große Allianz» einzuhegen, mit diesem Tag gescheitert waren. Stalin soll seinen NKWD-Chef Berija den Gästen mit den Worten vorgestellt haben: «Das ist unser Himmler.»[34] Die neuen Partner stießen an und prosteten sich zu. Zum einen hatte der Westen Stalin nicht zu bieten, was Hitler dem Kremlherrscher bot: die Herrschaft über weite Teile Osteuropas. Zum anderen hatten die Demokratien aus tiefem Misstrauen auch alle Chancen versäumt, die Sowjetunion frühzeitig für ihre Seite zu gewinnen. Der «Hitler-Stalin-Pakt» war ein Nichtangriffspakt zwischen beiden Staaten und, durch sein geheimes Zusatzprotokoll, ein Bündnis zur Aufteilung Osteuropas. Ein «Grenz- und Freundschaftsvertrag» vom 28. September vertiefte diese Absprachen noch und sorgte für massive materielle Unterstützung Hitlerdeutschlands mit Rohstoffen, Nahrungsmitteln und rüstungswichtigen Gütern aus der Sowjetunion. Trotzdem plante Hitler insgeheim, die UdSSR bald anzugreifen, sobald er freie Hand im Westen haben würde.

«Eine neue Form des Kampfes»: der Blitzkrieg 1939/40

«Ich sah, wie sich das Gesicht des Krieges verwandelte: nicht mehr der Schein des Ruhms, nicht mehr der Soldat, der entschlossen in die Schlacht marschiert – es waren Frauen und Kinder, die der Krieg unter sich begrub.»[35] Das schrieb der erschütterte Kommandeur der britischen Militärmission in Polen, General Adrian de Wiart, nach wenigen Tagen über die deutsche Kriegführung in Polen.

Bezeichnend war, dass der deutsche Krieg mit einer Fehleinschätzung begann: Hitlers riskante Strategie, dass die Westmächte auch diesmal, wie zuletzt bei dem Einmarsch in die Tschechoslowakei, nachgeben, ihm verzagte Protestnoten, aber keine Bomber nach Deutschland schicken würden. Doch am 3. September 1939 taten Frankreich und Großbritannien, wenn auch widerwillig, was sie im Falle eines Überfalls der Wehrmacht auf Polen angekündigt hatten: Sie erklärten dem Deutschen Reich den Krieg. Das war bereits die erste folgenreiche Weichenstellung des Zweiten Weltkrieges. Wären die Westmächte untätig geblieben wie so oft zuvor, hätte Hitlerdeutschland eine gemeinsame Grenze zu Stalins Reich gehabt, das sich ja bald anschickte, seinen Teil der polnischen Beute zu schlucken. Und eventuell hätte er dann wirklich bekommen, wonach er fortan vergeblich strebte: freie Hand für den Feldzug gegen Russland, den «Lebensraum»-Krieg im Osten. Das alles muss Spekulation bleiben, aber erlaubt ist sie doch; bedenkt man die antikommunistischen Motive der Appeasement-Politiker, ist es nicht undenkbar, dass Paris und London auch und gerade in einen späteren deutsch-russischen Krieg nicht eingegriffen hätten. Das eben war es ja, was die Sowjetunion stets befürchtet hatte.

Aber es kam anders. Nicht, dass der Beistand der Demokratien Polen viel geholfen hätte. Zwar hatte Frankreichs Oberbefehlshaber Maurice Gamelin den Polen versprochen, spätestens zwei Wochen nach der Mobilmachung eine Offensive zu beginnen. Doch das waren hohle Worte. Die Briten brauchten Wochen, um ein Expeditionskorps nach Frankreich zu schicken, das diesen Namen verdiente; Frankreichs Regierung hielt ihre großen Streitkräfte hinter dem Festungswall zur deutschen Grenze zurück. Die Wehrmacht hatte in Polen fast freie Hand, sie schickte die Mehrzahl ihres Heeres und alle sechs Panzerdivisionen in den Osten und brach den Widerstand der tapfer kämpfenden Verteidiger binnen weniger Wochen. Wenn es ein Fenster der Gelegenheit gegeben hätte, eine zweite Front gegen die Deutschen zu eröffnen, so war sie schon Ende Oktober verflogen. Am 6. Oktober kapitulierten die letzten polnischen Verbände, schon bald standen viele deutsche Divisionen wieder im Westen.

In den dreißiger Jahren hatten viele Theoretiker wie der italienische General Giulio Douhet über die Zukunft des Luftkrieges spekuliert, über die neuen, schnellen Bomber, die jede Abwehr überwinden und Tonnen von Sprengstoff über den wehrlosen Städten des Gegners abwerfen würden. Im Westen löste dies Angst aus, die Nazis erkannten den Luftkrieg gegen Zivilisten als wirksame Waffe. «Der Terrorisierung feindlicher Hauptstädte oder Industriegebiete durch Bombardierung» werde rasch «zum moralischen Zusammenbruch führen», heißt es in einer Denkschrift des Lufthansa-Verkehrsleiters Robert Knaus schon 1933. Gnadenlos erfüllte die Luftwaffe vom ersten Tag an diese Prophezeiungen.

Die Haager Landkriegsordnung ließ die Bombardierung militärischer Ziele innerhalb von Städten in gewisser Weise zu. Die Luftwaffe machte in Polen jedoch aus der gesamten Stadt ein Ziel. Fliegergeneral Wolfram Freiherr von Richthofen betrieb «Brand- und Terrorangriffe als großangelegten Versuch», und gegen die Bedenken mancher seiner Offiziere ließ er Warschau so rücksichtslos bombardieren, dass Teile der alten Stadt einem Ruinenfeld glichen. Der jüdische

Musiker Wladyslaw Szpilman spielte noch einmal Chopin per Live-Übertragung im Radio. Dann dröhnten die Bomber heran. Er überlebte das Grauen zusammengepfercht mit zehn anderen in einem winzigen Unterschlupf. Mehr als fünfundzwanzigtausend Zivilisten kamen bis zum deutschen Einmarsch ums Leben.

Die deutsche Besatzung in Polen ließ sogleich erkennen, dass hier eine neue Art von Krieg begonnen hatte. Nicht nur, dass es durch SS und auch Wehrmacht sofort Übergriffe gegen Juden gab und schon jetzt ungezählte Zivilisten bei Vergeltungsmorden für angebliche Partisanenattacken umkamen. Zu deren Bekämpfung war offenbar jedes Mittel erlaubt. Brennende Orte, Pogrome, Lynchjustiz volksdeutscher Verbände begleiteten den raschen Vormarsch der Deutschen. Es gab sogar polnische Rechtsnationale, die für eine kurze Zeit noch an ein Bündnis mit den neuen Herren glaubten und den deutschen Exekutionskommandos versicherten, dies müsse alles ein Irrtum sein. Aber das war es nicht. Bei Jahresende waren bereits Zehntausende Zivilisten ermordet worden, und das sollte erst der Auftakt des polnischen Martyriums sein.

Polen war verloren, anders als in den stolzen Versen seiner Nationalhymne. Nicht nur die 1919 abgetretenen Gebiete, sondern weite Teile Westpolens wurden für das Reich annektiert. Im «Gau Wartheland» begannen die Deutschen sofort mit der «Germanisierung» und der Vertreibung vieler Polen. «Restpolen», soweit nicht sowjetisch besetzt, wurde in das «Generalgouvernement» verwandelt, eine Kolonie des wachsenden Horrors, deren Ressourcen für den Krieg ausgebeutet und deren Bewohner faktisch Sklaven der Eroberer waren. Es war der Auftakt für den Vernichtungskrieg im Osten.

Vorerst aber ging der Krieg im Westen weiter. Die Deutschen, im Gegensatz zu ihren Gegnern militärisch gut vorbereitet und ausgerüstet, eilten nun von Sieg zu Sieg, nach kaum einem halben Jahr hatten sie sechs weitere Staaten besetzt, allesamt Demokratien. Und doch musste es aus Hitlers Perspektive im Grunde der falsche Krieg sein, seine Pläne lagen im Osten. Und sosehr die Wehrmacht auch triumphieren würde: Es gelang ihm nicht, im Osten freie Hand zu bekommen.

Schon jetzt weitete der deutsche Krieg sich aus, einer Lawine gleich, riss er immer neue Staaten mit. In Stalins Kalkül galt es nun, den sowjetischen Machtbereich überall dorthin auszudehnen, wo es ihm das geheime Zusatzprotokoll des Hitler-Stalin-Paktes und der deutsch-sowjetische Grenz- und Freundschaftsvertrag erlaubten. Den Osten Polens hatte die Rote Armee bereits besetzt, die baltischen Staaten wurden gezwungen, russische Stützpunkte zuzulassen. Als Nächstes sollte Finnland an die Reihe kommen, dem es 1917 als einem der wenigen ehemaligen Territorien des Zarenreiches gelungen war, seine Freiheit zu erringen und zu bewahren. Der berühmte Winterkrieg 1939/40 geriet zu einer Demütigung der Roten Armee, die hier Tausende Panzer und mehr als eine Million Soldaten einsetzte, von den Finnen in Eis und Schnee aber wieder und wieder in Hinterhalte gelockt und geschlagen wurde. Die Öffentlichkeit der demokratischen Welt reagierte empört auf den Überfall des kommunistischen Goliath auf den kleinen Nachbarn.

Kriegsreporter beschrieben das Grauen des Krieges und die Tapferkeit der Verteidiger. Martha Gellhorn berichtete: «Die russischen Flugzeuge kamen um ein Uhr wieder, und von den Dächern der Bürogebäude und Mietshäuser, welche die Hauptstraße säumen, hämmerten die Maschinengewehre zu ihnen hinauf in den dichten grauen Himmel. Die Flugzeuge drehten ab und bombardierten die Arbeiterviertel in den Außenbezirken. Blumenhändler schickten Blumen in die Krankenhäuser, und kleine Prozessionen tränenloser Menschen folgten den geschmückten Särgen zum Friedhof.»[36]

Bei den Westmächten entstanden Pläne, den Finnen ein Expeditionskorps zu Hilfe zu schicken; damit hätten sie im Krieg mit der Sowjetunion und Nazideutschland zugleich gestanden. Die Truppen hätten freilich den Weg über den Norden Norwegens und Schwedens nehmen müssen, womit Skandinavien zum nächsten Ziel der Wehrmacht wurde. Briten und Franzosen, so Hitler, sollten keinesfalls im Norden des Reichs Kräfte aufbauen dürfen; auch fürchtete die Wehrmachtführung um die wichtigen Erzlieferungen aus Schweden. Obwohl Finnland unter Marschall Mannerheim mit Moskau schon am 13. März 1940 einen Frieden geschlossen hatte, der das Land empfindliche, aber doch erträgliche Gebietsverluste kostete, schlug die Wehrmacht Anfang April zu. Dänemark wurde kampflos besetzt, Norwegen erst nach einem harten – für die Alliierten, die vergeblich versuchten, den Fall des Landes zu verhindern, wie für die Deutschen –, verlustreichen Feldzug.

Bis Mai 1940 hatte die Wehrmacht zwar in Polen und Skandinavien gesiegt, aber jedes Mal gegen weit unterlegene Gegner. Noch immer standen ihr entlang der deutsch-französischen Front die Armeen zweier Weltmächte gegenüber, Großbritanniens und Frankreichs. In der deutschen Armeeführung hegte man einen enormen Respekt vor den Verbündeten, die das Kaiserreich vier Jahre lang nicht in die Knie hatte zwingen können, von der Marne 1914 über Verdun 1916 bis zur «Kaiserschlacht» 1918.

Hitler führte hier, in seiner Vorstellung, noch immer den falschen Krieg. Und er entwickelte eine Strategie, ihn möglichst kurz und brutal zu führen. Diese schizophrene, die deutsche Politik aber prägende Strategie sah ja vor, möglichst bald seinen wichtigsten Partner anzugreifen, Stalins Sowjetunion. Ein jahrelanger Grabenkrieg im Westen wie eine Generation zuvor hätte dies unmöglich gemacht; zudem war in der Zukunft auch mit den USA zu rechnen.

Diese Strategie war kühn, ja, tollkühn aus Sicht vieler seiner Generäle. Einige in der Heeresführung trugen sich jetzt ernsthaft mit dem Gedanken, gegen den Diktator zu putschen, der das Reich einer solchen Gefahr aussetzen wollte. Franz Halder und Walther von Brauchitsch vom Oberkommando des Heeres erwogen in einem Zwiegespräch neben Angriff und Abwarten sogar die Möglichkeit «grundlegender Veränderungen», sprich eines Staatsstreiches.[37] Dies war von allen verpassten Gelegenheiten die vielleicht größte: mit Gewalt einen irrlichternden «Führer» abzusetzen, bevor dieser nach dem unerwartet raschen Sieg in Frankreich zum Triumphator wurde. Was dem deutschen Militär an Ehre noch geblieben war, hätte genau dies geboten.

All die Bedenken wischte Hitler beiseite, als er am 10. Mai die Offensive gegen Frankreich entfesselte. Mit einem Panzervorstoß durch die unwegsamen Ardennen umging die Wehrmacht die Befestigungen der Maginot-Linie und spaltete die alliierten Armeen. Entsetzliche Fehlkalkulationen und Fehler vor allem des französischen Oberkommandos spielten den Deutschen noch in die Hände. Der Krieg in Frankreich geriet für die Demokratien zu einem «kolossalen Desaster», wie Winston Churchill, Großbritanniens neuer Premierminister, in einer Rundfunkansprache am 4. Juni zugab. Darin freilich gab es einen

Hoffnungsschimmer, der weitreichende Folgen für Hitlers Strategie haben sollte: Es gelang den Briten in einer meisterlichen Operation, bei Dünkirchen das Gros ihrer Expeditionsstreitmacht über den Kanal in die Heimat zu retten, in buchstäblich letzter Sekunde. Die schwere Ausrüstung blieb allerdings an den Stränden der brennenden Stadt zurück. Am 14. Juni marschierte die Wehrmacht in Paris ein, am 23. Juni besichtigte Hitler mit kleinem Hofstaat die besiegte Metropole und beschloss, Berlin noch größer und mächtiger zu gestalten. Der Norden und Westen des Landes, einschließlich Paris, geriet unter deutsche Besatzung; den Rumpfstaat im Süden regierte von Hitlers Gnaden Marschall Pétain, der greise Kriegsheld von 1918 und das Idol der französischen Rechten und Nationalisten. Sein Staatsgebilde, das im beschaulichen Vichy regiert wurde, geriet zum Inbegriff der Kollaboration.

Hitler hatte triumphiert. Zu Lande gab es in Europa keinen Gegner mehr. Sein Herrschaftsgebiet reichte von der spanischen Grenze bis in den Norden Norwegens und im Osten bis zum Bug. In der Hand der Deutschen waren die Bodenschätze, das Industriepotenzial, die Häfen des hoch entwickelten Westeuropa; und überall entlang im Westen dieser Tausende Kilometer langen Küsten lagen Flughäfen, von denen deutsche Bomber sich nun auf einen Einsatz vorbereiteten, der in Naziliedern schon besungen wurde: «Wir fliegen gegen Eng-gel-land ...»

«Wir werden uns niemals ergeben»: Entscheidung in London

Was würden die Briten tun? Ihre Insel war nun die letzte Bastion der europäischen Demokratien. Um die Staatsform der Freiheit, die uns ein Menschenalter später so selbstverständlich erscheint, war es niemals schlechter bestellt als in diesem schrecklichen Sommer. Die parlamentarische Demokratie hatte sich selbst als Verheißung für Europa betrachtet, in ihrem Namen hatten die Westmächte gegen das Kaiserreich gekämpft. Doch jene neue internationale Ordnung der Freiheit, die US-Präsident Woodrow Wilson 1918 angekündigt hatte, war ausgeblieben, zerrieben in den Konflikten der Siegermächte und nationalen Obsessionen Europas. Die Amerikaner hatten sich enttäuscht in eine selbst gewählte Isolation zurückgezogen, je weniger sie vom Hader der Alten Welt berührt wurden, desto besser erschien es den meisten von ihnen. Frankreich und Großbritannien erholten sich weder wirtschaftlich vom Aderlass des Ersten Weltkrieges, noch gelang es ihnen anschließend, das eigene politische System glaubwürdig und machtvoll gegen all die neuen Nationalisten und Ideologien zu vertreten, die nach 1918 aus der Büchse der Pandora entwichen. Fast alle aus der Erbmasse des österreichisch-ungarischen Vielvölkerstaates hervorgegangenen Staaten Osteuropas waren bald rechtsautoritär und nationalistisch regiert und mit ihren endlosen, obsessiven Konflikten untereinander befasst. Ihre Hauptsorge war die Sowjetunion.

England, Frankreich, Belgien und die Niederlande teilten diese Furcht vor dem Sozialismus, dieser säkularen Heilslehre, überall dort entstanden kommunistische Parteien, die der Demokratie als bürgerlich-kapitalistischer Herrschaft den Kampf ansagten. Und wenn die Demokratien angeblich Werte wie Freiheit, Menschenwürde und nationale Selbstbestimmung verkörperten, höhnten die Kommunisten, wieso hatten sie dann den halben Erdball in Kolonien aufgeteilt, wo von Freiheit und Würde wenig und Selbstbestimmung nichts zu sehen war? Die Demokratien, ohnehin ideell und materiell geschwächt, hatten Hitler groß werden lassen und wurden, als es dann zu spät war, von ihm militärisch auf eine Weise gedemütigt, die präzedenzlos in der Geschichte Europas war.

Politisch zog nach dem Fall Frankreichs eine «Neue Ordnung» herauf, von der Europas irregeleitete Rechtsintellektuelle in der Zwischenkriegszeit geträumt hatten. Doch würde sie schrecklicher und mörderischer sein als selbst in ihren übelsten Phantasien und schon gar nicht europäisch. Es war die Herrschaft Hitlers, der Nazis, der Deutschen, und es gab kaum etwas, was sie ihren vielen Gesinnungsfreunden anbieten würden, von allen anderen Unterworfenen ganz zu schweigen.

Hier, im Juni 1940, setzte nun eine Kette welthistorischer Entscheidungen ein. Gleich einer Flut, die immer stärker wächst und alles mit sich fortreißt, was sie erreicht, bestimmten diese Entscheidungen den weiteren Verlauf des Krieges. Er wurde größer und größer, er griff von Mitteleuropa auf den Balkan, nach Griechenland und nach Afrika über, er verbrannte große Teile der Sowjetunion und erreichte schließlich die USA und den Pazifik. All diese «fateful choices», wie sie der Historiker und Hitler-Biograph Ian Kershaw in einer meisterlichen Studie genannt hat, diese Schlüsselentscheidungen, fielen zwischen Juni 1940 und Dezember 1941.[38] Für die Zeitgenossen waren die Kausalzusammenhänge schwer, mitunter gar nicht zu erkennen. Aber die Kette der alles dominierenden Entscheidungen begann in einer Sitzung des britischen Kabinetts vom 28. Mai 1940.

Churchill war erst seit wenigen Wochen Premier und noch keineswegs so unanfechtbar wie in späteren Jahren. Er hatte sein Amt am Tage der deutschen Offensive gegen Frankreich angetreten, weil Chamberlain keinerlei Rückhalt mehr besaß und Hitlers alter Feind Churchill der Einzige war, dem man zutraute, die Nation durch diese Krise zu führen. Er hatte ein überparteiliches Kabinett geformt und genoss bei Liberalen und Labour hohes Ansehen. Seine eigene Partei dagegen, die Konservativen, welche in den dreißiger Jahren regiert hatten, betrachtete ihn mit Misstrauen. Eben noch war er ein einsamer Mahner gewesen, und viele trugen ihm seine massiven Attacken gegen das Appeasement nach. Und dieser Kampf war noch nicht vorüber.

Zwar amtierte Churchill nun als Premierminister, aber zwei seiner größten Widersacher saßen noch immer im Kriegskabinett: sein Vorgänger Chamberlain und Außenminister Lord Halifax. Chamberlain mochte krank und resigniert sein, er war ein gefährlicher Widersacher, und Halifax versuchte, Churchill auszumanövrieren. Beim Treffen des Kriegskabinetts im Admirality House am 27. Mai hatte er Churchill offen herausgefordert und verlangt, über Italien Friedensfühler nach Deutschland auszustrecken. Er hatte bereits Gespräche mit Giuseppe Bastianini geführt, dem italienischen Botschafter in London. Churchill sah nichts als Schwäche darin, «wenn wir zu Signor Mussolini gingen und ihn einladen würden, Herrn Hitler aufzusuchen und diesen darum zu bitten, uns nett zu behandeln». Aber einen Tag lang stand nicht nur diese Frage auf der Kippe, sondern mit ihr auch die Zukunft Churchills, seines Landes und damit der freien Welt.

Doch endlich und erst, als es fast zu spät sein sollte, war Hitler ein Gegenspieler erwachsen, der dem «Führer» gewachsen und politisch überlegen war. Winston Spencer Churchill war ein Erzkonservativer, geboren 1874, in viktorianischer Zeit, im Palast von Blenheim als Kind der klassischen englischen Führungsschicht. Als blutjunger Reporter hatte er die späte Glorie des Empire noch erlebt, Feldzüge im Hindukusch, gegen das Kalifat des Mahdi im Sudan und den Burenkrieg mitgemacht. Churchill kannte den Krieg, er blieb ein Leben lang davon fasziniert. In den Dreißigern machten ihn seine Rufe nach Wiederaufrüstung bei den Intellektuellen, der akademischen Jugend und nicht zuletzt in seiner eigenen Partei, den Tories, zur Persona non grata. Er hatte schreckliche Rückschläge erlebt wie das Desaster von Gallipoli 1915, an dem er als Erster Lord der Admiralität erhebliche Mitschuld trug, und seine politische Isolation in den dreißiger Jahren. Aber er war immer noch da, inzwischen an der Grenze des Rentenalters, sechsundsechzig Jahre alt.

Bei allem, was seine Gegner gegen ihn ins Feld führten, und das war sehr viel, übersahen sie einen grundsätzlichen Zug. Churchill besaß nicht nur ein Ego wie der Sonnenkönig, den sein Vorfahr Lord Marlborough 1704 bei Höchstädt (Blenheim) vernichtend geschlagen hatte. Er war auch ein Mann mit tiefer Werteverankerung. Diese Werte mochten widersprüchlich genug sein – Churchill, der Europas Freiheit retten sollte, war niemals geneigt, diese Freiheit den Untertanen in den Kolonien zu gewähren –, und doch waren sie in fast jeder Hinsicht der moralische Gegenentwurf zu Stalin und Hitler. Die bedrängte Demokratie hatte ihren Verteidiger gefunden.

An postumem Preis dafür hat es nie gefehlt. Churchill

gilt bis heute als der größte Brite des 20. Jahrhunderts. Zu seinem Tod 1965 schrieb die *New York Times*: «Er war eine große Persönlichkeit, nicht nur ein großer Staatsmann. Er war ein Mensch, mit Gefühlen und Wünschen und Fehlern, manchen in olympischen Dimensionen.» *The Spectator* pries ihn: «Wir sind nur deshalb ein freies Volk, weil ein Mann namens Winston Churchill lebte.» Eine der schönsten Charakterisierungen stammt von Joachim Fest, sie steht in dessen Hitler-Biographie von 1973: «Zwar erklärte der neue Premierminister, er habe dem Land nichts zu bieten als ‹Blut, Mühsal, Schweiß und Tränen›; aber es war, als habe das in seine komplizierten Einverständnisse mit Hitler verstrickte und tief defätistische Europa mit diesem Mann seine Normen, seine Sprache und seinen Selbstbehauptungswillen wiedergefunden, er gab der Auseinandersetzung, jenseits aller politischen Interessen, das große moralische Motiv und einen einfachen, jedermann einleuchtenden Sinn.»[39] Dieser Sinn war die Rettung der Freiheit, der Demokratie vor Hitlerdeutschland und der NS-Herrschaft, vor dem Bösen, dessen Ausmaß er als einer von wenigen schon sehr früh erkannt hatte, vor jener, wie er es nannte, «ungeheuerlichen Tyrannei, die in dem finsteren, trübseligen Katalog des menschlichen Verbrechens unübertroffen bleibt».[40]

Nur seine Mittel, sich dieser Tyrannei zu erwehren, waren äußerst begrenzt. Er selbst hatte am 20. Mai an US-Präsident Roosevelt geschrieben, es sei durchaus möglich, dass die Briten ihn aus «Verzweiflung und Hoffnungslosigkeit» durch einen Premierminister ersetzten, der den Nazis nachgeben würde. Einen wie Halifax, der manchen bereits als Mann der Stunde galt und am 27. Mai in sein Tagebuch schrieb: «Winston redet den erschreckendsten Mist.»

«Es gibt Anzeichen, dass sich Halifax defätistisch ver-
hält», notierte dagegen Churchills Sekretär John Colville
am selben Abend zornig.[41] Aber das war ungerecht. Auch
Halifax war ein Patriot und wollte sein Land nicht Hitler
unterwerfen; doch er glaubte noch an politische Spielräume. Viele drängten doch jetzt zu einer «Friedenslösung»: der
Papst, König Gustav von Schweden und die politisch noch
immer einflussreichen Appeaser wie Außenminister Halifax.
Churchill traf eine andere Entscheidung, und die Welt wurde durch sie eine andere. Er hatte verstanden, was Halifax
noch immer nicht begriff: Die Welt, die Hitler aufbauen
wollte, würde eine des Bösen sein, unvereinbar mit allen
Werten Europas, der Demokratie, der christlichen Tradition.
Und Churchill war nicht zu Friedensfühlern bereit, weil die
Deutschen dies unweigerlich als Anzeichen der Schwäche
deuten und ausnutzen würden.

Anders als es die Historiker einst wahrhaben wollten, wird
Geschichte ja eher nicht von «großen Männern» gemacht,
politische und soziale Strukturen, internationale Beziehun-
gen und vielfache Abhängigkeiten bestimmen das Handeln
der Akteure weit stärker als deren Wille. Auch Churchill war
nicht allein, wie der Mythos es manchmal fast glauben lässt.
Er spürte, wie sich breite Teile einer sonst scharf gespaltenen
Gesellschaft hinter ihm versammelten, ob in den Clubs der
Konservativen oder den Arbeiterlokalen von Manchester.
Hunderttausende lasen die Kampfschrift «Die schuldigen
Männer», eine Abrechnung mit der Appeasement-Politik.
«And only England stands», schrieb die Schriftstellerin Do-
rothy L. Sayers, nur England steht. Und es kämpfte. Um das
eigene Überleben und das der freien Welt. Treffend schrieb
Sebastian Haffner: «Bis zum Jahre 1940 ist es möglich, die
Gestalt Churchills aus der Weltgeschichte und sogar der

Geschichte Englands wegzudenken, ohne dass sich dadurch am Gesamtbild etwas Entscheidendes ändern würde. Ein Glanzlicht würde fehlen, mehr nicht. Ebenso ist es dann wieder von 1942 an ... Aber in den Jahren 1940 und 1941 war Churchill der Mann des Schicksals.»[42] Er war Hitlers Nemesis, der erste Staatsmann, der dem deutschen Diktator mit dem Willen entgegentrat, sich ihm niemals zu beugen und ihn nie über Europa oder große Teile der Welt herrschen zu lassen. Und er forderte Hitler in dem Moment heraus, als dieser sich schon am Ziel glaubte.

Er musste jetzt nur noch die Briten aus dem Krieg drängen, dann hätte er freie Hand für seine «Lebensraum»-Pläne im Osten gehabt. Zur Not müsste dies mit Gewalt geschehen, aber Hitler war überzeugt, darauf verzichten und London zu einem Frieden zwingen zu können, den er diktieren würde. Die NS-Ideologie sah die Briten im Grunde als «arisches» Brudervolk an, Hitler hatte sie auf seine Weise stets mehr respektiert als die anderen Völker. Es wäre nun genug für ihn gewesen, England und sogar Teile des Empire bestehen zu lassen, solange das gewährleistet war, was Churchill kategorisch ausgeschlossen hatte: ein Status als «Vasallenstaat des Hitlerreiches».

Am 28. Mai traf sich das gesamte, überparteiliche britische Kabinett; nicht nur das fünfköpfige Kriegskabinett. Churchill erläuterte den Ministern, wie übel es in Frankreich und auch in Dünkirchen stand; Belgien hatte soeben kapituliert, die Rettung der britischen Armee schien mehr als zweifelhaft. Von Hunderttausenden britischen und französischen Soldaten waren bisher nur siebzehntausend evakuiert worden. Von «hard and heavy tidings» hatte Churchill im Unterhaus gesprochen, harten und schweren Gezeiten, auf die man sich vorbereiten müsse. Wann, wenn nicht jetzt, wäre die Zeit gewesen für ein Eingeständnis der Niederlage, für Verhandlungen zum Ausloten des Preises, den der Sieger fordern würde?

Über das, was er am 28. Mai vor dem großen Kabinett sagte, zitiert Churchill in seinen Memoiren in wenig charakteristischer Weise nur einen Satz: «Was immer in Dünkirchen geschehen mag – wir werden natürlich weiterkämpfen.» Ohne es auszusprechen, versetzte Churchill den Appeasern aber den entscheidenden Schlag. Der Premierminister riss die Anwesenden mit, der düsteren Stunde zum Trotz: Er forderte sie auf, ihn augenblicklich aus seinem Amt zu werfen, ja «von meinem Stuhl zu reißen, würde ich nur einen einzigen Moment darüber nachdenken, dass wir verhandeln oder uns ergeben». Churchill sprach hier vor den Repräsentanten der Nation, und spontaner Beifall brach aus, manche eilten zu ihm und schlugen ihm auf den Rücken. Niemand erhob Einspruch, auch Halifax nicht.

Nur wenige Tage später, am 4. Juni, hielt Churchill im Rundfunk jene Rede, die ihren Platz ganz oben in der Reihe großer Ansprachen der demokratischen Welt finden sollte, neben der «Gettysburg Adress» von Abraham Lincoln 1863 und Churchills eigenen Worten «Blut, Schweiß, Mühsal und Tränen» nach seiner Regierungsübernahme. Er schilderte schonungslos die Niederlage in Frankreich: Großbritanniens Armee hatte fast alle Geschütze, Fahrzeuge und Panzer verloren, die es nach Frankreich geschickt hatte – und dies «war das Beste, was wir zu geben hatten». Aber die meisten Soldaten waren aus Dünkirchen über das Meer gerettet worden. Dies glich einem Wunder, doch keinem Sieg: «Kriege werden nicht durch Evakuierungen gewonnen.» Aber der Sieg werde kommen, eines Tages, und Hitler solle eines wissen: «Wir werden nicht wanken noch weichen. Wir werden ausharren, wir werden in Frankreich kämpfen, wir werden auf den Meeren und Ozeanen kämpfen, wir werden mit wachsender Zuversicht und Stärke in der Luft kämpfen. Wir werden unsere Insel verteidigen, was immer es uns auch kosten möge. Wir werden an den Stränden kämpfen. Wir werden an den Landungsplätzen kämpfen. Wir werden auf den Feldern und Straßen kämpfen. Wir werden auf den Hügeln kämpfen. Wir werden uns niemals ergeben.»[43]

We shall never surrender. Die Weichen waren gestellt. Großbritannien würde weiterkämpfen und Hitler trotz aller Siege den Rücken nicht freihaben für den Vernichtungskrieg gegen Russland.

«Welche Reserven besitzen wir noch?»: die Luftschlacht um England, Hitlers erste Niederlage

«Und bist du nicht willig, so brauch' ich Gewalt», so heißt es im Lied vom Erlkönig. In völliger Verkennung des Gegners setzte Hitler trotz Churchills Dünkirchen-Rede vom 4. Juni insgeheim darauf, dass die Briten doch noch zu einem Ausgleich bereit sein würden. Tagelang wartete er im Schwarzwald ruhelos eine Antwort Churchills auf das «Friedensangebot» vom 19. Juli ab: In der Berliner Kroll-Oper, vor dem jubelnden Reichstag, war der «Führer» einmal mehr aufgetreten als «Dompteur des deutschen Gemüts», wie der US-Journalist William Shirer schrieb, mit dem Gestus eines Siegers, der doch großherzig ist: «In dieser Stunde fühle ich mich verpflichtet vor meinem Gewissen, noch einmal einen Appell an die Vernunft auch in England zu richten. ... Ich sehe keinen Grund, der zur Fortsetzung dieses Krieges zwingen könnte.» Doch den verlogenen «Friedensappell», mit bezeichnenden Drohungen ausgesprochen, wies die Regierung in London zurück. Also setzte Deutschland einmal mehr auf Gewalt. Die «Weisung Nummer 16» des Diktators gab der Wehrmacht auf, eine Invasion Großbritanniens über den Ärmelkanal vorzubereiten, das «Unternehmen Seelöwe».

Ein solcher Feldzug konnte nicht in Hitlers Sinne sein und war es auch nicht, da er doch den Krieg gegen Russland führen wollte. Großbritannien würde sich nicht so rasch ergeben wie Frankreich, ein Krieg auf der Insel würde die Gefahr eines Eingreifens der USA erhöhen und erhebliche Kräfte binden. Vielleicht aber würde es genügen, glaubhaft genug mit der Invasion zu drohen, indem er alle Voraussetzungen dafür schuf.

Die erste und entscheidende davon war die völlige deutsche Luftherrschaft über dem Ärmelkanal, den möglichen Landungsgebieten und Südengland. Der Versuch, Truppen über das Meer an die Steilküsten von Kent zu bringen, konnte ohne absolute Überlegenheit in der Luft sehr wohl in einem verlustreichen Debakel enden. Gegen die Royal Navy, die den schmalen Wasserweg beschützte, hatte die deutsche Marine wenig Chancen. Also mussten die Bomber die britischen Schiffe fernhalten. Selbst im Erfolgsfall würde das «Unternehmen Seelöwe» einen weiteren langen Kampf bedeuten, Zeit, Heere und Ressourcen verschlingen, während Stalin die Rote Armee weiter aufrüstete und modernisierte. Die Alternative war der Zweifrontenkrieg – die Sowjetunion rasch niederwerfen, obwohl England weiterkämpfte.

Die Luftwaffe attackierte ab Juni 1940 zunächst die Seewege («Kanalkampf») und dann die britische Luftverteidigung direkt, vor allem das Fighter Command. Die Briten besaßen siebenhundert moderne Jagdmaschinen der Typen

Hurricane und *Spitfire*. Hätten sie die Schlacht verloren, wäre wahrscheinlich auch der Krieg verloren gewesen.

Die Luftwaffe ging mit breiter Brust in diese Auseinandersetzung. Ihre Piloten hatten den Himmel über Polen und Frankreich beherrscht, sie waren kampferfahren, eine militärische Elite. Nur wenige bedachten, dass sie schon über Dünkirchen einen mindestens gleichwertigen Gegner getroffen hatten, als die RAF mehr Flugzeuge abschoss, als sie selbst verlor. Der deutsche Jagdflieger Gerhard Schöpfel flog einen Me-109-Jäger im Jagdgeschwader 26 unter Adolf Galland, dem späteren General der Jagdflieger: «Wir rechneten nicht damit, besiegt zu werden. Wir glaubten, dass durch unsere Hilfe eine Landung in England möglich werden würde und unsere Staffeln den Himmel über London beherrschen könnten.»[44]

Doch es gelang nicht. Die Luftwaffe kämpfte über britischem Boden. Mit jedem Flugzeug ging auch die Besatzung verloren, gleich, ob sie umkam oder in Gefangenschaft geriet. In der Ära vor den Jets hatte ein einmotoriges Jagdflugzeug nur wenig mehr als ein bis zwei Stunden Flugzeit, bevor es nachtanken musste. Das bedeutete, dass die stärkste deutsche Maschine, die Me 109, nur kurz über Südengland kämpfen konnte. Fast jeder Pilot erlebte es, mit dem letzten Tropfen Benzin und der leuchtenden roten Warnlampe gerade noch den eigenen Feldflugplatz in Frankreich zu erreichen; und viele schafften es nicht. Die zweimotorigen Bomber und vor allem die Stukas, die sich mit heulenden Sirenen direkt aus dem Himmel auf ihr Ziel stürzten, mochten als Waffen des Terrorkriegs Angst und Schrecken am Boden verbreiten. Den britischen Jägern waren sie bereits nicht mehr gewachsen. Und die Luftwaffe rätselte lange Zeit, warum die RAF meistens schon am Himmel über dem Zielgebiet wartete: Die neuen Radarstationen erfassten die anfliegenden Bomberverbände bereits über der französischen Küste.

Das Plus der Deutschen war die größere Kampferfahrung, die zahlenmäßige Überlegenheit und der britische Mangel an Piloten. Verlorene RAF-Maschinen konnte die von Churchills Luftkriegsorganisator Lord Beaverbrook straff geführte Kriegsindustrie viel leichter ersetzen, als die Luftwaffenführung für möglich hielt. Verlorene Jagdpiloten trafen die Verteidigung ins Mark. Wahrscheinlich wäre sie ohne die Piloten aus Polen, der Tschechoslowakei und den Überseegebieten kollabiert, die an ihrer Seite kämpften (sowie einiger idealistischer junger Amerikaner, die freiwillig zur RAF gingen). Der Druck auf die «Fighter Boys» stieg ins beinah Unerträgliche. Alan Deere, ein neuseeländisches RAF-Ass, erhielt an einem Tag zwei neue Piloten direkt aus der Flugschule. Beide wurden in ihren Spitfires abgeschossen – sie hatten noch Glück und lagen am Abend verletzt in Krankenhausbetten in Dover. Im Herbst waren nur noch vier der Piloten dabei, die Deere im Sommer angeführt hatte. Aber auch auf der anderen Seite wuchs die Erschöpfung, es gab Nervenzusammenbrüche; und nach einem besonders harten Einsatz sammelten sich die Me-109-Piloten in ihren Liegestühlen und starrten schweigend auf die leeren Plätze ihrer Kameraden, die hier wenige Stunden zuvor noch gesessen und gescherzt hatten.

Für kurze Zeit sah es dennoch so aus, als könne die britische Abwehr über Südengland nicht durchhalten. Ein nächtlicher Luftangriff der RAF auf Berlin brachte die Wende. Nicht weil er viel bewirkt hätte, sondern weil Hitler nun Vergeltungsattacken auf London befahl. Bisher hatten sich die Bomber meist auf militärische Ziele in Großbritannien konzentriert, jetzt traf es die Metropole mit voller Gewalt. Am 7. September starben fünfhundert Menschen, doch das Fighter Command gewann eine kleine Atempause. Luftwaffenchef Göring schickte die geballte Macht seiner Bomberflotte über das Meer.

Es war ein sonniger Spätsommertag, das Wetter war mit den Angreifern. An diesem Morgen besuchten Churchill und seine Frau Clementine den bombensicheren Operation Room, die Leitzentrale der Jagdabwehr. Air Vice Marshall Keith Park zeigte dem Paar den Kartentisch, auf dem Helfer schwarze Scheiben verschoben, auf die jeweils aktuelle Position der Bomber. Dann trafen die Erkenntnisse der Radarwarnung ein: «20 +», «30 +», «80 +». Rote Lichter leuchteten auf, jedes für eine RAF-Staffel, die einsatzbereit war. Hoch über ihnen am Himmel tobte der Kampf. Park stand für einen Moment still, und Churchill fragte: «Welche Reserven besitzen wir noch?» Keith sah ihn an und antwortete: «Keine.»

Am Himmel aber erschien es den RAF-Piloten erstmals, als zeige der bislang unermüdliche Feind Zeichen der Schwäche. RAF-Offizier Stanley Vincent attackierte in seiner Hurricane allein acht zweimotorige Dornier-Bomber direkt von vorn, und zu seiner Überraschung drehten sie alle ab und flohen zurück nach Frankreich. Pilot C. A. Bodie von der 66. Squadron schoss eine andere Dornier ab und beobachtete, wie das brennende Kampfflugzeug zu Boden stürzte, während einer der deutschen MG-Schützen versuchte, mit dem Fallschirm abzuspringen. Der Mann blieb stecken, Bodie sah seine strampelnden Beine. Kurz vor dem Aufschlag ertrug der Brite den Gedanken nicht, dass der Mann in Stücke gerissen würde, und schoss noch einmal auf das Flugzeug. Die Beine bewegten sich nicht mehr. Bodie drehte ab, ihm war übel.[45]

Der Battle of Britain Day ist in die englische Mythologie des gerechten Krieges eingegangen, nicht zuletzt weil Churchill ihn mit dem Sieg von Waterloo über Napoleon 1815 verglich. Und er hatte recht. Hier, am Himmel über Südengland, fiel die Vorentscheidung über das Schicksal Europas, nicht allein an diesem Tag, sondern über Monate des Luftkampfes. Der 15. September markiert freilich einen Einschnitt: Die Luftwaffe erlebte die bis dahin größten Verluste des Krieges. Es waren nicht Hunderte Maschinen, wie die jubelnden Verteidiger anfangs glaubten, sondern sechsundfünfzig, gegen sechsundzwanzig verlorene britische Jäger. Aber auch eine solche Verlustrate war für die Deutschen katastrophal. Nicht einmal sie konnten das durchhalten. Am 17. September verschob Adolf Hitler die «Operation Seelöwe» – «bis auf weiteres».[46]

Es war die erste deutsche Niederlage des Zweiten Weltkrieges und zugleich jene, die Hitlerdeutschlands Schicksal auf lange Sicht bereits entschied. Sieger wie Besiegte konnten das im Herbst 1940 nicht erkennen. Sie wussten nicht einmal wirklich, wer nun gesiegt und wer verloren hatte. Es gab keinen Triumphator, keine Jubelfeiern, keine geschlagene Armee, deren Reste sich mühselig heimwärts schleppten, wie in dem alten Landsknechtlied «Mit Herr und Ross und Wagen / Hat sie der Herr geschlagen». Taktisch schien Anfang 1941 alles so zu sein wie zu Beginn der Luftschlacht im Frühsommer. Die Wehrmacht beherrschte Westeuropa und bedrohte die Briten von Stützpunkten, die vom Nordkap bis in die Bretagne reichten. Die Luftwaffe hatte schwere Verluste erlitten, weit schwerere als die Royal Air Force: nach offiziellen Angaben eintausendsiebenhundertdreiunddreißig Maschinen gegen neunhundertfünfzehn britische. Und doch waren sie bei weitem nicht schwer genug, um

die Deutschen daran zu hindern, den Luftkrieg weiter fort-
zusetzen. Im Gegenteil: Das Bombardement der Insel sollte
seinen Höhepunkt erst noch erreichen; denn die Luftwaffe
griff nun im Schutz der Nacht an.

Militärisch richteten diese Attacken wenig Schaden an,
aber das war auch immer weniger ihr Zweck. Sie sollten die
Briten terrorisieren und in Atem halten. Am berüchtigtsten
wurde die Bombardierung der alten Stadt Coventry am
14. November 1940, bei der die Deutschen ein neues Funk-
peilsystem benutzten, das sie recht präzise über die verdunkelte Stadt führte. Coventry enthielt auch militärische Ziele
und Rüstungseinrichtungen, dennoch wurde es zum bösen
Sinnbild der «Baedeker»-Angriffe genannten Luftoffensive,
deren Ziele eher aus dem Reiseführer entnommen schienen
als den Karten des Militärs. Das Grauen von Coventry glich
dem von Guernica, Warschau, Rotterdam; in einem neuen
Buch des britischen Historikers Frederick Taylor wird das
Entsetzen beschrieben, dass der massenhafte Tod aus der
Luft dennoch auslöste. Er schildert viele tragische Szenen
wie diesen Bericht eines Jungen: «Als die Bombe einschlug,
erschütterte es unseren Schutzbunker. Ich wurde in die
Luft geschleudert, prallte an die Decke und landete wieder
auf dem Boden.» Als der Angriff verebbte, ging ein Mann
hinaus: «Jedem war klar, dass es nach diesem Einschlag
Schwerverletzte gegeben haben musste. Er ging hinüber
auf das Grundstück der Familie Worthington. Ein Mädchen war noch am Leben. Aber ihre Beine waren an den
Oberschenkeln abgerissen worden. Er hob es hoch, doch
das Mädchen starb in seinen Armen. Es war schrecklich.»[47]
Die Luftwaffe nannte die nächtliche Terroroperation gegen
Coventry «Mondscheinsonate».

Die Luftangriffe töteten in Großbritannien bis zum deut-

schen Angriff auf Russland 43 384 Menschen, eine nach den
Maßstäben der Zeit apokalyptische Zahl. Die Gegenangriffe
mit Langstreckenbombern tief ins Reichsgebiet blieben dagegen zunächst fast wirkungslos. 1942 freilich begann der
neue Kommandeur des Bomber Command, Sir Arthur
Harris, mit einer neuen Luftoffensive gegen das Reich. Er
wollte, so Frederick Taylor, «Dutzende deutscher Coventrys
schaffen und konnte sich dabei der vollen Unterstützung
seiner Regierung sicher sein». Die Gewalt des Krieges eskalierte rasch. «Jene, die den Wind säten, werden nun den
Sturm ernten», prophezeite Churchill den Deutschen 1942.
Die strategische Bomberoffensive würde eine noch weit größere Opferzahl fordern und weit über jeden militärischen
Zweck hinausgehen – zumal die Briten die Luftangriffe
lange als Ersatz für jene «zweite Front» gegen Deutschland
betrachteten, welche die Russen über Jahre, bis zum D-Day
1944, verzweifelt forderten.[48] Doch all dies lag in der Zukunft, als die Bomber über Coventry abdrehten. Noch lange
sahen die Besatzungen den Feuerschein der brennenden
Stadt.

Wenn Churchills Entschluss «We shall never surrender»,
den Kampf gegen Nazideutschland unter allen, auch den
schlimmsten Umständen weiterzuführen, die erste große
Entscheidung des Krieges war, welche zur deutschen Niederlage führen würde, dann markiert «The Battle of Britain»
die zweite Entscheidung. Im Grunde gehören sie zusammen: Auf den Willen der letzten kämpfenden Demokratie,
sich dem Faschismus nicht zu beugen, folgte die Demons-
tration der Kraft, dass das Empire militärisch genau dazu in
der Lage war.

Zu mehr freilich kaum. Die Briten hatten die erste Attacke abgeschlagen und fürchteten bereits die zweite, die sie

vom Frühjahr 1941 an erwarteten. Die Luftschlacht endete in einem taktischen Patt – und war doch ein gewaltiger strategischer Sieg. Hier, im heißen Sommer 1940, scheiterte über Kent und London Hitlers Versuch, England aus dem Spiel zu nehmen, das letzte Bollwerk der Demokratie so weit zu bringen, dass es wenigstens um Frieden bitten würde. Das hätte Nazideutschland ja bereits gereicht. Die Invasion über die tückischen Gewässer der Nordsee, die Eroberung der Insel, Krieg in den Straßen Londons wären ja nur die Ultima Ratio gewesen, sofern im Zusammenhang mit Führung und Militär des Dritten Reiches die Rede von Ratio sein kann. Aber es hätte aus Sicht Berlins nicht so weit kommen müssen: Wären die Spitfires und Hurricanes vom Himmel geholt worden, die deutschen Jäger und Bomber im Besitz der Luftherrschaft und die Briten damit tatsächlich von der Invasion bedroht gewesen – würden sie nicht nachgeben? Churchill stürzen und eine neue Appeasement-Regierung in London einsetzen, die froh über einen nach Nazi-Kategorien milden Frieden wäre, einem von Hitlers Gnaden? Dann hätte Hitler den Rücken frei gehabt für seinen Krieg um «Lebensraum» im Osten, für seine Phantasien der Versklavung und Vernichtung ganzer Völker. Aber so war es nicht gekommen. Bei einem späteren deutschen Luftangriff notierte der Labour-Abgeordnete Harald Nicolson mit bemerkenswerter Klarsicht, während über ihm die Bunkerdecke unter Bomben bebte: «Ich glaube, wir haben es geschafft, diesen Krieg nicht zu verlieren.»[49]

Hybris: 1941 – der Weg in den globalen Krieg

Neujahr 1941: das seltsame Patt

Das Jahr 1941 war erst wenige Minuten alt, als das Heulen der Luftschutzsirenen schneidend durch die Nacht drang. Bald dröhnten Bomber über Liverpool, die Geschütze der Luftabwehr feuerten, und die Stadt bebte unter den Einschlägen. Draußen, im Hafen, lag die *HMS Walker*. Das Schiff war ein Zerstörer und gehörte damit zu jenem Typus, der die Hauptlast der Schlacht im Atlantik trug, des mörderischen Kampfes um die Seeverbindung in die USA. Aber in dieser Nacht musste die Besatzung hilflos zusehen, wie sich der Hafen in ein brennendes Inferno verwandelte. Der Seemann John Adam sah voller Horror, wie das Schiff vor ihnen in einem Feuerball explodierte, ein Volltreffer. Er erinnerte sich später, dass plötzlich «ein Hagel gefrorener Hammelstücke auf uns niederging. All das Fleisch aus Neuseeland, das es hergebracht hatte, flog in die Luft.»[50]

Januar 1941: Hitlers düsteres Imperium stand auf der Höhe seiner Macht. Nie zuvor hatte ein europäischer Staat den Kontinent so dominiert. Die deutschen Armeen hatten Polen, Dänemark, Norwegen, die Beneluxstaaten und die Großmacht Frankreich überrannt. Das Reich war, im perversen Pakt der Diktaturen, eng mit der Sowjetunion verbündet, die es aus ihren unerschöpflichen Ressourcen belieferte. Niemals zuvor waren so wenige Gegner übrig geblieben, um dem Hegemon in den Arm zu fallen. Nur Großbritannien leistete noch Widerstand. Die USA unterstützten die englischen Brüder nur zögernd, sie wollten nicht mehr hineingezogen werden in einen jener mörderischen Kriege, wie sie die Alte Welt alle ein oder zwei Generationen heimsuchten.

Nein, die Briten hatten nicht verloren, als das Jahr 1940 zu Ende ging. Sie hatten geschafft, was Joseph P. Kennedy, der anglophobe Botschafter der USA in London, nicht für möglich hielt: Sie hatten standgehalten. Hitler war nicht gekommen. «Vielleicht wird er niemals kommen», das hatte Churchill in jenem einsamen Sommer 1940 gesagt. Vielleicht aber doch: Die Wehrmacht, gestützt auf die Ressourcen, Flugfelder und Häfen des unterjochten Kontinents, blieb eine tödliche Bedrohung. Allerdings hätten die Deutschen nun eine wesentlich besser gerüstete und vorbereitete Nation angegriffen, und dies noch immer, ohne die Hoheit zur Luft, geschweige denn zur See zu besitzen.

Die Briten würden jedoch auf unabsehbare Zeit nicht die Stärke aufbringen, die Deutschen aus den eroberten Gebieten zu vertreiben. Churchill hatte den Franzosen, den Belgiern, den Polen und allen anderen Besiegten zwar feierlich versprochen, Großbritannien setze den Kampf gegen Hitler auch für sie fort: «Wenn wir seinen Angriff abschlagen, so kann ganz Europa befreit werden, und das Schicksal der Welt wird sich auf einer hellen, sonnigen Bahn aufwärtsbewegen.»[51] Worte waren seine stärkste Waffe, für jene unter Hitlers Knute, die heimlich BBC hörten, war er die Stimme der Freiheit und die Hoffnung auf den Tag, an dem die Naziherrschaft zerbrechen würde. Aber dieser Tag schien im Januar 1941 ferner denn je zu sein. Vielleicht würde er kommen, irgendwann. Vielleicht niemals.

Am 24. Januar 1941 zeigte Churchill dem US-Sondergesandten und Vertrauten Roosevelts, Harry Hopkins, die Küstengeschütze bei Dover. Später, beim Abendessen, sagte der Premier dem Amerikaner, er sehe derzeit nicht, wie eine deutsche Invasion Erfolg haben könne. Deshalb, so sagte Churchill zu seinem Sekretär John Colville, «wache er nun morgens wieder auf, wie er es stets getan habe (außer 1940): so, als ob er eine Flasche Champagner getrunken habe, froh, dass ein neuer Tag gekommen sei».[52] Bei einer Rundfunkansprache im April sagte Churchill, viele Menschen hätten «die Prahlereien der Nazis geglaubt, dass die Invasion nahe bevorstünde. Bis jetzt hat sie nicht begonnen, und mit jeder Woche werden wir zur See und in der Luft stärker, und die großen Armeen, die nun unsere Insel beschützen, nehmen an Zahl, Qualität, Ausbildung und Ausrüstung zu.»[53]

Gleichzeitig wiederum hofften viele Deutsche, der Krieg möge bald vorüber sein. Die großen Schlachten waren geschlagen. Wo 1914 bis 1918 im jahrelangen Grabenkrieg Hunderttausende Soldaten für ein paar Kilometer Geländegewinn gefallen waren, hatte die Wehrmacht in wenigen Wochen Frankreich besiegt. Viele Ältere, die eine Wiederholung jenes Grauens gefürchtet hatten, jubelten Hitler jetzt zu; nie waren der Diktator und sein Regime so beliebt gewesen. Selbst die ersten Bombenkrater und Ruinen, Ergebnis von Vergeltungsangriffen der RAF auf Berlin, riefen dort statt Entsetzen eher Erstaunen hervor (hatte Luftwaffenchef Hermann Göring nicht posaunt, wenn je ein feindliches Flugzeug über der Reichshauptstadt erscheinen werde, wolle er Meier heißen?). Sie wurden stattdessen zum Ziel von Schaulustigen, die sich vor den Trümmern fotografieren ließen.

Viele Menschen rätselten, wie es nun weitergehen sollte. Die NS-Propaganda gab sich große Mühe, Großbritannien als ein Land hinzustellen, in dem eine jüdisch-plutokratische Oberschicht, angeführt von dem Gangster und Trinker Churchill, die Masse des Volkes auspresse, sodass es dort zugehe wie in den Slums bei Oliver Twist. Doch, so schreibt Nicolas Stargardt in seinem erhellenden Buch über die Haltung der Deutschen zum Krieg, «je länger die Briten durchhielten, desto mehr imponierten sie der deutschen Öffentlichkeit». Der Sicherheitsdienst SD, der die Stimmung sorgfältig beobachtete, berichtete nach oben, dass die Menschen den offiziellen Verlautbarungen, der Gegner stehe am Rande des Zusammenbruchs, immer weniger glaubten.[54]

Das Militär folgte dem Diktator bereitwilliger. Wilhelm Keitel, Chef des Oberkommandos der Wehrmacht (OKW) und von manchen insgeheim «Lakeitel» genannt, pries Hitler als «größten Führer aller Zeiten». Hohe Offiziere wie Franz Halder, Generalstabschef des Heeres, hatten vor dem Frankreichfeldzug noch daran gedacht, Hitler festnehmen zu lassen, zu selbstmörderisch und phantastisch erschienen ihnen seine Pläne zum Überfall auf die westlichen Großmächte. Sie hatten aber leider nicht den Mut dazu aufgebracht und im Übrigen auf spektakuläre Weise unrecht behalten; sie verhielten sich nun fügsam und bereiteten Hitlers nächsten Feldzug vor – jenen im Osten. Zwar hatte er ihnen Ende November 1939 noch versichert, nach der Besetzung Polens: «Wir können Russland nur entgegentreten, wenn wir im Westen frei sind.» Zu diesem Zeitpunkt war das Deutsche Reich mit Stalins Sowjetunion verbündet. Ein Jahr später waren die Deutschen im Westen noch immer nicht frei. Und Hitler ließ seine Generäle nun das Gegenteil dessen tun, was er ihnen einst versprochen hatte: den Krieg an zwei Fronten vorbereiten.

Es ist bis heute strittig, inwieweit genau der Diktator seinen Traum vom Rassenkrieg um Lebensraum im Osten geradlinig und Schritt für Schritt Wirklichkeit werden ließ, immerhin ist das die zentrale Botschaft von «Mein Kampf». Gewiss hat er auch taktiert, gezögert, ist er der Gunst oder Ungunst der Stunde und der Umstände gefolgt; der dunkle Pakt mit Stalin von 1939 war ja in allem das Gegenteil dessen, was Hitler und die Naziideologen je über das «jüdisch-bolschewistische Russland» gesagt hatten. Das, was nun kommen sollte, war der Krieg, den er eigentlich gewollt hatte: der Überfall auf die UdSSR, ihre Niederwerfung, ja Vernichtung, die Ermordung von Millionen Menschen, ein rassistischer, ideologischer Krieg, ein Höllenfeuer, aus dem die germanische Rasse siegreich hervorgehen würde. Der fortgesetzte Krieg mit den Briten war das größte Hindernis dabei.

Die erste Option war im Prinzip bereits im Vorjahr gescheitert: die RAF so zu schwächen, dass die Deutschen die Lufthoheit über einer Invasionsfront erringen und die Briten angesichts dieser Aussicht tatsächlich einlenken würden. Weil das aber nicht geschehen war, blieb eine Landung auf der Insel zur Ausschaltung des letzten Gegners im Westen ein Wunschtraum, bestenfalls eine Operation mit unübersehbaren Risiken – zudem wäre der Krieg im Osten damit in noch weitere Ferne gerückt. Aussichtsreicher erschien der Versuch, die überlebenswichtigen britischen Verbindungslinien über den Atlantik zu kappen oder doch so zu stören, dass die Briten nicht mehr genug Nachschub und Nahrung, Rohstoffe und auch Waffen aus Kanada und den USA erhielten. Die fortgesetzten Nachtangriffe deutscher Bomber mochten Zivilisten töten, Häuser und Kirchen zerstören und Städte verwüsten, ihr militärischer Wert blieb gering. Gefährlicher waren die U-Boote der Deutschen, die «Wolfsrudel», welche den Schiffen und Konvois auflauerten.

Im Herbst 1940 versenkten sie einundzwanzig von fünfunddreißig Schiffen des schwerfälligen Geleitzugs SC 7. Der Konvoi lief direkt in eine Falle der Wolfsrudel hinein. Die U-Boote versenkten mit ihren Torpedos Schiff auf Schiff, auch das Dampfboot *Assyrian*, das den Konvoi leitete. Sein Kapitän hatte das Unterseeboot noch rammen wollen, doch es verschwand in der Dunkelheit. Ein Torpedo-Volltreffer auf der Steuerbordseite riss die Stahlwand auf bis zu oberen Decks, die *Assyrian* sank schnell. Während die Mannschaft noch die Rettungsboote klarzumachen versuchte, explodierte dicht neben dem Schiff ein Frachter; und Hagel von Stahlsplittern fegte über die Decks. Ihr Kapitän Reginald Kearon war noch an Bord, als sie sank, «mit dem Heck zuerst, stand sie praktisch aufrecht im Wasser». Kearon wurde vom Sog des sinkenden Schiffs tief unter Wasser gezogen, tauchte aber in einem Strudel gerade noch auf, um Luft zu schöpfen. Mit anderen Überlebenden trieb er in den eisigen Wogen, festgeklammert an ein paar Wrackteilen. Als eine Stunde später ein Zerstörer die Männer fand und aufnahm, waren einige bereits tot.[55]

1941 wurden die Nachrichten immer alarmierender. Von Januar bis April stiegen die monatlichen britischen Verluste im Atlantik um mehr als das Doppelte, auf 668 000 Bruttoregistertonnen Schiffsraum. Hinter dieser Zahl verbargen sich entsetzliche Szenen: Besatzungen von Tankern, die in brennendem Öl erstickten und verbrannten; ungezählte Männer in den Maschinenräumen, die nicht mehr herauskamen und mit ihren getroffenen Schiffen auf den Grund des Meeres sanken; Rettungsboote, die über das Meer trieben, darin erfrorene oder von deutschen Maschinengewehren getötete Menschen. Churchill sagte später, das Einzige, was ihm während des Krieges wirklich Angst gemacht habe, sei die Bedrohung durch die U-Boote gewesen. Deren Kommandanten nannten die Phase der Erfolge vom Sommer 1940, als ihnen die französischen Atlantikhäfen den Zugang ins offene Meer ermöglichten, bis zum Frühjahr 1941 die «glückliche Zeit».

Die Not der Briten im Atlantik musste die Amerikaner immer weiter in den Krieg hineinziehen, selbst wenn Hitler – um genau dies zu vermeiden – ausdrücklich befohlen hatte, keine US-Schiffe anzugreifen. Die Schlacht im Atlantik enthält die ganze Paradoxie der deutschen Kriegführung: Je entgrenzter sie wurde, je mehr Nationen sie berührte, desto kleiner wurden ihre Optionen. Im Besonderen gilt dies für das Verhältnis zu den USA. Die deutsche Führung, speziell die Seekriegsleitung, sah den Schlüssel zur Niederringung Großbritanniens darin, die Nachschubwege über den Atlantik zu kappen. Kein Geringerer als Churchill selbst sah das genauso. Sein Land werde den Krieg gegen die Nazis 1941 nur dann weiterführen können, kabelte er am 8. Dezember 1940 an US-Präsident Franklin D. Roosevelt, wenn es in der Lage bleibe, trotz der U-Boote «Transporte über die Ozeane, besonders über den Atlantischen Ozean zu führen».[56]

Im Frühjahr 1941 war dies eine offene Frage. Noch fehlte das meiste, was die Schlacht im Atlantik in den folgenden Jahren zugunsten der Alliierten entscheiden sollte: moderne Ortungsgeräte, Langstreckenflugzeuge mit Suchscheinwerfern und Spezialtorpedos – und die Hilfe der US Navy. Churchill machte kein Geheimnis daraus, dass er genau das anstrebte, nicht nur im Atlantik, sondern im gesamten Krieg gegen Hitler. Die USA waren der Schlüssel zum Sieg. Noch während der Schlacht um Frankreich, am 18. Mai 1940, traf ihn sein Sohn Randolph morgens beim Rasieren an. Die Tür zum Badezimmer stand offen, und Randolph hörte seinen Vater von drinnen sagen, er habe den Weg gefunden, den Krieg zu gewinnen. Verwirrt fragte der so Adressierte nach. «Ich werde die Amerikaner hineinziehen», sagte Churchill, das Gesicht bedeckt von Rasierschaum, *I shall drag the Americans in*.[57] In seinen aufrüttelnden Reden an die Radiozuhörer oder vor dem Unterhaus in London schürte er die Hoffnung der Briten auf ein solches Bündnis: «Westward, look, the future is bright!»

Aber lange war dort im Westen nur ein Schimmer künftiger Hoffnung zu sehen. Oft wird im Schatten des epischen Duells zwischen Hitlerdeutschland und dem Empire unter Churchill übersehen, dass dem Diktator in Berlin in Washington ein weiterer Erzfeind entstand, der langfristig mehr zum Ruin des Nazireiches beitragen würde als der große Brite. Dieser Mann war US-Präsident Franklin Delano Roosevelt. Roosevelt, geboren 1882 als Spross einer reichen Ostküstenfamilie, gehörte früh zu den großen politischen Hoffnungen der Demokratischen Partei. Während des Ersten Weltkrieges war er Staatssekretär im Marineministerium, dann warf ihn eine schwere Polio-Erkrankung nieder. Seine Karriere schien beendet zu sein, doch Roosevelt, auf den Rollstuhl angewiesen, kämpfte sich zurück. Er wurde Gouverneur von New York und während der erschütternden Weltwirtschaftskrise nach 1929 einer der wenigen Männer von Rang, die andere Lösungen versprachen, als dass der Markt schon alles regeln werde, wenn die Zeit gekommen sei. Zusammen mit Harry Hopkins und einer entschlossenen Administration bekämpfte er die große Depression erfolgreich durch den «New Deal», direkte Eingriffe, Sozialprogramme und Arbeitsbeschaffungsmaßnahmen des Staates. Nach der erzkapitalistischen Überzeugung vieler US-Politiker war dies unerhört, Sozialismus, Verrat –

weshalb eine der besten Biographien des Präsidenten «Verräter seiner Klasse» heißt, was aber anerkennend gemeint ist.

Man muss dies wissen, um die seltsame und unbequeme Lage zu verstehen, in der sich der Präsident im Sommer 1940 befand. Ebenso wie Churchill ist Roosevelt für die Nachwelt in den politischen Olymp aufgefahren, große Männer aus einer Zeit, in der es noch ebenso große Entscheidungen für Gut und Böse gegeben habe. Von solcher Verehrung war er während des Krieges in Polen und Frankreich aber weit entfernt. Innenpolitisch unter ideologischem und oft bösartigem Beschuss von rechts, stand ihm im November 1940 die Wahl für eine dritte Amtszeit bevor. Und in den USA herrschte eine Stimmung des Isolationismus, des dringenden Wunsches, sich anders als 1917/18 unbedingt aus den Händeln der Alten Welt herauszuhalten. In dieser Lage konnte Roosevelt wenig für die Briten tun.

Aber dennoch gab es ein gemeinsames Band mit Churchill. Es sollte 1940 und 1941 fester und fester werden und schließlich ein Bündnis begründen, dem selbst Hitlerdeutschland nicht gewachsen war. Wie Churchill erkannte Roosevelt fast instinktiv und mit großer Klarheit die Herausforderung der freien Welt durch das Böse, das Hitlers düsteres Imperium bedeutete. Er verlor dies nie aus den Augen, auch wenn die Amerikaner, soweit überhaupt, das militaristische und aggressive Japan als möglichen Gegner der Zukunft betrachteten. Freilich folgte er gewiss keinem Masterplan zum Kriegseintritt, sondern lotete seine Möglichkeiten, die Briten zu unterstützen, stets vorsichtig aus. Der Kongress, die öffentliche Meinung, die im Geiste des Isolationismus erlassenen Gesetze – all das war stets zu berücksichtigen, erst recht in einem Wahljahr.

Aber seine Absichten, Churchill zu helfen, machte der Präsident unmissverständlich klar, gerade in diesem Sommer der Entscheidung 1940. Am 19. Juli hatte er auf dem Parteitag der Demokraten die Nominierung für eine dritte Amtszeit angenommen und eine Rede gehalten, die in ihrer Wucht jedem Vergleich mit Churchills großen Ansprachen standhält. In Krisenzeiten wie diesen, sagte Roosevelt, verenge sich die Weltpolitik auf einen Punkt: «Die Tatsache, welche unsere Welt jetzt dominiert, ist die Tatsache der bewaffneten Aggression, ja der erfolgreichen bewaffneten Aggression, gerichtet gegen jene Regierungsform, jene freie Gesellschaft, für die wir uns in den Vereinigten Staaten entschieden haben.» Der Krieg in Europa sei etwas Neues, so Roosevelt zu seinen atemlos lauschenden Parteifreunden, «dies ist kein gewöhnlicher Krieg. Es ist eine Revolution, durchgesetzt mit Waffengewalt. Aber diese Revolution verspricht nicht, die Menschen zu befreien, sondern sie zu Sklaven zu machen.»

Es war eine Kampfansage an Hitler und den Faschismus, und dass Roosevelt ihr derzeit noch keine Taten folgen lassen konnte, konnte für den Diktator keine Beruhigung sein. Er würde von diesem Sommer 1940 an mit Amerika rechnen müssen. Die USA würden, früher oder später, Soldaten, Flugzeuge, Schlachtschiffe schicken. Sie hatten es 1917 getan und dem Kaiserreich den Sieg entrissen, an den die deutschen Generäle bereits glaubten. Sie würden es, glaubte er, in naher Zukunft wieder tun, und ihre Ressourcen waren gewaltig. Wir müssen, sagte er Ende 1940 zum Chef des Wehrmachtführungsstabes im OKW, Alfred Jodl, alle Probleme in Europa schon 1941 lösen, denn im Jahr danach seien die Vereinigten Staaten in der Lage einzugreifen.

Hitler hasste Roosevelt glühend, jenen «Rosenfeld», wie er höhnte, um den Namen des Präsidenten jüdisch klingen zu lassen. In «Mein Kampf» befasste er sich ebenfalls nur kurz und abfällig mit den USA, wo angeblich die Juden die Börse regierten; dann wiederum bezeichnete er die Staaten als neue Weltmacht. Hitler ist niemals in Amerika gewesen noch in den meisten anderen Staaten, gegen die er seine Kriegsmaschine losließ.

Im Denken Hitlers, in den Plänen seiner Generäle und Paladine spielten die USA also eine paradoxe Rolle. Der «Führer» fürchtete die Macht Amerikas so sehr, dass seine strategischen Entscheidungen 1941 ohne diese Furcht nicht zu begreifen sind. Sie war zunächst weniger militärisch begründet, sondern folgte einer richtigen Einschätzung des enormen Industriepotenzials der Amerikaner. Und doch verachtete und unterschätzte er sie mit einer Hybris, dass er ihnen schließlich den Krieg erklärte, ohne dass seine Armee diesen vorbereitet oder geplant hätte. Sie waren der ferne Fixpunkt seiner strategischen Planung, jene Macht, an der alles scheitern konnte; was zu gewinnen war, musste gewonnen werden, bevor ihre Heere und Waffen über den Atlantik kommen würden. Und solange Churchill ihm die Stirn bot, blieben die angelsächsischen Demokratien und die Gefahr, dass die USA in den Krieg eintreten würden, Hitlers Nemesis.

Für Hitler bedeutete dies, dass die Zeit für seinen Krieg im Osten davonlief. Er beherrschte Europa wie nie ein Herrscher seit Napoleon, aber jetzt geriet er in eine Lage, die Historiker wie John Keegan als sein «strategisches Dilemma» bezeichnet haben: «Großbritannien oder Russland? Zwischen diesen beiden Gegnern hatte er nun an jenem Scheideweg zu wählen, an den ihn die zehn Monate zuvor getroffene Entscheidung für den Krieg geführt hatte. Jede der beiden Möglichkeiten war gefährlich.»[58] Selbst mit der Logik des Bösen gesehen, wäre es rationale Politik gewesen, diesem Konflikt unbedingt auszuweichen oder ihn zumindest so lange hinauszuzögern wie irgend möglich. Das war ja eben die größte Sorge Winston Churchills. Dennoch hatte Churchill einen Vorteil gegenüber seinem Erzfeind: Hitler mochte die Zeit davonlaufen, die ihn von einem Eingreifen der Amerikaner trennte. Jeder Monat aber, den Europas letzte kämpfende Demokratie dem Nazireich die Stirn bot, war gewonnene Zeit, und diese Zeit spielte für die Engländer, auch wenn ihnen dies verständlicherweise nicht so erscheinen mochte. Jeder Monat, den sie durchhielten, brachte die Amerikaner ein Stück näher daran, den angelsächsischen Brüdern zu Hilfe zu kommen.

Aus Churchills Sicht geschah das freilich langsam, viel zu langsam. Immerhin: Am 17. Dezember sprach Roosevelt vor der Washingtoner Hauptstadtpresse davon, ein Mann werde seinem Nachbarn, wenn dessen Haus brenne, doch den Gartenschlauch leihen, statt zu sagen: «Nein, dieser Gartenschlauch hat mich fünfzehn Dollar gekostet, du musst mir erst fünfzehn Dollar bezahlen.» Mit diesem Gleichnis stellte er mit Erfolg das Prinzip in Frage, dass die Briten für alle Hilfslieferungen direkt zahlen mussten, was ihnen angesichts der ungeheuren Kriegskosten zunehmend schwerfiel.

Am 29. Dezember 1940 ging Roosevelt noch weiter. Im Weißen Haus hielt er den ersten *fireside chat* nach seiner erfolgreichen Wiederwahl. Diese Kamingespräche wurden im Radio gesendet und waren vor der Ära des Fernsehens eine äußerst wirkungsvolle Methode, die Bürger zu erreichen. Viele amerikanische Familien versammelten sich um den

Rundfunkapparat, wenn der Präsident volksnah und wie beiläufig seine Politik erläuterte. Und so klar wie diesmal war er nie gewesen. Roosevelt umriss die globale Gefahr durch drei totalitäre Systeme, wie er sie nannte, nämlich Deutschland, Italien und Japan, «the evil forces», Mächte des Bösen, vor denen man nicht die Augen verschließen dürfe; schon jetzt stehe die Demokratie mit dem Rücken zur Wand. Und im Zeitalter immer weiter reichender Flugzeuge solle niemand glauben, die Ozeane würden Amerika schon ausreichend Schutz bieten: «Wenn Großbritannien fällt, werden die Achsenmächte Europa, Asien, Afrika kontrollieren – und in der Lage sein, enorme militärische und maritime Kräfte gegen diese Hemisphäre zu mobilisieren.»[59] Wenige Tage später schickte er Harry Hopkins über den Atlantik, um Churchill Amerikas Beistand zu versichern. Nach seiner Wiederwahl musste Roosevelt weniger Rücksicht als zuvor nehmen, noch dazu erhielt er auf diese Ansprache überwältigende Zustimmung. Er begann, die öffentliche Meinung anzuführen, statt trickreich gegen sie arbeiten zu müssen. In derselben Rede nannte er die USA «das Arsenal der Demokratie», und das konnte nur bedeuten, dass Amerika sich auf die Seite der angelsächsischen Brüder stellte und diesen gab, was sie brauchten – außer dem Beitritt zum Krieg. Zu Recht spricht Kershaw von «einer Schlüsselentscheidung, einer der wichtigsten des Krieges».[60]

Noch immer waren die Widerstände groß. Gegen die Aufrüstung, gegen die Waffen, Schiffe und Geheimdienstinformationen für die Briten mobilisierte das Komitee «Amerika zuerst» alles, was es hatte. Vergeblich. Das Leih- und Pachtgesetz (Lend-Lease-Bill) verabschiedete der Kongress im Februar 1941, es trat am 11. März in Kraft und ermächtigte den US-Präsidenten, Waffen und Hilfsgüter an jede

Nation liefern zu lassen, «deren Verteidigung er für die Vereinigten Staaten als lebenswichtig» erachte. Im Klartext: an jene Nationen, die gegen die Achsenmächte kämpften. Bis 1945 lieferten die USA auf der Basis des Leih- und Pachtgesetzes Güter im Wert der damals ungeheuren Summe von 31,4 Milliarden US-Dollar an Großbritannien, darunter fast den gesamten Treibstoff für den Krieg und das Gros der Lebensmittel für die Zivilbevölkerung. Nach Hitlers Angriff auf die Sowjetunion erhielt diese Gerät und Nachschub für weitere fast elf Milliarden. Damit war Amerika noch nicht Kriegspartei, aber auch nicht mehr neutral. Und es bewahrte die Briten vor dem finanziellen Kollaps. Die U-Boot-Gefahr bekämpften die Briten noch immer allein, aber sie machten Fortschritte, auch dank verbesserter Ortung und der aus den USA gelieferten Zerstörer. Im März 1941 verlor die Kriegsmarine bei einem einzigen Großangriff drei ihrer besten Kapitäne: Günther Prien, Joachim Schepke und Otto Kretschmer; Letzterer überlebte und ging in Gefangenschaft. Dort machte er wenig rühmlich auf sich aufmerksam, indem er ein illegales und heimliches «Ehrengericht» wegen «Feigheit vor dem Feind» über andere Gefangene organisierte; später machte er Karriere bei der Bundesmarine.

Am 9. Mai 1941 sichteten britische Zerstörer nahe den Hebriden die *U 110*, die zuvor zwei Schiffe des Geleitzuges OB 318 versenkt hatte, und liefen mit voller Fahrt darauf zu. Das U-Boot kam nicht mehr tief genug, als die Wasserbomben explodierten, Wasser brach ein, und Kapitän Lemp ließ das Boot auftauchen. *U 110* trieb nun manövrierunfähig in der See, von drei Kriegsschiffen umgeben, die Besatzung stieg aus. Doch das Boot sank nicht. Der Kommandeur des Zerstörers *Bulldog* sah die einmalige Chance, ein deutsches Unterseeboot zu erbeuten, und schickte einen jungen Offizier los: «Nehmen Sie ein Enterkommando und holen Sie heraus, was Sie können.»

David Balme, zweiundzwanzig Jahre alt, gehorchte. Er und sein Team bekamen je einen Revolver ausgehändigt, dann setzten sie über. Balme kletterte als Erster durch die Luke hinein. Das Boot schaukelte in den Wellen, seine Eisenhülle ächzte. Innen war es dunkel bis auf den blauen Widerschein eines Notlichts. Niemand war mehr an Bord. Die Entermannschaft fand Karten, Informationen über die Minenfelder und U-Boot-Routen – und eine nagelneue Enigma-M3-Verschlüsselungsmaschine. Balme ließ alles hinausschaffen und war sehr froh, das sargartige Boot endlich zu verlassen, es ging einen Tag später unter. Doch die Enigma war eines der wertvollsten Beutestücke des gesamten Krieges; in der Operation «Ultra» hatten die britischen Dechiffrierer in Bletchley Park große Teile des deutschen Funkschlüssels geknackt, aber noch nicht den der Kriegsmarine; das änderte sich nun, und die Deutschen erfuhren lange nichts davon.

Trotz alledem, der Krieg zur See blieb verlustreich. Im Mai 1941 versenkte das deutsche Schlachtschiff *Bismarck* mit einem einzigen Treffer die britische *Hood*, das einst größte Kriegsschiff der Welt; doch endete dieser Versuch, mit den Überwasserstreitkräften der Kriegsmarine in die Atlantikschlacht einzugreifen, mit dem Verlust des prestigeträchtigsten Schiffes. Mythen umgeben ihren Untergang, doch die wirkliche Bedrohung kam weiterhin von den U-Booten.

Noch immer hatte Roosevelt der US Navy allerdings nicht erlaubt, sich an der Sicherung der transatlantischen Konvois zu beteiligen. Er zögerte diese Entscheidung keineswegs aus Furcht oder nationalem Egoismus hinaus. Sie hätte aber de facto Kriegshandlungen gegen das Reich entsprochen, und Roosevelt fürchtete aus berechtigten Gründen, dass ihm der US-Kongress nicht folgen würde, dessen Zustimmung er benötigte. So blieb nur die Politik kleiner – aus britischer Perspektive –, viel zu kleiner Schritte hin zur Strategie «short of war», knapp unterhalb der Schwelle des Krieges. Amerikanische Werften lieferten den Briten zahlreiche, wenn auch nicht genügend neue Schiffe, die US Navy dehnte ihre Patrouillen teils ins deutsche Operationsgebiet hinein aus, amerikanische Handelsschiffe, obgleich formal neutral, brachten Kriegsmaterial um das Horn von Afrika in den Nahen Osten. Am 16. Juni lösten US-Bodentruppen britische Soldaten auf Island ab, die Insel im Nordatlantik hatten die Engländer zum Schutz der Konvoirouten vorsichtshalber besetzt.

Die Kriegsmarine unter Admiral Raeder drängte Hitler noch am 21. Juni 1941 wiederholt zu einer härteren Gangart gegen die USA. Doch wollte der «Führer» so kurz, nur einen Tag, vor Beginn des Russlandkrieges nichts davon wissen: Vor einer «klaren Entwicklung» des Feldzugs gegen die Sowjetunion möge die Marine «jeden Zwischenfall mit den USA vermeiden», sei Russland erst geschlagen und seien die USA von Japan bedroht, würde «die Neigung der USA, in den Krieg einzutreten, dann geringer sein». Das Ergebnis war eine Paradoxie: Der Aggressor, Nazideutschland, tat im Atlantik vor dem Überfall auf Russland fast alles, um keinen Krieg zu provozieren; die neutrale Macht, Amerika, unternahm etliches, was die Kriegsmarine provozieren musste.

Churchill, der in dieser Zeit in engem Kontakt mit Roosevelt stand, hat die Bedeutung dieser Wende klar gesehen und ausgesprochen. Großbritannien war nicht mehr allein; es hatte einen starken Bruder gefunden (wenn auch, zu seinem anhaltenden und erheblichen Bedauern, noch keinen Waffenbruder). Schon am 9. Februar 1941 sagte er in seiner Rundfunkansprache: «Um den Krieg zu gewinnen, muss Hitler Großbritannien vernichten. Er mag Verwüstung in die Balkanstaaten tragen, er mag große Provinzen aus Russland herausreißen, mag bis zum Kaspischen Meer marschieren ... Das alles wird ihm nichts nützen. ... Und die ganze Zeit wird die Herrin der See und der Luft, das britische Empire – ja, in einem gewissen Sinn die ganze englisch sprechende Welt –, mit dem Schwert der Gerechtigkeit hinter ihm stehen.» Und er zitierte ein Gedicht des amerikanischen Dramatikers Henry Wadsworth Longfellow, das Roosevelt ihm hatte zukommen lassen, weil es «auf Ihr Volk passt wie auf uns».

Segle hin, oh Schiff des Staates!
Segle hin, oh Union, stark und groß!
Die Menschheit mit all ihrer Furcht,
Mit all ihrer Hoffnung auf kommende Jahre
Klammert sich atemlos an dein Geschick![61]

«Rußland muß erledigt werden»: der Entschluss

Max Schmeling war hier zu Besuch, Schauspieler des Münchner Gärtnerplatztheaters, schöne Filmdiven. Dann hängten eifrige Helfer die Gobelins in der großen Halle ab, und Adolf Hitler betrachtete mit seinen Gästen abends Heimatfilme, Dramen und Operetten. Viele Künstler der Nazizeit prahlten damit, hier «in des Führers Bergeinsamkeit» einige Stunden mit ihm geteilt zu haben. Hitler hatte das alte Landhaus auf dem Obersalzberg ausbauen lassen – es wirkte nun kälter, pompöser – und benutzte es als «Kleine Reichskanzlei», die SS-Leibstandarte bewachte das «Führersperrgebiet». Vor dem Berghaus ließ er sich mit Eva Braun und seinem Schäferhund fotografieren, der «Führer» inszeniert als Mensch vor grandiosem Alpenpanorama. «Das Ganze ist ein einzigartiger Herrensitz auf dem Berge», schrieb NS-Propagandachef Goebbels in seinen Tagebüchern, «der Führer ist ganz glücklich. Hier ist er zu Hause.»

Oft aber ging es formell zu, die SS-Leute mit dem kalten Blick prüften jeden Ausweis, und dunkle Limousinen und Dienstwagen der Wehrmacht fuhren durch das Tor. Dann machte Hitler, umgeben von seinen Schranzen, Pläne für den Krieg. Hier, auf dem Berghof, hatte er während der Sudentenkrise 1938 Churchills Vorgänger Chamberlain übertölpelt, hier hatte er ergebnislos über eine Invasion Großbritanniens nachgesonnen, als der Nachfolger in London feierlich verkündete: «We shall never surrender.» Und hier traf am 31. Juli 1940 die Führung der deutschen Wehrmacht ein. Anwesend waren der Chef des Oberkommandos der Wehrmacht Keitel, dessen Stabschef, Generalmajor Adolf Jodl, der Oberbefehlshaber des Heeres, Generalfeldmarschall Walther von Brauchitsch, sein Generalstabschef Franz Halder (dessen Kriegstagebücher die gespenstische Begegnung festhalten), Admiral Erich Raeder, für die Kriegsmarine, und andere Offiziere. Hitler und seine führenden Kommandeure erörterten, was nun nach dem Sieg in Frankreich zu tun sei. Churchill würde nicht nachgeben – hätte eine Invasion Großbritanniens über den Ärmelkanal Aussicht auf Erfolg? Das zu beantworten war Raeders Job, denn die Marine würde die Truppen über das gefährliche, von der Royal Navy beherrschte Meer bringen müssen. Raeder gab sich betont zuversichtlich und verließ nach einer kurzen Debatte den Berghof.

Dann kam Hitler zur Sache. Es gebe, eröffnete er seiner Militärspitze, einen anderen Weg, die Briten zu schlagen, einen anderen Feldzug, eine andere Strategie. Halders Kriegstagebuch fasst den Vortrag zusammen: «Englands letzte Hoffnung ist Rußland und Amerika. Wenn Hoffnung auf Rußland wegfällt, fällt auch Amerika weg, weil Wegfall Rußlands eine Aufwertung Japans in Ostasien in ungeheurem Maß folgt. Rußland ostasiatischer Degen Englands und Amerikas gegen Japan. Rußland Faktor, auf den England am meisten setzt. ... Ist aber Rußland geschlagen, dann ist Englands letzte Hoffnung getilgt. Der Herr Europas und des Balkans ist dann Deutschland. Entschluß: Im Zuge dieser Auseinandersetzung muß Rußland erledigt werden. Frühjahr 1941. Je schneller wir Rußland zerschlagen, umso besser. Operation hat nur Sinn, wenn wir Staat in einem Zuge schwer zerschlagen. Raumgewinn allein genügt nicht. ... Stillstehen im Winter bedenklich.»[62]

Widerworte sind nicht überliefert. Vielleicht gab es sie, vielleicht nicht. Es tut auch nichts zur Sache. Dieses monströse Programm zur Neuordnung der Welt durch Gewalt verlangte einen Krieg gegen das Empire und Stalins Sowjetunion zugleich, wahrscheinlich auch noch gegen die USA. Es ist dies eines der Schlüsseldokumente der deutschen Strategie. Von nun an würde die Wehrmacht alles tun, damit Hitler seinen Willen bekäme, sie würde den größten Feldzug der europäischen Geschichte vorbereiten in voller Kenntnis seiner Risiken und moralischen Abgründe. Dabei hatten Halder und von Brauchitsch noch am Vorabend unter vier Augen besprochen, «daß man besser mit Rußland Freundschaft hält. Besuch bei Stalin wäre erwünscht.»[63] Das wäre, selbst in der Logik einer totalitären Diktatur, eine skrupellose, aber realpolitische Strategie gewesen. Wenn die Sowjetunion Deutschland weiterhin den Rücken deckte, konnte «England» schwerlich «Hoffnung» haben, Europa in absehbarer Zeit von den Nazis zu befreien. Aber von nun an betrieb die Wehrmachtsführung das exakte Gegenteil.

Und es war deshalb nicht allein Hitlers Strategie, wohlweislich, die ja im Mittelpunkt vieler historischer Betrachtungen stand und steht. Um einen solchen Plan, verbrecherisch im Wesen, apokalyptisch in seinen Folgen, selbstzerstörerisch in seinen Konsequenzen, Wirklichkeit werden zu lassen – und nur ein Jahr später ist er genau das ja auch geworden –, bedurfte es nicht nur des Herrschers, sondern eines gesamten Herrschaftssystems. Es brauchte willige Generäle und ein gefügiges Offizierskorps, das Hitlers Zielen im Wesentlichen zustimmte.

Hitler hatte sein Versprechen gebrochen, die Nation keinesfalls in einen Zweifrontenkrieg zu führen, einen wie 1914 bis 1917. Den Feldmarschall Fedor von Bock ließ er wissen: Entweder würden die Engländer dann endlich nachgeben, und falls noch immer nicht, nun, dann würde eben «Deutschland den Kampf gegen England unter günstigsten Umständen weiterführen». Es wäre dann ein dunkles Imperium, das vom Uralgebirge bis in die Biskaya reichen würde. Dies freilich bedeutete: Die Rechnung war nicht aufgegangen, der Weg zum Krieg im Osten viel verschlungener und riskanter als erwartet. Und doch ist Hitler – oder besser: Hitlerdeutschland – diesen Weg gegangen. Es hatte im Westen trotz aller Triumphe auf den Schlachtfeldern nicht freie Hand, sondern einen zähen und unbesiegten, vor allem unversöhnlichen Feind.

Zwischen der Besprechung auf dem Berghof und dem

Angriff auf Russland fast ein Jahr später trafen die Wehrmachtsführung, die NSDAP-Spitze, die Reichsminister oftmals mit Hitler zusammen. Am 5. Dezember 1940 billigte er den Operationsplan für «Barbarossa», den die Wehrmacht seit Juli eifrig erarbeitet hatte. Am 17. Dezember erklärte er Jodl, bis 1942 müssten «alle kontinentaleuropäischen Probleme gelöst» sein, da die USA 1942 stark genug sein würden, um militärisch zu intervenieren. Einen Tag später, am 18. Dezember 1940, erließ Hitler die «Weisung Nr. 21: Fall Barbarossa»: «Die deutsche Wehrmacht muß darauf vorbereitet sein, auch vor Beendigung des Krieges gegen England Sowjetrußland in einem schnellen Feldzug niederzuwerfen.» Ende Januar und Ende März legte er mit dem OKH und anderen Stäben der Wehrmachtsführung die Details fest. Der Zug rollte, und er rollte immer schneller.

Manche Historiker sehen Hitler in dieser Phase als Getriebenen – getrieben von Umständen und Zwängen, die er selbst herbeigeführt hatte, natürlich. Sie haben seine Sprunghaftigkeit und Meinungsumschwünge analysiert, das komplizierte Macht- und Ränkespiel innerhalb des NS-Staates, bis hin zu der Frage, ob er nicht eher ein «schwacher Diktator» gewesen sei (Hans Mommsen). Bis hin zum Holocaust habe sich die Politik des Dritten Reiches eher chaotisch entwickelt, getrieben von äußeren Umständen, Eigendynamik und Konkurrenz rivalisierender Machtzentren. Diese Ansicht, entstanden in den siebziger Jahren, entsprang dem löblichen Motiv, die Fixierung der Historiker auf Hitler als Dreh- und Angelpunkt des Naziregimes zu beenden und die Mitverantwortung so vieler anderer Deutscher für den Zivilisationsbruch zu beleuchten. Dies ist inzwischen auch intensiv geschehen.

Aber eigentlich ist das gar kein Widerspruch. Der Führerstaat lebte nur davon, dass sich so viele Menschen führen ließen, und zwar direkt in ihren Ruin und den anderer Völker. Hitlers sogenanntes Programm, schreibt treffend der Historiker Jürgen Förster, «steht in der Kontinuität der deutschen Geschichte».[64] Hitler konnte den Versuch, diesen Albtraum Realität werden zu lassen, nur unternehmen, weil ihn wichtige Teile der Gesellschaft unterstützten; mehrheitlich nicht einmal aus nazistischen Überzeugungen heraus. Die aggressive Außenpolitik des späten Kaiserreiches, die 1914 zum Krieg und nach 1918 zur Revision der Niederlage drängenden nationalkonservativen Kräfte, große Teile der alten Eliten, der Unternehmerschaft, der Beamten und natürlich die Reichswehr: So viele Anhänger jener allzu mächtigen politischen Strömung, die in der Weimarer Republik antidemokratisch dachten und handelten, sahen in Hitler den Mann, mit dessen Hilfe sie ihre Ziele verwirklichen konnten. Revanche für den Versailler Vertrag, rasche Wiederaufrüstung, Großmachtgeltung für das Reich in Mittel- und Osteuropa, antibolschewistische Aktion, sogar Verdrängung und Ausgrenzung der Juden als angeblich deutschfeindliches Element, eine idealisierte Volksgemeinschaft statt des «Parteienhaders» der verhassten Demokratie, dabei die Aufrechterhaltung der alten Klassengesellschaft (wobei auch viele Arbeiter dem NS-Staat zujubelten) – all das ergab eine «Teilidentität der Ziele», wie es der große kritische Militärhistoriker Manfred Messerschmidt (für die Streitkräfte) treffend genannt hat. Diese Basis erlaubte es Hitler, gestützt auf die NS-Massenbewegung, eine noch viel weiterreichende Gewaltpolitik anzustreben. In seiner ideologischen Zuspitzung gehorchte nicht nur die Natur dem Gesetz des Stärkeren, sondern auch das Verhältnis der Völker zueinander. Hier ging es nicht mehr um klassische Machtpolitik, nicht um mehr Gebiet, mehr Land, mehr Rohstoffe, mehr Einflusszonen. Dies war ein rassistischer Sozialdarwinismus, und schon in «Mein Kampf» hatte der damalige Festungshäftling Hitler festgehalten, Deutschland müsse «übergehen zur Bodenpolitik der Zukunft». Rede man aber heute «von neuem Grund und Boden, können wir in erster Linie nur an Rußland und die ihm untertanen Randstaaten denken». Die Opfer dort hatten keine Möglichkeit zum Seitenwechsel. Anders als sein Todfeind im Duell der totalitären Ideologien – der Kommunismus – stand der Nazismus nur einer «Rasse» offen, der deutschen. Der Sowjetkommunismus, der Bolschewismus, aber war in Hitlers Welt die Extremform jüdischer Herrschaft. Wer den Bolschewismus auslöschte, der musste in der NS-Ideologie auch das Judentum angreifen, für Hitler «der Weltverderber». Antisemitismus, «Lebensraum»-Krieg im Osten und Vernichtung des Bolschewismus gehörten untrennbar zusammen.

Zu Recht warnt Andreas Wirsching in der kritischen Neuedition zu Hitlers «Mein Kampf» des Institutes für Zeitgeschichte davor, diese 1924 entstandene Schrift als feststehendes Programm, als «Blaupause» des Kommenden zu betrachten.[65] So linear vollzieht sich Geschichte nicht. Aber der Gedanke, einen Teil der Juden umzubringen, «einmal zwölf- oder fünfzehntausend dieser hebräischen Volksverderber unter Giftgas»[66] zu halten, ist hier schon fester Bestandteil seiner pathologischen Weltsicht. «Von Hitlers Hasspredigt einen direkten Weg nach Auschwitz zu konstruieren wäre viel zu einfach. Noch problematischer wäre es, eine solche Verbindung einfach zu ignorieren.»[67]

«Das Riesenreich im Osten ist reif für den Zusammenbruch», das hatte Hitler bereits in «Mein Kampf» geschrieben. Er würde es jetzt umstürzen, den Bolschewismus und das Judentum vernichten. Dass Stalin die sowjetischen Juden drangsalierte und peinigte, irritierte diese Ideologie der Vernichtung nicht. Das Fehlen an Logik prägte jede Faser der NS-«Weltanschauung». Nun, im Juli 1940, musste Hitler zusehen, wie er seine Lebensraumprogrammatik mit der militärischen Lage vereinbarte. Und nun war die Entscheidung gefallen: für den Krieg im Osten.

«Der Judaskuß»: Alternativen zum Russlandkrieg

Es hätte politische Alternativen gegeben, selbst für eine faschistische Diktatur, Brauchitsch und Halder hatten das ja vor der Besprechung im Berghof selbst erwogen. An eine akzeptable Friedenslösung, wie andere Sieger großer Kriege um Europa sie in der Vergangenheit suchten, als sie ihre Ziele erreicht hatten, war zu ihren Bedingungen nicht zu denken. Hitler freilich hatte sein Ziel nicht erreicht, noch lange nicht. Er stand erst am Anfang. Aber selbst im NS-Staat regten sich jetzt Kräfte, die eine andere, realitätsnähere Lösung suchten als eine Ausweitung des Krieges ins Ungeheure, Globale und Risikoreiche, welche der Ostfeldzug bedeuten musste.

Es begann mit der Seekriegsleitung unter Großadmiral Erich Raeder. Man darf der Marineführung keine humanitären oder völkerrechtlichen Motive unterstellen. Raeder pries sich selbst noch 1943 dafür, «daß die gesamte Erziehung der Marine in der Systemzeit (der Weimarer Republik; J.K.) auf eine innere Haltung hinzielte, die von selbst eine wahrhaft nationalsozialistische Haltung ergab».[68] Er ging aber auf rationale Weise an die Frage der künftigen

Strategie heran, orientiert an der Lage, wie sie sich nach dem Sieg über Frankreich darbot. Wenn die Briten, so dachte Raeder, weiterhin nicht einlenkten, aber auch nicht militärisch zu schlagen waren, so könne das Reich doch eine europäische Koalition gegen sie aufbauen, um den Druck auf London ins Unerträgliche zu erhöhen. Natürlich hätte von dieser eher maritimen Strategie die Marine am meisten profitiert.

Als Verbündete hatte die Seekriegsleitung jene Brüder im Ungeiste im Sinn, die dem Nazireich ideologisch nahestanden. Da war zunächst Italien, ohnehin der engste Verbündete, dessen militärische Macht aber zunehmend als zweifelhaft erschien. Ihn würde man deutlich stärker unterstützen müssen, aber lohnend wäre es; er führte ohnehin im östlichen Mittelmeer Krieg gegen die Briten. Der Zweite in Raeders Bunde wäre eine traditionsreiche Großmacht gewesen, die, von Deutschlands Gnaden wieder aufgerichtet (wenn auch nicht zu sehr), ein nützlicher Verbündeter wäre: Frankreich, genauer: das Rest-Frankreich des Marschall Pétain. Die Rechtsnationalisten in Paris hatten stets mit einer autoritären «Neuen Ordnung» in Europa sympathisiert, den Nazis Avancen über Avancen gemacht und England gehasst. Der dritte Partner war der schwierigste, weil der selbständigste: Spanien. Gleich Hitler und Mussolini war der Caudillo Franco ein faschistischer Gewaltherrscher, ideologisch betrachtet also ein geeigneter Ansprechpartner für das NS-Regime. Überhaupt verdankte er den Deutschen ja seine Herrschaft zu großen Teilen, sie hatten ihm während des Spanischen Bürgerkriegs Geld, Waffen und vor allem die Legion Condor zum Kampf gegen die Republik geschickt. Auf seinem Gebiet lag Gibraltar, die britische Felsenfestung am Eingang zum Mittelmeer. In diesem Szenario von vier vereinten, freilich unter Deutschlands Kontrolle operierenden Mächten mussten die englischen Positionen am Mittelmeer fallen, und zwar sämtlich, von Gibraltar im Westen bis zum Sueskanal und darüber hinaus. Sogar die Möglichkeit, von neuen Stützpunkten aus den Seeweg nach Amerika abzuschneiden, erschien größer, als wenn das Reich es mit seinen U-Booten und wenigen Großkampfschiffen allein versuchte.

Diese Ideen zum Kampf gegen Europas letzte kämpfende Demokratie waren ruchlos, aber vergleichsweise rational. Sie bezogen in ihr Kalkül jenen Egoismus und jene Selbstsucht mit ein, welche die Politik aller autoritären Systeme bestimmt. Staaten, die etwas zu gewinnen hatten, ob nun Ruhm, Territorien, Rohstoffe, Macht, waren leichter für einen Pakt zu gewinnen. Dass sie einander freilich mit Ansprüchen auf Kolonialbesitz in Afrika behelligten, war lästig, aber lösbar, jedenfalls in Raeders Augen. Er hat diese Sicht Hitler mehrfach vorgetragen, in Lagebesprechungen und einer Denkschrift vom 28. Juli 1940, und gleichzeitig Bedenken gegen den Russlandkrieg geäußert. Hitler freilich wollte davon wenig hören, die Südeuropäer sollten dem Ostfeldzug die Flanke freihalten, wenn möglich, aber mehr nicht. Und da er allein stand, gab der Oberbefehlshaber der Kriegsmarine rasch bei.

Außenminister Joachim von Ribbentrop entwarf ebenfalls eine Alternative zum Krieg gegen Russland. Sie war jener der Marine ähnlich und mit ihr durchaus vereinbar, orientierte sich aber an den großen Mächten der Welt, nicht an den mittleren Europas. Warum, so Ribbentrop, sollte das Reich das Bündnis mit der UdSSR nicht einfach beibehalten, zumindest auf absehbare Frist? Warum sollte es im Osten angreifen, wenn es von dort Rohstoffe und Güter aller Art erhielt und noch dazu die Gewähr, dass Stalin sich auf diese

Weise schwerlich von den Briten umwerben lassen würde? Auch dies war inhuman, aber zugleich praktisch gedacht.

Großbritannien kämpfte weiter, weil es ein Europa unter faschistischer Knute nicht akzeptierte. Stalin tat das sehr wohl, weil er einen fetten Teil der Beute erhalten hatte und es ihn nach mehr verlangte. In der britischen Weltsicht war das Selbstbestimmungsrecht der osteuropäischen Nationen nicht wirklich verhandelbar; selbst Chamberlain war ja für Polen in den Krieg gezogen. Die sowjetische Führung scherte sich keinen Deut darum, ganz im Gegenteil. Sie nahm nach dem Hitler-Stalin-Pakt Länder und Gebiete ohne jede Skrupel ein und schickte Panzer, Besatzungstruppen und die Mordspezialisten des NKWD, um mit echten oder vermeintlichen Gegnern Moskaus aufzuräumen.

Die dritte Säule – neben den beiden totalitären Diktaturen Europas – dieses «euro-asiatischen Kontinentalblocks» gegen die westlichen Demokratien sollte Japan bilden. Beherrscht von einer nationalistischen, aggressiven Militärclique, führte das Kaiserreich seit Jahren einen mörderischen Kolonialkrieg in China. Unter reger Beteiligung der japanischen Industrie planten sie die Unterwerfung eines Großteils des pazifischen Raums, ein eigenes maritimes Imperium der Ausbeutung. Im Weg standen leider die europäischen Kolonialmächte – die, was ihre Überseebesitzungen anging, das Selbstbestimmungsrecht der Völker als eine Sache sahen, die man behandeln würde, wenn die Zeit gekommen war, also möglichst niemals. Das war zunächst das Empire mit den Dominions Australien und Neuseeland und der Kronkolonie Indien, Hongkong an der chinesischen Küste und Singapur mit Malaysia, Burma, Nordborneo und viele kleinere Territorien. Die Franzosen hatten Indochina unterjocht, die Holländer die Inseln Indonesiens. Jetzt aber dröhnten auf den Straßen der Mutterländer Frankreich und der Niederlande deutsche Marschstiefel; und die Briten konzentrierten all ihre Kräfte darauf, dass die Hakenkreuzfahne nicht auch über London wehen würde. Die Gelegenheit war also günstig, so günstig wie nie zuvor. Wäre da nicht das größte Problem gewesen: die Vereinigten Staaten. Nicht nur, dass sie im Pazifik mehrere Flottenstützpunkte besaßen und dazu noch die Philippinen verwalteten. Sie lehnten ein Ostasien unter Knechtschaft der Japaner so rundheraus ab wie Churchill die Naziherrschaft über Europa. Noch verhandelten die Diplomaten, im Kriegsfall aber, dachte Ribbentrop, würde Japan die USA ausreichend beschäftigen, und selbst deren Potenzial würde nicht genügen, um den Kontinentalblock ernsthaft zu gefährden. Der «Führer» verwarf aber auch Ribbentrops Vorhaben, die drei größten Gewaltherrschaften ihrer Zeit in ein antidemokratisches Bündnis zusammenzuschmieden. Dessen Herzstück wäre es ja gewesen, den äußerst profitablen Pakt mit den Russen beizubehalten, statt sie durch einen Großangriff geradezu ins Lager der deutschen Gegner zu jagen.

Hitler hat, das durchaus, im Herbst 1940 mit allen genannten Mächten verhandelt. Er reiste in seinem mit Schnellfeuerkanonen zur Flugabwehr gespickten gepanzerten «Führersonderzug Amerika» nach Hendaye nahe den Pyrenäen, wo er Franco allerlei Versprechungen machte. Es war das erste persönliche Treffen der beiden Diktatoren. Der Caudillo, ein kleiner, dicker und verschlagener Mann, war ein Massenmörder, aber nicht dumm. Der Franco-Faschismus war dem Hitler-Faschismus verwandt, aber anders als sein Außenminister Serrano Suner und Hitlers zahlreiche Bewunderer in Spanien setzte Franco das Machbare vor das ideologisch Wünschbare. Er hatte viele Fragen und schwatzte den irritierten «Führer» mit endlosen Tiraden voll – eine Rolle, die dieser sonst für sich selbst reserviert hatte. Nichts von dem, was Hitler ihm vortrug, überzeugte Franco davon, dass Spanien mehr sein würde als ein nützlicher Idiot auf dem deutschen Weg zur Weltmacht; und offenbar hatte der Caudillo, während sich der Dolmetscher um die Übersetzung von Hitlers Weltanalysen bemühte, auch irgendwann den Faden verloren. Noch dazu war sein Land verwüstet vom Bürgerkrieg, der im Vorjahr erst geendet hatte, und ökonomisch schwach. Ein Krieg mit den Briten hätte mit Sicherheit das Ende der überlebenswichtigen Importe aus den USA bedeutet.

Hitler hatte bereits im Vorfeld mit Suner in Berlin verhandelt und nachher gegenüber dem italienischen Außenminister Ciano über den Besucher hergezogen. Die spanische Idee einer militärischen Zusammenarbeit sehe offenbar so aus: Das Deutsche Reich liefere Spanien für diesen Fall das nötige Getreide, sämtlichen Treibstoff, die Ausrüstung der Armee, «Artillerie, Flugzeuge und Spezialwaffen zur Eroberung von Gibraltar» sowie die französischen Kolonien in Nordafrika – «Spanien verspricht Deutschland als Gegenleistung seine Freundschaft».[69] Mit Franco kam er nicht viel weiter. Hitlers Panzerzug brauste am Ende davon, ohne dass etwas Greifbares herausgekommen wäre, später schrieb der «Führer» von einem «Judaskuß», den ihm der Spanier gegeben habe. Im folgenden Jahr würde ihm Franco ein paar zehntausend Freiwillige, die «Spanische Legion», nach Russland schicken, wo die meisten elend umkamen; ansonsten blieb Spanien abseits. Wäre Franco den Pakt mit Hitler eingegangen, hätte er mit Sicherheit dessen Schicksal geteilt; so aber hielt er sein geschundenes Land noch bis zu seinem Tod 1975 im Würgegriff seiner gestrigen Diktatur.

Als Nächstes traf Hitler Marschall Pétain, am 24. Oktober. Auf dem Bahnhof des Städtchens Montoire kam es zu einem symbolhaften Handschlag zwischen dem alten General – er trug einen langen grauen Mantel und erschien klein gegenüber Hitler in seiner Uniform – und dem Diktator. Das Bild dieser Begegnung sollte später zum Inbegriff der *«collaboration»* werden, der Zusammenarbeit mit den Nazis. Der nationalstolze alte Marschall mochte in Vichy das Gnadenbrot des «Führers» kauen; und doch weigerte er sich, die Rolle des willigen Satrapen zu spielen, die Hitler ihm zugedacht hatte. Vielleicht, führte Pétain aus, «wäre immer noch Zeit, das Verlorene nachzuholen» und gegen Churchill zu kooperieren. Er verlangte implizit zu wissen, welche Zukunft Frankreich in Hitlers Welt habe. Doch anzubieten hatte der wenig, nicht einmal den Besitz der französischen Kolonien wollte er garantieren. Einem engen Freund schrieb Pétain nach dem seltsamen Treffen, er werde «jede Idee eines Angriffs auf Großbritannien abweisen. Ich bin entschlossen, mich in dieser Frage weder den Italienern noch den Deutschen zu beugen.»[70]

Damit waren schon Ende 1940 faktisch alle Versuche einer Alternative zum Ostfeldzug gescheitert. Nicht dass die deutsche Führung sie wirklich gewollt hätte. Die Planungen für «Barbarossa» liefen, und Hitler verdeutlichte, dass es dabei bleiben würde. Er selbst hatte Spanier und Vichy-Franzosen freilich weniger als Partner betrachtet denn als Objekte, die er nach seinem Willen einsetzen könne. Ein Bündnis auf Augenhöhe konnte es in der Welt der deutschen Diktatur nicht geben – nicht einmal unter ähnlich Gesinnten, die gleich ihm die Demokratie verachteten und den Kommunismus hassten. Hitler war noch auf dem Rückweg von seiner fruchtlosen Reise, als ihn die Nachricht ereilte, der Dritte im Bunde habe sich selbständig gemacht und einen eigenen Krieg begonnen. Mussolini hatte einhundertvierzigtausend Soldaten nach Griechenland geschickt.

«Fuchs auf freiem Feld erlegt»: die Italiener

Es herrschte im Spätjahr 1940 fast eine Atempause in jenem Krieg, der vielen Beteiligten als ein weiterer europäischer Krieg erschien. In Nord- und Mitteleuropa hatte die Wehrmacht wenig zu befürchten; im Gegenteil, es waren die Briten, die sich fürchten mussten, und zwar weiterhin vor einer deutschen Invasion oder zumindest einer neuen Luftoffensive. Würden die deutschen Heere aber tun, was ihre Stäbe bereits eifrig planten, nämlich den «Entscheidungskampf» gegen die Sowjetunion suchen, dann hatte Hitlers Imperium trotz all seiner Stärke eine schwache und verwundbare Flanke: den Mittelmeerraum und den Balkan.

Hier führte Mussolini seinen eigenen Krieg. 1939 hatte seine Armee das kleine Albanien besetzt und damit einen Brückenkopf nach Südosteuropa. Das Regime des Duce war in jeder Hinsicht eine Bonsaiausgabe des großen faschistischen Bruders in Berlin, und genau dieser Widerspruch zwischen imperialem Anspruch und geringen Möglichkeiten wurde sehr bald zum Problem beider Staaten. Auf dem Papier besaß auch Italien eine angsteinflößende Streitmacht. Das Heer hielt fast 1,7 Millionen Soldaten unter Waffen, die Luftwaffe war fast zweitausendsechshundert Kampfflugzeuge stark, im Mittelmeer kreuzten schwer gepanzerte Schlachtschiffe, die italienische Marine galt als stark, sie besaß im Juni 1940 vier Schlachtschiffe, sieben schwere Kreuzer und mit hundertdreizehn Unterseebooten immerhin die stärkste U-Boot-Waffe der westlichen Welt. Und doch verbarg diese stolze Schauseite, dass es der Armee für einen modernen Krieg an allem Nötigen fehlte: schlagkräftigen Panzerdivisionen, zeitgemäßer Funkkommunikation, Radar und ausreichender Motorisierung, einer leistungsfähigen Kriegswirtschaft, operativen Fähigkeiten und professioneller Führung. Die Heeresartillerie bestand noch weitgehend aus österreichischen Beutegeschützen von 1918, es gab nicht einmal Feldküchen für die Mannschaften – das nach Loyalität zum Duce ausgesuchte Offizierskorps beanspruchte aber noch während des Wüstenkrieges dreigängige Menüs. Eine Reform der Streitkräfte hatte eben erst begonnen. Italien besaß keine kriegswichtigen Bodenschätze.

Im Ersten Weltkrieg hatten Italiens Armeen hart und tapfer gekämpft und waren am Ende bei den Siegern. Noch immer verfügten sie über etliche mutige Soldaten und Eliteeinheiten wie die Gebirgsjäger. Und dennoch, der faschistische, von politischen Günstlingen durchsetzte Militärapparat des Landes war nicht ansatzweise in der Lage, den großtönenden Proklamationen des Duce entsprechende Taten folgen zu lassen. Fast ebenso gravierend war die Haltung weiter Teile der italienischen Gesellschaft, die vom ersten Tag an nur geringe Begeisterung für neue Feldzüge und in Särgen heimkommende Söhne aufbrachte. Unter den einfachen Soldaten war das nicht anders. Ein italienischer Offizier in Nordafrika betrachtete die Infanteristen, die er in den Kampf gegen die Briten führen sollte: «Sie waren müde und wollten nach Hause. Sie dachten an ihre Felder, die daheim brachlagen, und hatten keine feindseligen Gefühle gegen die Briten.»[71]

Weit populärer als Feldzüge in fremden Ländern war die

anfängliche «non belligeranza» Italiens, die Nichtteilnahme am deutschen Krieg gegen Polen und anfangs gegen Frankreich. Mussolini war den Franzosen erst spät und ruhmlos in den Rücken gefallen, als deren Niederlage gegen die Wehrmacht sicher gewesen war. Die schockierenden Verluste des Ersten Weltkrieges waren auch den Italienern, ähnlich wie den Westeuropäern, in traumatischer Erinnerung geblieben. Viele von ihnen, auch einfache Soldaten, hatten den Krieg schon satt, bevor der erste Schuss gefallen war. Der amerikanische Schriftsteller John Steinbeck war 1943 dabei, als sich Deutsche und Italiener auf Elba ergaben. Die jungen italienischen Soldaten wirkten erleichtert und schienen froh zu sein, endlich ihre Gewehre loszuwerden. Die deutschen Offiziere wirkten dagegen kalt und überheblich, als geschehe ihnen ein historisches Unrecht. Diese sympathische Skepsis sehr vieler Italiener dem Krieg gegenüber stieß in Deutschland auf tiefe Verachtung, die in Hass und Mord umschlagen würde, als Italien sich 1943 aus dem Teufelspakt mit dem Reich zu lösen versucht. 2012 schrieb die italienisch-deutsche Historikerkommission über die deutsche Haltung: «Um das eigene Verhalten in einem positiven Licht erscheinen zu lassen, dienten italienische Soldaten und Offiziere als negative Folie. Tief in der Vergangenheit verwurzelte Stereotype wie ‹Faulheit›, ‹Feigheit› oder ‹militärische/soldatische Unfähigkeit› erlebten eine neue Blüte, während die gemeinsamen Jahre im Zeichen der ‹Achse› vergessen schienen.»[72]

In besseren Zeiten hatten die deutschen Dichter das Land, «wo die Zitronen blühen», mit der Seele gesucht. Noch lange nach dem Krieg, als während des Wirtschaftswunders die Gastarbeiter aus Palermo, Neapel, Turin in die Bundesrepublik strömten, begegneten viele Ältere den «Katzlmachern» und «Itakern» mit giftiger Überheblichkeit, ein böses Erbe der Nazizeit, welches alte Vorurteile in ein neues Feindbild gesteigert hatte. In Wahrheit war das, was man heute Zivilgesellschaft nennt, in Italien noch weit stärker als im Deutschen Reich, obwohl beide Nationen unter faschistischer Knute lebten. Auch in Italien gab es kriegsselige Intellektuelle, Imperialisten aller Couleur, mit dem Faschismus paktierende Industrielle, überreizten Militarismus und eine brutale rechtsradikale Massenbewegung; aber niemals fanden der Duce und seine Kriege auch nur annähernd solche Zustimmung wie Hitler in Deutschland, gerade nach dem Sieg über Frankreich.

Weniger friedfertig gebärdete sich freilich die faschistische Führung des Landes unter dem «Duce», Benito Mussolini. Seine irrlichternde Großmachtpolitik, das Streben nach einem «Mare Nostrum» nach römischem Vorbild geriet für die deutschen Ostkriegsplaner immer mehr zum Problem. Zwar beschäftigten Mussolinis Generäle die Briten und bedrängten deren Bastionen im Mittelmeer, vor allem die Flottenstützpunkte. Sie reichten von Gibraltar im Westen über die Insel Malta bis nach Alexandria an der ägyptischen Küste. Tief am Horn von Afrika eroberten die Italiener von ihrer äthiopischen Kolonie aus sogar Britisch-Somalia; in der Euphorie des Sieges verloren sie aus dem Blick, dass der Außenposten nur schwach verteidigt war und die wenigen britischen Einheiten sich rechtzeitig absetzten.

Nur im Sommer 1940 hatte es so ausgesehen, als drohe die britische Herrschaft im Nahen Osten überrannt zu werden. Der Kriegsberichterstatter Alan Moorehead war entsetzt, als ihm die Schwäche der Verteidigung deutlich wurde: «All die Regimenter in Kairo und der westlichen Wüste, all die Schiffe in Alexandria, alle Garnisonen im Sudan und

in Kenia, all die neu angekommenen Australier und Neuseeländer, die nun in Palästina und Ägypten trainierten,
all die Kampfflugzeuge, die gelegentlich über die von der
Sonne verbrannte Erde rasten – all dies addierte sich nicht
einmal zu einem Zehntel der Streitkräfte, die Mussolini für
seinen großen Schlag gegen den Sueskanal zusammenzog.»
In diesem Sommer, so fürchtete Moorehead, waren die Briten auf dem Papier schon besiegt, bevor der erste Schuss
gefallen war.[73] Der schockierende Zustand ihres Heeres war
noch immer Folge von dessen Vernachlässigung durch die
Appeasement-Regierungen der dreißiger Jahre. Das Gros
der Panzer, Artillerie und Fahrzeuge war in Frankreich geblieben, der Rest wurde dringend für den Fall einer deutschen Invasion in der Heimat gebraucht. Und doch machten die Briten im Mittelmeer Ernst. An Soldaten, Schiffen
und Flugzeugen unterlegen, operierten sie dennoch weit
professioneller als Mussolinis überforderte Heerführer und
Admiräle. In der Nacht zum 12. November 1940 war eine
Kampfgruppe um den Flugzeugträger *Illustrious* unverhofft
vor dem Kriegshafen bei Tarent aufgetaucht; binnen Minuten versenkten altmodische Doppeldecker vom Typ *Sword-
fish* mit ihren Torpedos drei italienische Schlachtschiffe. Es
war ein Menetekel für das, was folgen sollte.

In Nordafrika begann der britische General Sir Archi-
bald Wavell am 9. Dezember 1940 eine Offensive gegen die
Italiener, die von ihrer Kolonie Libyen aus in Richtung
Alexandria vormarschierten. Im September waren schon
italienische Bomber über der historischen Hafenstadt erschienen. Das Commando Supremo, das Oberkommando
in Rom, hatte zuvor verkündet: «Der Krieg gegen Großbritannien geht weiter, und er wird andauern bis zum Sieg.»
Immerhin war es Wavell inzwischen gelungen, Churchill

zu überreden, seine kleine Streitmacht einigermaßen zu verstärken. Die Unterlegenheit betrug jetzt nur noch eins zu vier, freilich waren die britischen Truppen motorisiert, während die Invasionsarmee in langen Marschkolonnen durch die Wüste trottete. Der Fall des von den Briten beherrschten Ägyptens und der Verlust des Sueskanals wären ein schlimmer Schlag gewesen, die Nahost-Position des Empire aufs höchste gefährdet. Doch so weit kam es nicht. Mit seinen überschaubaren Kräften manövrierte Wavell die Invasionsarmee so geschickt aus, dass er bereits nach wenigen Tagen fast vierzigtausend Gefangene nach London melden konnte. Die Armee seines Gegners, des pompösen Marschalls Rodolfo Graziani, stob in heller Flucht zurück nach Libyen, die Briten auf den Fersen. Grazianis wesentlich begabteren Vorgänger, Marschall Balbo, hatte die eigene Luftabwehr im Sommer zuvor aus Versehen abgeschossen und getötet.

Australische Soldaten rückten am 3. Januar 1941 in die Grenzstadt Bardia vor, vorsichtig, mit aufgepflanzten Bajonetten, bewegten sie sich in der Deckung von Haus zu Haus. Aber der Kampf, den sie erwarteten, blieb aus. Die Italiener ergaben sich zu Tausenden. Am Abend fuhr der BBC-Korrespondent Richard Dimbledy in einem Armeejeep durch die Straßen der Stadt: «Es dämmerte. Auf beiden Seiten wurde die Menge feindlicher Offiziere und Soldaten immer größer. Sie trugen noch ihre Waffen. Aber sie unternahmen nichts. Sie standen nur da und sahen uns nach. Die Italiener hatten sich versammelt, um sich den ersten Engländern zu ergeben, die sie sehen würden. Manche liefen sogar auf mich zu und riefen ‹surrender, surrender›!»[74]

Am 21. Januar nahmen die Engländer ohne Mühe die Seefestung Tobruk. Wavells Kommandeur Richard O'Connor schnitt die italienische Armee durch ein kühnes Manöver – seine Panzer rollten quer durch die Wüste – schließlich ab, bevor diese die libysche Hauptstadt Tripolis erreichten. Der italienische Widerstand brach zusammen, auch wenn britische Panzerspitzen, die Kriegskorrespondent Alan Moorehead begleitete, immer wieder unter schweren Beschuss gerieten. Auf dem verwüsteten Flugplatz im Wadi Derna suchte er Deckung unter einem Türblatt, zusammen mit einem australischen Sergeant und einem libyschen Gefangenen, den die Italiener zwangsrekrutiert hatten. Während Einschläge schwerer Artillerie den Hangar erschütterten, sagte der Libyer: «‹Ich will hier nicht bleiben. Ich habe mich doch ergeben. Warum bringen Sie mich nicht hinter die Frontlinie?› – ‹Was sagt er?›, fragte der australische Sergeant. ‹Er sagt, dass er es nicht mag›, übersetzte ich. ‹Sagen Sie ihm: Wir mögen es auch nicht›, erwiderte der Sergeant. Ich sagte es weiter. ‹Wenn das so ist›, erwiderte der Libyer hoffnungsvoll, ‹warum gehen wir nicht einfach alle zurück?› Das schien uns eine erstklassige Idee zu sein.»[75]

Aber die Desert Army rückte immer weiter vor. «Fuchs auf freiem Feld erlegt», gab O'Connor an Wavell durch. Mussolinis Feldzug war zusammengebrochen, der Feind stand tief auf seinem afrikanischen Territorium. Im Frühjahr 1941 eroberten die Engländer mit ihren Kolonialtruppen Somaliland zurück und marschierten in die italienischen Besitzungen Äthiopien und Eritrea ein. Das neue Imperium Romanum, das Mussolini seinen skeptischen Untertanen verheißen hatte, kollabierte mit beängstigender Geschwindigkeit. Am 28. März schoss die Royal Navy in der Seeschlacht von Kap Matapan ein italienisches Geschwader zusammen, zum Preis eines einzigen Swordfish-Flugzeuges und seiner dreiköpfigen Besatzung. Das Nachgefecht glich einem Kampf der Sehenden gegen Blinde, da die britischen Kriegsschiffe ihre Gegner über das Radar orteten. Die Italiener besaßen keines, sie verloren zweitausendvierhundert Mann, viele von ihnen verängstigte Wehrpflichtige. Auf einem schwerbeschädigten Kreuzer ergab sich die Besatzung einem kleinen britischen Enterkommando. Im östlichen Mittelmeer beherrschten die Briten nun die See.

Die deutsche Führung nahm die schlechten Nachrichten über die militärische Vorstellung des wichtigsten Verbündeten erwartungsgemäß gar nicht gut auf. In bezeichnendem Ton rügte die deutsche Seekriegsleitung einen Tag nach dem Desaster bei Kap Matapan «das völlige Versagen der italienischen Marine hinsichtlich taktischer Durchführung, der Verbands- und Schiffsführung und Ausbildung im Waffeneinsatz».[76] Das war also das Ergebnis des italienischen «Parallelkrieges», in dem sich der Duce, eifersüchtig auf die Siege und die Dominanz Hitlers, jede Einmischung seines Führer-Kollegen rundheraus verbeten hatte.

Am 24. Februar hatte der fähige O'Connor die italienische Festung Beda Fomm genommen, und General Wavell, obgleich nüchtern bis ins Mark, ließ seine Einheiten kurz pausieren und schickte sich an, wie Churchill es gefordert hatte, Mussolini ganz Libyen zu entreißen und die Bedrohung für die britische Position in Nahost mit einem Schlag zu beseitigen. In diesem Moment beraubte ihn der Premierminister jener vier Divisionen, die für den Sturm auf die Hauptstadt Tripolis vorgesehen waren, und schickte sie über das Meer nach Griechenland, das von Italienern und Deutschen bedroht wurde. Ein Stabsoffizier in Kairo erlebte den Moment, als das Telegramm aus London eintraf: «Wir lasen es alle zusammen und sahen uns ungläubig an. Es bedeutete, dass all unsere hochgesteckten Hoffnungen nun in den Papierkorb gehörten.» Der loyale Wavell bedauerte noch lange, dass er den Angriff auf Tripolis nicht einfach fortgesetzt und vollendete Tatsachen geschaffen hatte. Aber es war zu spät.[77]

Hitler hatte längst die Geduld verloren und gehandelt. Nicht ohne Grund fürchtete der Diktator, die gesamte libysche Front der Italiener könnte kollabieren; dann aber würden die Briten auch Französisch-Nordafrika, die heutigen Staaten Marokko, Tunesien und Algerien, bedrohen oder zum Seitenwechsel verleiten. Letzteres war freilich unrealistisch, denn die der Kollaborationsregierung in Vichy unterstehenden Kolonialbehörden Frankreichs hegten gegen die Briten noch glühenderen Hass als gegen die Deutschen. Bereits im Februar 1941 trafen deutsche Vorauskommandos in Tripolis ein, in kurzer Zeit entstand daraus das Afrikakorps, unterstellt Erwin Rommel, einem der fähigsten deutschen Generäle. Seine britischen Gegner gaben ihm den respektvollen Spitznamen *Desert Fox*, der Wüstenfuchs. Die meisten Soldaten hatten sich freiwillig gemeldet, viele suchten in Afrika eher ein exotisches Abenteuer als den Kampf. «Wir waren einundzwanzig Jahre alt und verrückt», schrieb ein Panzergrenadier später. «Verrückt, weil wir aus freien Stücken nach Afrika gekommen waren und über Wochen zu Hause von nichts anderem mehr gesprochen hatten – tropische Nächte, Palmen, die Brise des Meeres, Oasen und Tropenhelme. Und ein bißchen Krieg – undenkbar für uns, dass wir ihn anders als siegreich beenden würden.»[78] Es war der Beginn des bitteren, wechselvollen Wüstenkrieges zwischen dem Afrikakorps und der britischen Wüstenarmee. Rommel war ein Liebling des «Führers», schon weil er nicht aus der traditionellen Offizierskaste stammte und sich als wagemutiger Truppenführer einen Namen gemacht hatte.

1941 bombardierte er seine Vorgesetzten, das OKH und das OKW mit Eingaben und Anrufen, ihm endlich große Verstärkungen zu schicken.

Rommel stabilisierte die Front, im April ging er gar zum Gegenangriff über und belagerte Tobruk, wenngleich vergeblich. Seine Anfangserfolge waren erstaunlich, schockierten die Briten und schufen den langlebigen Rommel-Mythos. Freilich nutzte er auch die Gunst der Stunde. Wavells Armee hatte auf Churchills Befehl jene vier Divisionen nach Griechenland abgeben müssen, die nun schmerzlich fehlten. Den Deutschen war es gelungen, den Großteil ihres Materials über das Mittelmeer zu transportieren, was fortan immer seltener geschehen würde, da britische U-Boote und Bomber von der Inselfestung Malta aus die Nachschublinien über das Mittelmeer attackierten. Doch anfangs ging alles gut, und Rommel persönlich stand nachts am hell erleuchteten Hafen von Tripolis und überwachte, wie die ersten Panzer ausgeladen wurden. Das Afrikakorps, wie seine Truppe bald offiziell hieß, brachte zwar keine Erfahrung im Wüstenkampf mit, wohl aber aus Polen und Frankreich im konzentrierten Einsatz moderner Panzerverbände, die auch in Nordafrika die entscheidende Waffe waren. Noch dazu waren die deutschen Tanks, vor allem der Panzer IV, den britischen Modellen Mathilda und Crusader überlegen. Der Mathilda-Tank war schwer gepanzert, aber zu langsam und zu schlecht bewaffnet, der Crusader zwar viel schneller, aber im Gefecht eine Todesfalle: Die deutschen Granaten durchschlugen den dünnen Stahl ohne Mühe, das Geschütz war schwach und das ganze Fahrzeug anfällig für Pannen und unausgereift. Die deutschen Panzerkanonen hatten eine größere Reichweite und Durchschlagskraft, und als Rommel befahl, auch noch die schweren 8,8-Flakgeschütze am Boden gegen die britischen Tanks einzusetzen, schossen diese ganze Verbände der Engländer zusammen.

Schon am 8. April 1941 fuhr ein ausladender, auffälliger weißer Cadillac mitten in eine deutsche Motorradpatrouille hinein: O'Connors Fahrer hatte auf dem Rückzug in der Wüste eine Abkürzung nehmen wollen, es gab ein kurzes Feuergefecht, dann sah O'Connor in die Mündung vieler deutscher Maschinenpistolen. Nur wenige Tage zuvor war er für seine Verdienste in den Adelsstand erhoben worden. Der fähigste Offizier der Briten geriet in Gefangenschaft. Er würde zwei Jahre später bei einem spektakulären Ausbruch aus einem Lager entfliehen und am D-Day 1944 zu den Ersten gehören, die es der Wehrmacht heimzahlten, aber zunächst war der Verlust verheerend. Wenige Tage später stand Rommel vor der Festung Tobruk, dem stärksten Hindernis auf dem Weg nach Ägypten. Eine zähe, monatelange Belagerung begann. Die deutsche Propaganda nannte die Verteidiger, die in ihren Gräben und Unterständen Schutz vor den Stukas und dem unablässigen Beschuss suchten, «die Ratten von Tobruk». Doch die Garnison, bestehend vor allem aus Australiern und Exilpolen, hatte viel mehr Format. Kriegskorrespondent Moorehead schrieb: «In der Garnison herrschte ein auf seltsame Weise beschränktes Leben. Es gab keinen Alkohol, keine Frauen, kein Kino, keine Abwechslung irgendeiner Art. Und kein frisches Gemüse. Die Männer wurden von Hitze, Sand und Stechfliegen gequält und jeden Tag und jede Nacht beschossen, viele Schiffe, die Nachschub brachten, noch im Hafen versenkt.» Und dennoch blieb Tobruk «ein Dorn in der Seite des Feindes, gefährdete seine Verbindungslinien unermüdlich, bedrohlich und unbezwingbar».[79]

Für die deutschen Soldaten war das Abenteuergefühl

der ersten Tage bald verflogen – noch im August aber inszenierte die Propaganda die berühmte Szene, in der die Männer auf ihren glühend heißen Fahrzeugen Spiegeleier brieten. In Wahrheit starben viele Männer des Afrikakorps bei Angriffen, die dann zum Teil der Haudegen-Legenden um Rommel wurden, etwa bei den fruchtlosen Frontalattacken auf Tobruk. Ein Beobachter des OKH in Afrika blickte 1959 zurück: «Ich werde an die Zeit ungern erinnert, weil so viel Blut unnütz vergossen wurde.» Rommel sei erst durch die Propaganda «zum Symbol besten Soldatentums geworden».[80]

Der Kampf in Nordafrika tobte das ganze Jahr 1941 hindurch weiter. Das Afrikakorps war besser bewaffnet und besser geführt. Vor allem die deutschen Panzerabwehrgeschütze spien Tod und Verderben. Rommel warf die Briten im schnellen Bewegungskrieg der Panzer in der Wüste weit zurück. Im Mai und (nur Tage vor dem Angriff auf Russland) im Juni konterten Rommels Panzer zwei britische Gegenoffensiven aus, zu den der ungeduldige Churchill seinen zögernden Afrikabefehlshaber Wavell gedrängt hatte. Nicht einmal dreihundert neue Crusader genügten Wavell, um Rommels Manövern zu widerstehen, unter großen Verlusten verloren die Briten immer mehr Wüstenboden. Rommels Ruhm im Reich stieg, Hitler beförderte ihn zum General der Panzertruppe. Wütend löste der Premierminister Wavell durch General Sir Claude Auchinleck ab, dem es aber nicht besser ergehen sollte. Ganz gerecht war das nicht, weil sich im Schatten dieser wechselvollen Schlachten im Nahen Osten eine neue Front aufgetan hatte, welche die strapazierten englischen Armeen zusätzlich forderte. Der Krieg griff um sich wie ein unheilbares Krebsgeschwür.

Lange schon hatte sich in den arabischen Ländern, die

faktisch unter britischer Herrschaft standen, eine vielgesichtige Nationalbewegung entwickelt. Die Araber fühlten sich vom Empire und von den Franzosen betrogen, auf deren Seite sie im Ersten Weltkrieg gegen die Türken gekämpft hatten, in jenem großen Aufstand, den ihr Mentor, T.E. Lawrence («Lawrence von Arabien»), in «Die sieben Säulen der Weisheit» so eindrucksvoll schildert. Statt der versprochenen Unabhängigkeit kamen aber alliierte Besatzungstruppen. Nicht wenige arabische Nationalisten sympathisierten mit dem Reich, dem alten strategischen Motto folgend: Der Feind meines Feindes ist mein Freund – solange er weit genug entfernt ist.

Einer dieser Männer war Rashid Ali al Gailani, der neue starke Mann im Irak. Im April 1941 putschten irakische Offiziere unter seiner Führung. Wie der bekanntere Mufti von Jerusalem, el Husseini, sympathisierte Gailani stark mit dem Nationalsozialismus, was angesichts dessen Rassenlehre ein spezieller Widerspruch in sich war. Doch Hass auf die Juden und Feindschaft gegen das Empire boten genug gemeinsamen Grund. Die Briten, die nur noch dreitausendfünfhundert Soldaten im Land hatten, verschanzten sich mit Frauen und Kindern im großen Stützpunkt Habbaniyah. Gailani ließ seine improvisierte Armee dieses Lager nahe Falludscha belagern, jener Stadt, die sehr viel später zum Symbol des unseligen und gescheiterten Irakkrieges der Amerikaner 2003 werden sollte. Britische Truppen landeten im Hafen von Basra und stießen ins Land vor. Gailani rief Berlin um Hilfe, die nur zu gern gewährt wurde. Am 23. Mai erklärte Adolf Hitler: «Ich habe mich entschlossen, die Entwicklung im Nahen Osten durch Unterstützung des Irak voranzutreiben. Ob und wie die englische Position zwischen Mittelmeer und Persischem Golf ... später endgültig zu Fall zu bringen ist, steht erst nach Barbarossa zur Entscheidung.»[81] Hier ist noch einmal das Prinzip seiner Strategie 1941 ausgesprochen: mit dem «Lebensraum»-Krieg, der wenige Wochen später mit dem Unternehmen «Barbarossa» beginnen sollte, die Sowjetunion zu vernichten und Großbritannien auf diese Weise seiner letzten Hoffnung zu berauben.

Die Deutschen richteten freilich wenig aus. Der Irak lag jenseits ihrer Reichweite. Sie schickten auf Umwegen über Syrien Kampfflugzeuge, zwölf schwerfällige Me-110-Langstreckenjäger und fünf Standardbomber des Typs He 111. Die kleine Luftwaffentruppe unterstützte Gailani einige Tage aus der Luft, aber am 28. Mai war nur noch eine He 111 flugfähig. Es war ein nutzloser Schachzug, doch mit Dominoeffekt, er bewirkte die nächste Ausweitung des Krieges, der nun mehr und mehr zum Weltkrieg geriet.

Denn die Kampfflugzeuge hätten den Irak niemals erreicht, wären nicht die Vichy-Streitkräfte in Syrien unter General Henri Dentz willig zur Hand gewesen. Bei der spätantiken syrischen Ruinenstadt Palmyra, im 3. Jahrhundert Mittelpunkt eines Reichs unter der legendären Königin Zenobia, waren sogar deutsche Kampfflugzeuge stationiert, sie wurden am 14. Mai durch einen Überraschungsschlag der Royal Air Force vernichtet. 2015 verwüsteten IS-Terroristen Palmyras Kulturerbe, und es mutet merkwürdig an, dass fünfundsiebzig Jahre nach dem britisch-französischen Syrienkrieg wieder deutsche Kampfflugzeuge dort zum Einsatz kommen, als Teil der internationalen Koalition gegen den islamistischen Kalifatsstaat.

Pétains Marionettenregierung beherrschte noch fast das gesamte französische Kolonialreich, was den Kampf der Briten erheblich erschwerte. Nur unbedeutendere Kolonien wie der Tschad, Kamerun oder Neukaledonien hatten sich den freien Franzosen unter Charles de Gaulle angeschlossen, der von London aus den Widerstand sammelte. Im Vorjahr hatte Churchill nach der Kapitulation des Verbündeten die französische Kriegsflotte in den algerischen Häfen Oran und Mers e-Kebir zusammenschießen lassen, damit sie nicht in die Hände der Deutschen geriet. Es war ein brutaler Akt des Überlebenswillens; und die Pétain-Regierung war dumm genug gewesen, Churchills Angebote zurückzuweisen, die Kriegsschiffe in neutrale Häfen zu evakuieren. Seither hatte die traditionelle Anglophobie der französischen Rechten neue Stufen der Irrationalität erreicht. Es war die Zeit, in der Hitler versuchte, Pétain zu einem Kriegsbündnis gegen die Briten zu gewinnen. Aus Sicht der Regierung in London drohte im Nahen Osten ein Szenario des schlimmsten Falls, nämlich in eine Zange zwischen Rommel in Nordafrika und einem möglichen deutsch-französischen Aufmarsch in Syrien und dem Libanon zu geraten: «Man fürchtete in London, die Deutschen könnten sich hier einen Brücken- kopf für den Griff auf Kairo, die Ölraffinerien in Abadan und die Verbindung Irak-Palästina verschaffen»[82] (Gerhard Schreiber), also die britischen Nahostgebiete. Diese Furcht war, wie man heute weiß, stark übertrieben und doch aus der Bedrohungslage des Sommers 1941 verständlich. Chur- chills Kriegskabinett gab die Order, die beiden Länder zu besetzen.

Wer erwartet hatte, die Verbündeten von gestern würden die Briten willkommen heißen oder gar als Befreier betrach- ten, machte eine schockierende Erfahrung. Korrespondent Moorehead begleitete eine englische Kolonne, die von Pa- lästina aus über den Litani-Fluss nach Norden in den Liba- non einrückte – über jene Grenze also, die in den folgenden Jahrzehnten so viele Kriege zwischen Israel, den Palästinensern und der Hisbollah-Miliz erleben würde. Die herrliche Landschaft, von den schneebedeckten Bergen floss der Litani durch grüne Gärten, Olivenhaine und Bananenplantagen, wurde zum Schauplatz eines Gemetzels. Die Angreifer gerieten direkt in das Feuer einer Batterie schwerer Artillerie. Moorehead fuhr in einem der beiden Lastwagen, die übrig geblieben waren, zurück nach Haifa: «Die Männer waren so ausgelaugt, dass sie kaum in der Lage waren zu rauchen. Als wir auf ein paar Versprengte trafen, lehnten sich die Soldaten weit aus dem Fenster und riefen ‹Da ist Jock! Er hat es geschafft› oder ‹Andy, wo ist der Rest deiner Leute?›. Sie fuhren zurück nach Haifa und zählten ihre Toten und jene, welche die Ambulanz schon fortgebracht hatte oder die einfach vermisst wurden. Kaum die Hälfte war zurückgekommen. Dieser Krieg nahm eine schwerwiegende Wendung.»[83]

Britische Offiziere fragten sich, warum die Franzosen 1940 im eigenen Land nicht mit solcher Energie gegen die Wehrmacht gefochten hatten wie nun gegen die «Operation Exporter». Freilich schossen nun auch Franzosen auf Franzosen, nämlich die etwa vierzigtausend Mann starken Vichy-Truppen auf die I. freifranzösische Division, die an der Seite der englischen Verbündeten vorrückte und zu der einige tausend Mann übergingen. Mit deutscher Hilfe versuchte Pétain seinem General Dentz Nachschub über das Mittelmeer zu schicken, den die Royal Navy freilich unterband. Antony Beevor zitiert aus dem Kriegstagebuch des deutschen Fliegergenerals von Richthofen, der über die seltsamen Konstellationen des Nahen Ostens sinnierte: «Der Krieg wird immer komischer», wenn man jetzt schon französische Piloten «versorgen und feiern» solle.[84] Deutsche Flugzeuge, aus Griechenland gekommen, bombardierten einmal sogar Haifa, am äußersten Ende ihrer Reichweite. Mitte Juli

1941 aber befanden sich der Libanon, Syrien und der Irak fest in britischer Hand, eine Entscheidung von erheblicher Bedeutung. Alle deutschen Pläne, von hier aus die britische Position weiter zu destabilisieren, Afghanistan in den Krieg und die Kolonie Indien in den Aufstand zu treiben, waren nun Makulatur. Dies alles war im Auswärtigen Amt betrieben worden, man verhandelte schon seit längerem mit dem indischen Nationalistenführer Subhas Chandra Bose, der 1941 nach Berlin floh, und hatte sogar eine «Zentrale freies Indien» gegründet. Nach dem irakischen Debakel erklärte Außenminister von Ribbentrop, dass man die Frage der indischen Freiheit lieber noch ein wenig aufschieben solle.

In Nordafrika liefen die Dinge für die Deutschen besser. Rommel trieb Auchinlecks überforderte Wüstenarmee wieder bis nach Ägypten zurück. Vergeblich forderte Rommel in Berlin mehr Männer, Panzer und Flugzeuge. Inzwischen hatte die Wehrmacht Russland überfallen, Afrika war zu einem Kriegsschauplatz an der Peripherie geworden. Ende November schlug das Pendel zur anderen Seite aus: In der verlustreichen Operation «Crusader» drängten die Engländer und Commonwealth-Truppen die Deutschen dorthin, woher sie gekommen waren: nach Libyen, in die westliche Cyrenaika. Damit waren ungefähr die Frontlinien wieder erreicht, die Rommel vorgefunden hatte.

In London triumphierte Winston Churchill. Stalin mochte den Kampf um Nordafrika nicht als zweite Front anerkennen, «Crusader» kostete die Briten etwa dreitausend Tote. Es gab Tage beim zeitgleichen Kampf vor Moskau, da verlor die Rote Armee in einer Stunde so viele Männer. Aber der britische Erfolg markierte den ersten Sieg einer britischen Armee über die Wehrmacht in offener Feldschlacht: «Hier endlich erreichten wir einen Augenblick der Erleichterung, und tatsächlich des Jubels, im Wüstenkrieg.» Der britische Reporter Richard Dimbleby feierte Silvester mit den Soldaten in Benghasi, das sie am Heiligabend zurückerobert hatten. Er spielte auf einem ramponierten Klavier, als die Sirenen des Luftalarms aufheulten, und je näher die Bomben kamen, desto fester drosch er auf die Tasten ein, als könne er so das Unheil aufhalten. Das Licht ging aus: «Die Bombeneinschläge erschütterten das gesamte Gebäude. Je lauter der Angriff wurde, desto lauter sangen wir. Unsere Flugabwehr feuerte Granaten, die jaulend über das Dach sausten. In völliger Dunkelheit röhrten wir unser Lied, um den Deutschen über uns die Stirn zu bieten.»[85] Weder die nächtlichen Sänger noch Churchill in London ahnten, wie schnell sich das Blatt wieder wenden sollte. Rommel würde sehr früh im folgenden Jahr brutal zurückschlagen, Tobruk im Sommer 1942 doch noch erobern und seine Panzer in Richtung Kairo führen. Erst seine entscheidende Niederlage bei El Alamein im November 1942 beendete seine Siegesserie, diesmal für immer.

Nicht nur für Veteranen des Afrikakorps, auch für manche Historiker und Verfasser populärer Hitler-Fernsehdokus ist der Kampf in der nordafrikanischen Wüste so etwas wie die Ausnahme in diesem Krieg der Verbrechen. Rommel erscheint, selbst aus Sicht vieler seiner Gegner, als ein Mann des «fairen Krieges», respektiert für seine Fähigkeiten. Auf britischer Seite spielte dabei ohne Zweifel eine erhebliche Rolle, dass sie Rommel als militärisches Superhirn hinstellten, um zahllose eigene Fehlentscheidungen in Nordafrika vergessen zu machen. Er war dennoch der einzige Topgeneral Hitlers, der selbst bei den Gegnern Achtung und Anerkennung fand. Nie im Osten eingesetzt, hatte er auch keinen Anteil am mörderischen Vernichtungskrieg in der

Sowjetunion. Gegenüber britischen Gefangenen verhielt er sich für deutsche Verhältnisse fair. Der Weg des Afrikakorps nach El Alamein war trotz mancher Kriegsverbrechen nicht wie jener der 6. Armee nach Stalingrad mit Leichen von Zivilisten übersät. Gegenüber Hitler fand Rommel als einer von wenigen aus der Generalität den Mut zum Widerspruch in strategischen Fragen. Sein Freitod im Oktober 1944, in den ihn der Diktator wegen des – leider unzutreffenden – Vorwurfs der Nähe zu den Verschwörern des 20. Juli getrieben hatte, ließ den Mythos Rommel nur noch größer werden.

Aber ein Mythos ist es trotzdem. Hitlers populärster Heerführer ließ sich von der Propaganda gern und hemmungslos vereinnahmen, er war, für eine Weile, der Poster Boy des NS-Staates. Ein Gedankenspiel: Was wäre geschehen, wenn der Kommandeur des Afrikakorps nicht 1943 geschlagen aus Tunesien in die Heimat geflogen wäre? Wenn er stattdessen bei El Alamein gesiegt, die Briten aus Alexandria getrieben, den Sueskanal überschritten, Palästina und die Ölquellen des Irak eingenommen hätte? Nichts anderes war ja das Ziel des Feldzugs. Es ist anders gekommen, weil seine Kraft trotz aller Feldherrenkunst dazu nicht genügte, weil er zu wenig Panzer und Flugzeuge, Männer und Benzin hatte und weil die Briten den Großteil des Nachschubs, den er über das Mittelmeer erhalten sollte, von der Insel Malta aus versenkten. Wäre er aber der Sieger gewesen: Auch Palästina wäre ein Schauplatz des Holocaust und nicht ein Fluchtpunkt verfolgter Juden gewesen. Schon gab es im Reich Planungen für «die Beseitigung der jüdisch-nationalen Heimstätte Palästina», das hätte Hunderttausende weiterer Mordopfer bedeutet, ermöglicht durch Rommels Waffen. In Libyen und Tunesien, formell Hoheitsgebiet deutscher Verbündeter, der Italiener und der Vichy-Franzosen, hatten Erfassung und Zwangsarbeit für die jüdischen Gemeinden bereits begonnen; ein SS-Kommando ging um und bereitete Lager für den Massenmord vor. In Tunesien starben bereits etliche jüdische Zwangsarbeiter, und das wäre nur der Auftakt gewesen. Zur Deportation der nordafrikanischen Juden in den Tod kam es nur deshalb nicht, weil Rommel rechtzeitig geschlagen wurde. Gewiss, er wäre nicht der Mann gewesen, der die Morde begangen oder befohlen hätte – so wenig wie in Frankreich 1940, an dessen Niederlage die schnellen Panzerverbände des Generals maßgeblich beteiligt waren. Aber er wäre der Mann gewesen, der sie ermöglicht hätte.

Der Krieg griff auch von Nordafrika aus wie ein Flächenbrand. Im Frühjahr 1941, als Rommels Erscheinen die Briten aus ihrer kurzen Siegeseuphorie riss, hatten sie die Gelegenheit versäumt, ganz Libyen einzunehmen, und waren nun jählings wieder in der Defensive. Diese wuchtvolle Wendung der Dinge lag an einem ganz anderen Kriegsschauplatz, auf den Briten und Deutsche im Frühjahr 1941 ihre Kräfte konzentrierten: Griechenland. Dem Gründungsland der klassischen Demokratie stand ein jahrelanges Martyrium bevor.

Griechisches Feuer: der deutsche Balkan-Feldzug

Kein anderes Abenteuer hat Hitler seinem irrlichternden Bündnispartner Mussolini so nachhaltig verübelt wie dessen Angriff auf Griechenland. Der Duce hatte den Deutschen wiederholt versichert, zuerst die Briten aus dem östlichen Mittelmeerraum zu treiben, bevor er weitere Wunschobjekte für sein neues Römisches Weltreich ins Auge fassen würde.

Bereits im Herbst 1940 lief der Krieg gegen die Briten nicht gut, Hitler aber hatte schon ein Bündnis mit Rumänien geschlossen und dorthin Truppen entsandt. Mussolini soll seinem Außenminister Ciano daraufhin gesagt haben: «Dieser Hitler stellt mich immer wieder vor vollendete Tatsachen. Diesmal zahle ich es ihm in gleicher Münze heim.»[86]

Am 13. Oktober 1940 befahl er seiner Armee, Griechenland zu besetzen. Als Sprungbrett diente Albanien, das nördliche Nachbarland, das sich bereits unter italienischer Kontrolle befand. Griechenland hatte dem faschistischen Italien zwar nichts zuleide getan, besaß aber eine Beistandsgarantie Churchills, sollte es attackiert werden. Der Premier liebte und achtete die Griechen. Für den Duce bot das einen fadenscheinigen Vorwand, das Land anzugreifen. Ausschlaggebend für diese jähe Aggression war aber kaum Furcht vor den Briten, die in Griechenland gar kein Militär stationiert hatten, und auch nur zum Teil die Eifersucht auf Hitler. Griechenland bot die Gelegenheit, so erschien es ihm, zu einer relativ mühelosen Ausdehnung des italienischen Machtbereichs, vom großen Symbolwert ganz abgesehen, dass die Flagge des faschistischen Italien über den Stätten der ersten Hochkultur Europas wehen würden.

Am frühen Morgen des 28. Oktobers 1940 stand der italienische Botschafter in Griechenland, Emanuele Grazzi, vor einem Haus im schönen Athener Vorort Kifissia. Hier lebte Ioannis Metaxas, der Präsident Griechenlands. Durchaus selber ein Nationalist mit autokratischen Zügen und politischen Machtkomplexen – Metaxas versuchte, sein armes Land zu einer «dritten griechischen Kultur» aufzubauen, nach dem klassischen Griechenland und Byzanz –, war er dennoch ein Mann mit Mut und Format. Grazzi brachte ihm eine Liste unerfüllbarer Bedingungen aus Rom, sollte er sie ablehnen, würde der Duce die Truppen in Marsch setzen. Metaxas sagte dem Besucher ins Gesicht: «Das ist der Krieg.» In der nationalen Legende ist daraus ein einziges Wort geworden: «Ochi», nein. Und noch heute ist der 28. Oktober als Ochi-Tag ein griechischer Feiertag. Und Metaxas hatte nein gemeint, als er nein sagte. Griechenland würde kämpfen.

Hitler hörte in der lieblichen Landschaft der Toskana vom Einmarsch der Italiener nach Griechenland. Er war gerade, nach seinen gescheiterten Bündnisangeboten an Franco und Pétain, aus Frankreich gekommen und bekam, wie sein Heeresadjutant anschaulich überlieferte, einen selbst für seine Verhältnisse beachtlichen Wutanfall. Der Ausbruch galt ebenso dem Duce wie den ahnungslosen deutschen Diplomaten und Verbindungsoffizieren, die nichts von dessen jüngster Narretei geahnt hatten: «F(ührer) tobt, als er vom Angriff Italiens auf Griechenland hört. Schimpft auf deutsche Verbindungsstäbe und Attaché, die nur ‹frühstückten› und keine Spione seien. … Bezweifelt, ob Italiener in der Lage seien, Griechenland niederzuringen, da die Griechen an sich keine schlechten Soldaten seien.» Das sei wohl Mussolinis Rache, wütete Hitler gegenüber seiner erblassten Entourage weiter, weil die Deutschen ihn ihrerseits nicht von ihren Angriffen auf Norwegen und Frankreich informiert hatten: «Er, F, habe aber nicht anders als geheim handeln können, da jeder zweite Italiener ein Verräter oder ein Spion sei. … Hat große Besorgnis, daß Vorgehen Italiens den ganzen Balkan in Mitleidenschaft ziehen könne und den Engländern willkommener Anlass, auf dem Balkan eine Luftbasis zu errichten.»[87]

Das war Hitlers Hauptsorge: eine neue Front in Südeuropa, ein alliierter Brückenkopf, aufgebaut durch britische Soldaten, versorgt mit Nachschub aus ihren Besitzungen im

Nahen Osten. Von hier aus wären die Ölquellen im rumänischen Ploesti in Reichweite der RAF-Bomber gewesen, eine der großen Schwachstellen im Angriffsplan auf die Sowjetunion war ja die deutsche Treibstoffversorgung. Und die südliche Flanke des gesamten Angriffs selbst wäre stets bedroht gewesen, umso mehr, sollten die Amerikaner doch noch militärisch intervenieren. Metaxas tat genau das, was die deutschen Planer fürchteten: Er rief angesichts von einhundertvierzigtausend italienischen Soldaten, die sein Land überfielen, die Schutzmacht zu Hilfe: Großbritannien. Wie Hitler erwartet hatte, marschierten Mussolinis Legionen in ein episches Debakel. Den Griechen fehlten moderne Waffen, ihre Marine war winzig und veraltet, machte allerdings ihrer Tradition Ehre und peinigte mit ihren fünf U-Booten die italienischen Nachschubtransporte. Sie verfügten über eine hoch motivierte, gut organisierte Infanterie und den Vorteil, dass diese im natürlichen Schutzwall des Epirosgebirges operierte, wo die italienischen Kriegsfahrzeuge von geringem Nutzen waren. Hier schlossen die Griechen schon am 3. November die Alpini-Division «Julia» ein, eine der Eliteeinheiten Mussolinis, und warfen den Angriff auf fast der gesamten Front zurück. Im tiefen Winter gingen sie zum Gegenangriff über und stießen weit nach Albanien vor. Die Demütigung des Duce und seiner Generäle war komplett. Die Nation bezahlte das Abenteuer in Menschenleben und Tränen von vielen Familien: Fast vierzigtausend Soldaten waren gefallen, Zehntausende kehrten verkrüppelt und gebrochen aus einem Land zurück, über das der Duce einst gehöhnt hatte, es lohne nicht das Leben eines einzigen sardischen Soldaten.

Und doch war der Feldzug von welthistorischer Bedeutung. Italien, das war das eindeutige Ergebnis dieses sinnlosen Krieges, hatte seinen Status als Großmacht eingebüßt. Er reduzierte das Land zu einem Kostgänger und Hilfspolizisten der Deutschen. Und diese reagierten darauf mit jener Strategie, auf die sich verstanden: brutaler Gewalt. Hitler, dessen Ziele doch im Osten lagen, schickte die Wehrmacht in den Süden. Idealerweise, aus Hitlers Sicht, hätte er Balkan und Mittelmeerraum weitgehend Mussolini überlassen können. Der Entschluss, den Vernichtungskrieg über Russland zu bringen, stand Anfang 1941 bereits. Die deutsche Diplomatie hatte zur Vorbereitung des Angriffs eine Reihe von Balkanstaaten durch Druck, Drohungen und Versprechungen auf ihre Seite gezogen, so weit, dass sie entweder den deutschen Durchmarsch ermöglichten oder sogar aktiv als Verbündete einbezogen wurden.

Die wichtigste Rolle dabei hatte Rumänien, das im Hitler-Stalin-Pakt noch zur «Interessensphäre» Stalins gehörte und diesem schon die großen Grenzländer Bessarabien und Nordbukowina hatte abtreten müssen. Das geplagte Land war im September 1940 unter die Herrschaft des Conducatorul Antonescu geraten, der rumänischen Variante eines Führers. Antonescu fürchtete eine sowjetische Invasion und bat in Berlin um deutsche Soldaten. Die sowjetische Führung bedrängte ihrerseits die Deutschen, Russland seinen Teil der Beute zu lassen. Diese Ansprüche hatte Außenminister Molotow im November 1940 bei seinem berühmten Besuch in Berlin mehr als deutlich gemacht: Vor allem über Finnland und Rumänien sollte die rote Fahne wehen (s. u. S. 158 f.). Aber Hitler hatte nicht vor, dem Pakt noch Beachtung zu schenken; Rumänien war für den Ostfeldzug von erheblichem Nutzen als südliches Sprungbrett in die Ukraine, als Treibstofflieferant der großen Ölfelder bei Ploesti und als Helfer, der Hunderttausende Soldaten stellen würde. Schon im Herbst 1940 traf eine deutsche «Lehrtruppe» in Bukarest ein. Ein wesentlicher Pfeiler des Feldzugsplanes stand.

Ungarn und Bulgarien hielten es ebenfalls mit dem vermeintlich Stärkeren und stellten sich nach dem «Wiener Schiedsspruch» vom 30. August 1940 de facto auf die Seite des Reiches. Dieser hatte Gebietsstreitigkeiten mit den Rumänen zu ihren Gunsten entschieden. Bulgarien trat am 1. März 1941 gar dem Dreimächtepakt bei, den das Deutsche Reich, Japan und Italien im September 1940 zur militärischen Zusammenarbeit begründet hatten und für den Hitler Franco und Pétain gewinnen wollte. So wurden Teile des Balkans zum deutschen Aufmarschgebiet gegen die Sowjetunion. Und der Krieg im Osten hätte, aus Sicht der Führung in Berlin, früher im Jahr beginnen können, wäre da nicht der strauchelnde Verbündete gewesen: Italien. Der Krieg war nun wie ein Sog, jeder Schauplatz hing mit jedem zusammen, und Ereignisse wie die italienischen Niederlagen in Griechenland und Nordafrika waren die Brandbeschleuniger des großen Feuers, das von Mitteleuropa aus in immer neue Weltteile sprang, und nun nach Griechenland.

Winston Churchill war ein ritterlicher Charakter, der Gedanke, einen engen Freund, dem er einmal Hilfe versprochen hatte, einfach im Stich zu lassen, existierte für ihn nicht. Er war der Ansicht: Der Schaden werde kleiner sein, wenn England an der Seite «der tapferen Griechen» kämpfen und verlieren würde, als wenn es sie gleich den Tschechen 1938 im Stich ließe. Den Griechen Truppen zu schicken war ein nobler, edelmütiger Zug, aber leider auch ein sehr unkluger. Dem Empire fehlte nämlich die Stärke, zugleich in den Kolonien und Nordafrika gegen die Italiener (und dort bald Rommels Panzer) zu kämpfen, das eigene Land gegen eine deutsche Invasion zu schützen und noch den Freiheitskampf der Griechen zu entscheiden. Solche Stärke brachten später die Amerikaner auf, aber für die geschundenen britischen Armeen des Frühjahrs 1941 musste es, um im Bilde zu bleiben, eine Herkulesaufgabe sein. In Griechenland war der Kampf schon verloren, bevor er überhaupt begonnen hatte. Mehr als vier Divisionen Briten, Australier und Neuseeländer, eine Handvoll Kampfflugzeuge und, immerhin, die geballte Schlagkraft der Mittelmeerflotte, die eben bei Kap Matapan über Italiens Kreuzer triumphiert hatte, konnten die Briten nicht entbehren; schon damit schwächten sie, wie geschildert, ihre Wüstenarmee erheblich. Ende April 1941 standen fast sechzigtausend britische Soldaten in Griechenland, bei dem tapferen kleinen Verbündeten, wo man die Truppen begeistert feierte. Sie alle ahnten nicht, welches Unheil nun über Griechenland hereinbrechen sollte.

Hitler und die Wehrmachtsführung trauten Italien nicht mehr zu, das Problem, das sich der Duce in Hellas selbst geschaffen hatte, auch aus eigener Kraft zu lösen. Britische Bomber und Soldaten, welche die Südflanke des Aufmarsches gegen die Sowjetunion bedroht hätten: für Hitler ein Albtraum, erst recht bei der Vorstellung, dass Roosevelt die USA früher oder später in den Krieg gegen das Reich führen würde. Die Deutschen würden Griechenland daher samt dessen englischen Freunden selbst niederwerfen; den Schlag führen sollten jene Verbände, die sich in den Nachbarländern bereits zur Offensive gegen Stalins Reich sammelten. Aus Bulgarien würde die 12. Armee gegen die Griechen vorstoßen. Das Unternehmen trug den harmlosen Namen «Marita», beschlossen schon am 13. Dezember 1940, und nun wurde es ernst. Zwischen dem Reich und Griechenland lag außerdem Jugoslawien, ein aus dem Frieden von Versailles hervorgegangener, innerlich zerrissener Vielvölkerstaat und aus Hitlers Perspektive ein weiterer Unsicherheitsfaktor auf dem Balkan, den man besser nicht Mussolini überließ. Nach wirren und hektischen Verhandlungen traten die Jugoslawen am 25. März sogar dem Dreimächtepakt bei; doch zwei Tage später widerrief eine Putschregierung in Belgrad das Bündnis mit den Nazis. Der Krieg überrollte ein weiteres Land, und so brutal wie sonst nur noch in Polen und der Sowjetunion. Hitler versammelte seine Generäle erneut auf dem Berghof. Vor dem Panorama der Alpen verkündete er ihnen seinen Beschluss, die Wehrmacht auch über Jugoslawien nach Griechenland vorstoßen zu lassen und den Staat Jugoslawien bei dieser Gelegenheit komplett zu vernichten. Wie immer nickten die Militärkommandeure alles bereitwillig ab. Am 30. März unterschrieb Hitler den Befehl zum Angriff auf Jugoslawien.

Mochte Stalin eher heimlich und Churchill eher offen gehofft haben, die neue Front in Jugoslawien werde die deutschen Armeen zersplittern und aufhalten, so war die Enttäuschung nun umso bitterer. Gleich zu Beginn liefen die Kroaten unter dem Faschistenführer Ante Pavelić zur Wehrmacht über. Der Blitzkrieg fand in der schlecht gerüsteten, unvorbereiteten Armee der Jugoslawen ein neues Opfer, das Land war noch dazu auf fast allen Seiten von deutschen Truppen umgeben. Die Panzerverbände stießen von Norden und Osten zugleich vor; und einmal mehr säte die Luftwaffe Terror aus der Luft, diesmal auf Hitlers direkte Anweisung, der auf Rache für Jugoslawiens Abkehr sann. Fast fünfhundert Kampfflugzeuge, darunter etliche Sturzkampfbomber mit heulenden Sirenen, zerstörten in der «Operation Strafgericht» neben militärischen Zielen wie dem Kriegsministerium Teile der wehrlosen, prächtigen alten Stadt Belgrad, das Schloss und die Nationalbibliothek mit zahlreichen Handschriften der alten serbischen Kultur. Tausende, vielleicht Zehntausende Menschen starben.

Dieser Terrorangriff ist bis heute in Deutschland wenig bekannt, und selbst seriöse Historiker versuchen bisweilen noch, ihn völkerrechtlich als legitim einzuordnen, zumindest «nach damaligem Verständnis». Das freilich würde bedeuten, dass es einen richtigen Krieg im falschen gäbe. Die deutsche Kriegführung hatte schon in Polen militärische und zivile Ziele zugleich bombardieren lassen, um den Widerstand durch Schrecken und Blut zu schwächen; die Entgrenzung der Kriegführung auch aus der Luft war ein Charakteristikum des Blitzkrieges. Meist, wie in Belgrad, dienten die rücksichtslosen Bombardements ja gerade nicht der «unmittelbaren Unterstützung des Landkrieges», so der britische Militärhistoriker Richard Overy: «Bombenangriffe, die in voller Absicht und unter Bedingungen unternommen wurden, die zwangsläufig zu schweren zivilen Verlusten ... führten, verletzten jede Regel moderner Kriegführung.»[88] Diese Eskalation des Luftkrieges hatten die Deutschen in Gang gesetzt, und sie würde furchtbar auf das eigene Land zurückschlagen, als 1942 die strategische Bomberoffensive der Alliierten gegen das Reich begann und ganze Städte schlicht als «militärisches Ziel» definiert wurden.

Ruth Mitchell, die in Jugoslawien lebende Schwester eines prominenten amerikanischen Luftwaffengenerals und später Mitglied der nationalistischen serbischen Tschetnik-Guerillabewegung, schilderte nach dem Krieg den Tag des Angriffs auf Belgrad: «Ich hörte kein Geräusch außer dem Klingeln der Milchwagen auf den Straßen und den Schritten der Landleute, die vom Markt kamen. Aber er kam bereits, der angekündigte Untergang. ... Bombe auf Bombe explodierte um uns herum. Es war nicht einmal der Lärm oder die Erschütterung, die am furchterregendsten war, es war der Wind. Er fegte wie ein fester Gegenstand durch unser Haus, riss verschlossene Türen aus dem Rahmen und zersplitterte jede einzelne Glasscheibe. Mit einem seltsamen, ruhigen Geräusch, wie zerreißende Seide, begannen die Nachbarhäuser zusammenzubrechen. Mal in der Ferne, dann wieder ganz nah jaulten schrill die Stukas und stürzten sich herab.» Später ging sie durch das Trümmerfeld der Stadt, bis in einen kleinen Park, wo die Bomben einen Schutzraum für Schulkinder getroffen hatten: «Der Krater war von enormer Tiefe. Die Bäume lagen entwurzelt durcheinander wie in einem alten Mikadospiel. Und ihre Zweigen waren Teile menschlicher Körper. Arme, Beine, Köpfe, so klein, so klein. Und andere Menschen, ihre Mütter und Väter, gingen wie betäubt umher und versuchten sie einzusammeln.» Belgrad brannte: «Die große Stadt an der Donau schien ein einziges Feuerwerk zu sein, große Flammenzungen brachen plötzlich empor, glühten eine Weile lang weiß und sanken wieder in sich zusammen.»[89]

Churchill schilderte in seinen Memoiren, was ihm aus Belgrad berichtet wurde: «Siebzehntausend Einwohner Belgrads lagen tot in den Straßen oder unter den Trümmern. Aus der Hölle von Rauch und Feuer entwichen die verstörten Tiere des zoologischen Gartens … Ein Bär, benommen und begriffsstutzig, schob sich langsam und schwerfällig durch das Inferno zum Donauufer hinunter. Er war nicht das einzige begriffsstutzige Exemplar eines Bären» – ein Seitenhieb auf Stalin, der noch immer nicht daran glaubte, das nächste Ziel seines deutschen Partners zu sein.[90]

Der Vielvölkerstaat, innerlich zerrissen, brach sofort auseinander. Goebbels notierte am 16. April in seinem Tagebuch: «Kroatien erbittet vom Führer Anerkennung seiner

Selbständigkeit, die mit herzlichen Worten gewährt wird. Ende des jugoslawischen Saisonstaates! Ein Tag schafft heute mehr als sonst Jahre.» Über das Grauen in Belgrad schrieb er später befriedigt, offenbar nach der Lektüre entsprechender Berichte: «Belgrad noch schlimmer verwüstet als Warschau. Ein Trümmerfeld, worunter stinkende Leichen liegen.» Schon wenige Tage nach Ende der Kämpfe wurden jugoslawische Juden zur Zwangsarbeit gepresst, als Vergeltung für zwei während des Kampfes erschossene deutsche Soldaten töteten Einheiten der Wehrmacht auf dem Friedhof von Pancewo zahlreiche völlig unbeteiligte Zivilisten. Die Morde wurden sogar ausgiebig fotografiert, die Bilder gehörten zu den beklemmendsten Dokumenten der «Wehrmachtsausstellung» von 1995. Es war der Auftakt zur blutigen Unterdrückung, die neben den Juden vor allem Serben und Roma traf und einen grausamen Partisanenkrieg auslöste. Die deutsche Praxis des Massenmordes unterschied sich kaum von jener in Polen und der Sowjetunion. Besatzungsgeneral Franz Böhme ordnete im Oktober 1941 persönlich die Erschießung von zweitausendeinhundert Geiseln, «vorwiegend Juden und Kommunisten», an.[91]

Nach nur sechs Tagen im April 1941 war der Widerstand gebrochen. Der letzte Akt der Tragödie vollzog sich nun dort, wo sie begonnen hatte, in Griechenland. Das kleine Expeditionskorps und die erschöpfte Armee der Griechen hatten keine Chance gegen die deutschen Elitedivisionen, die nun entlang der Grenze zu Jugoslawien und Bulgarien einfielen und mühelos die Metaxas-Linie durchbrachen, eine Reihe von Befestigungen. Dem schnellen Bewegungskrieg waren die Griechen nicht gewachsen, die Ausrüstung ihrer Armee war eine Generation zurück. Die deutsche Luftherrschaft blieb fast vollständig, die Stukas und Me-109-Jäger, an Zahl um ein Mehrfaches überlegen, starteten von Feldflugplätzen des bulgarischen Grenzlandes. Die wenigen britischen Blenheim-Bomber und Hurricanes wurden von der Luftwaffe am Boden zerstört, die Flugfelder boten ein leichtes Ziel. Ein australischer Reporter berichtete nach Hause: «Libyen erschien uns wie ein Billardtisch, verglichen mit den erschreckenden Bergketten und gähnenden Abgründen. Der Wind blies grausam. Ich sah viele Gruppen griechischer Soldaten, die Gewehre über die Schulter geschlungen, die zu Fuß durch das Schneetreiben zurückgingen. Auf der Straße waren große Gruppen von Flüchtlingen.»[92] Im Hafen von Athen trafen Bomben einen Frachter, die Flammen sprangen über auf einen britischen Transporter, der TNT-Sprengstoff geladen hatte. Er explodierte in einem gewaltigen Feuerball, der die Anlegestellen verwüstete und zahlreiche Schiffe zerstörte, darunter eines, das moderne Hurricane-Jagdflugzeuge geladen hatte.

Es waren bittere, böse Tage für Churchill und die Seinen. John Colville, der junge Sekretär des Premiers, fuhr spätabends in seinem gepanzerten Auto durch das verdunkelte London in die amerikanische Botschaft. Über sich im stockdunklen Himmel hörte er das Dröhnen deutscher Bomber. Bei Tag hätten sie das nicht mehr wagen dürfen; im Schutz der Dunkelheit aber waren sie für die britischen Jagdflugzeuge kaum auszumachen, so präzise war das Radar noch nicht. Es mussten Hunderte Maschinen sein, die da Welle auf Welle herankamen. Der Luftalarm dauerte die ganze Nacht, «und die Bomben prasselten herunter wie ein Hagelsturm», notierte Colville und fügte mit perfektem britischem Understatement hinzu: Die letzten Meter zu Downing Street Number 10, die er zu Fuß gehen musste, seien mitten im deutschen Bombardement doch ein recht unerfreulicher Spaziergang gewesen, «quite a disagreeable walk».[93]

Noch unerfreulicher waren die Nachrichten von der Front: In Jugoslawien hatten sich die letzten Verteidiger ergeben, die Deutschen stießen in Griechenland auf die Thermophylen vor, jenen Engpass, an dem Leonidas und seine spartanischen Krieger 480 v. Chr. die Perser einige entscheidende Tage aufgehalten hatten. Aber es gab keine Thermophylen mehr in einem Krieg, bei dem die Stukas wie böse Riesenvögel auf die zurückweichenden Briten und Griechen niederstießen, Schiffe und Städte brannten und die deutsche Kriegsmaschinerie einmal mehr jeden Widerstand beiseitefegte, und sei er noch so tapfer. Die Briten aber rückten ab, gepeinigt vom unablässigen Heulen der Stukasirenen, den Bomben, den deutschen Angriffsspitzen. Viele Soldaten spürten, dass die gute Sache verloren hatte und Finsternis über das Land ihres kleinen, tapferen Verbündeten fallen würde. Ein englischer Artillerieoffizier namens Waller weinte beim Anblick der Griechen, die in den Straßen Athens seiner Einheit nachwinkten: «Wir waren die letzten britischen Truppen, die sie sehen würden, und die Deutschen waren uns schon auf den Fersen. Und dennoch standen jubelnde, klatschende Menschenmengen an den Straßen, sie klopften auf unsere Fahrzeuge. Mädchen und Männer sprangen auf die Trittbretter, küssten die grimmigen, erschöpften Schützen oder schüttelten ihnen die Hände. Sie warfen uns Blumen zu, rannten am Konvoi entlang und riefen: Kommt zurück! Ihr müsst wiederkommen! Viel Glück! Goodbye!»[94]

Und der Frühling des britischen Elends war noch lange nicht vorbei. Ende April schon besetzte die Wehrmacht Athen, zweimotorige Dornier-Bomber flogen in Formation über die Akropolis, gleich einem tödlichen Symbol dafür, dass die Zeit der Demokratien, die hier im klassischen Griechenland begonnen hatte, abgelaufen war. Zur selben Zeit schloss Rommel den Ring um Tobruk. Die Kampagne in Griechenland demonstrierte auf blutige Weise, was im Vorjahr ohne den Sieg in der Battle of Britain geschehen wäre. Die Royal Navy hatte ein imposantes Aufgebot vor die Küste Griechenlands geschickt, und es gelang ihr in einem Mini-Dünkirchen, das Gros des Expeditionskorps gerade noch rechtzeitig zu evakuieren. Doch alle Seemacht mochte sich nicht gegen die geballten Angriffe durch landgestützte Flugzeuge zu behaupten, die den Luftraum so klar beherrschten wie die deutschen über dem östlichen Mittelmeer. Sie versenkten mehr als zwei Dutzend britischer Schiffe, darunter zwei gekennzeichnete Lazarettschiffe mit Verwundeten.

Die letzte freie Bastion war nun das weit südlich gelegene Kreta. Hitler und das OKW nahmen die große Insel weit wichtiger als die Briten selbst; von hier aus, befürchteten die Deutschen, könnten viermotorige Langstreckenbomber der RAF die rumänischen Ölfelder von Ploeşti bombardieren sowie sämtliche deutschen Stützpunkte in Griechenland. Die Briten und die Überreste der griechischen Armee auf Kreta waren erstaunlich schlecht vorbereitet, als an einem wolkenlosen, schon sehr warmen Morgen Dutzende deutscher Ju-52-Transporter und Lastensegler die Küste anflogen. Was am 20. Mai 1941 begann, war die härteste und verlustreichste Schlacht des Krieges um Griechenland. Tausende deutsche Fallschirmjäger, eine Eliteformation der Wehrmacht, sanken an ihren Schirmen auf die Insel nieder.

Der wichtige Flughafen Malene war eines der Angriffsziele. Gut verschanzte neuseeländische Soldaten richteten ein Blutbad unter den Angreifer an, die an ihren Schirmen ein leichtes Ziel für die Maschinengewehre boten. Ein Bataillonskommandeur der Neuseeländer befreite bei Canea hastig die Insassen des Militärgefängnisses nebenan und ließ Gewehre an sie verteilen, die Männer erschossen innerhalb einer Stunde mehr als hundert der weit verstreuten Fallschirmjäger. Einige Deutsche landeten direkt auf dem Gefechtsstand des 23. Bataillons und wurden, während sie noch versuchten, sich aus dem Gewirr der Fallschirmleinen herauszuwinden, von den Stabsoffizieren erschossen. Beide Seiten machten nur wenige Gefangene.[95] Die Fallschirmjäger verloren insgesamt mehr als sechstausend von vierzehntausend Mann. Manche ertranken im Meer, landeten auf Minenfeldern, wurden von kretischen Bauern mit Jagdflinten niedergestreckt. Die Stäbe des deutschen Generals Kurt Student in Athen überblickten wegen der schlechten Kommunikationsverbindungen das Ausmaß der anfänglichen Verluste nicht und schickten die zweite Angriffswelle mitten in den Tod, fast die Hälfte der Männer kam um, und auch die weiteren Verluste blieben erheblich. Bei der Landung nahe dem Flughafen der Inselhauptstadt Heraklion setzte das Fallschirmjägerbataillon von Major Schulz direkt unter den zyklopischen Festungsmauern auf, welche die Venezianer hier im 17. Jahrhundert gegen die Osmanen, die Invasoren von damals, errichtet hatten. Schulz und seine Männer waren gerade aus der Transportmaschine gesprungen, da explodierte sie hinter ihnen in einem Feuerball. Am Boden gerieten sie ins Kreuzfeuer griechischer Soldaten. Eine Gruppe von Kämpfern wurde von einem orthodoxen Priester angeführt, den die Fallschirmjäger erschossen. Freischärler erdolchten einige Soldaten, deren Schirme sich in Bäumen verfangen hatten. Aber am Abend waren die Deutschen durch eines der alten Festungstore in die Stadt eingedrungen und kämpften sich durch die Gassen bis zur Hafenmole durch.[96]

Denn immer neue Wellen landeten, auch über See nahten die Angreifer. In einem folgenreichen Fehler ließ der alliierte Kommandeur, Generalleutnant Bernard Freyberg, schon in der ersten Nacht den Flughafen Malene räumen, obwohl die Neuseeländer dort noch keineswegs geschlagen waren. Vielleicht entschied dieser Fehler die Schlacht um Kreta. Als Freyberg dann bei Tageslicht den Angriff auf Malene befahl, hatten General Students Fallschirmjäger Zeit genug gehabt, befestigte Stellungen zu beziehen. Deutsche Me-109-Jäger beherrschten die Luft und beschossen die Angreifer pausenlos. Einem britischen Beobachter erschien es, als schössen sie «auf alles und jeden, sogar einzelne Männer auf dem Feld. Und die verfluchten Maschinen kamen in immer größeren Zahlen, von dreihundert auf vierhundert und noch mehr.»[97] Malene blieb verloren, und im Takt weniger Minuten landeten nun die großen Junkers-Transporter und luden Waffen, Nachschub und neue Soldaten aus. Kreta lag beinahe außer Reichweite der in Nordafrika stationierten RAF, die deutsche Luftherrschaft war fast absolut. Die Royal Navy erlitt beim Versuch, der deutschen Invasionsflottille den Weg abzuschneiden und von See her in die Gefechte auf der Insel einzugreifen, schwere Verluste: Deutsche Präzisionsbomber versenkten während der Schlacht um Kreta drei Kreuzer und mehrere Zerstörer und beschädigten zwei Schlachtschiffe. Die Briten mussten sich zurückziehen, Operationen bei Tageslicht und feindlicher Luftherrschaft wurden fortan eingestellt: Das Flugzeug war im Kampf gegen die großen Kriegsschiffe eindeutig die stärkere Waffe.

Am Ende blieb nur der Rückzug. Dem neuseeländischen Hauptmann Peter McIntyre ging, während er eine endlose

149

Schlange von Männern beobachtete, welche sich von einem Berg bis zu den Evakuierungsschiffen am Strand hinzog, unablässig ein Lied aus dem Ersten Weltkrieg durch den Kopf, «Waltzing Mathilda». Die melancholischen Verse handeln von Heimweh. Für ihn war es «die Melodie des Rückzugs: Willst du kommen und mit mir Walzer tanzen, Mathilda?» McIntyre kam nicht los von dem Lied, «so lächerlich und unangemessen das sein mochte, drückte es doch die Hoffnungen all dieser Männer aus, ihr Zuhause in Australien oder Neuseeland einmal wiederzusehen». Über ihnen zirkelten unheildrohend deutsche Kampfflugzeuge.[98] Achtzehntausend alliierten Soldaten gelang die Flucht über das Meer, neuntausend gingen in Gefangenschaft. Am 1. Juni war der Kampf um Kreta vorüber. Noch Wochen später holten britische U-Boote versprengte Einheiten heraus. Aber die Insel war verloren.

Zu den Männern, die sich in den dröhnenden, von Wind und Explosionen geschüttelten Transportmaschinen aufgereiht hatten und dann hinaussprangen in die Tiefe, unter sich Rauch, abstürzende Flugzeuge und die Leuchtspuren britischer Maschinengewehre, gehörte Max Schmeling. Der Boxweltmeister im Schwergewicht von 1930 bis 1932 war einerseits ein Liebling des Regimes und genoss dessen Aufmerksamkeiten; andererseits aber auch ein Antinazi, der verfolgten Juden half und der NS-Propaganda nun einigen Kummer bereiten sollte. Schmeling kam zu hart auf und zog sich eine schwere Knieverletzung zu, er kam in ein Lazarett nach Athen. In den USA gehörte er zu den bekanntesten Deutschen, und Schlagzeilen verkündeten, er sei gefallen. Dem US-Journalisten Flannery gelang der Scoop, ein Interview mit Schmeling zu bekommen, überwacht von einem deutschen Geheimdienstoffizier. Flannery fragte: «Ist es wahr, dass die Engländer grausame Akte gegen deutsche Soldaten begangen haben?» Dies eben behauptete Propagandaminister Goebbels, der die gnadenlosen Gefechte auf Kreta für seine Zwecke nutzte. Schmeling, der die Amerikaner immer gemocht hatte, ließ den Besucher wissen, er habe «weder selbst englische Gräueltaten gesehen noch je durch meine Kameraden von ihnen gehört». Stattdessen habe er einen englischen Arzt bemerkt, «der sich freiwillig zur Hilfeleistung bei unseren Verwundeten anbot». Das «Kreta-Interview» erboste Goebbels so sehr, dass Schmeling nun offiziell als «Feigling» in Ungnade fiel.[99]

Mehr zu sagen war nun über die Verbrechen der Besatzer. General Student, außer sich über die Beteiligung kretischer Milizen und Bürgerwehren – die, wie seit so vielen Jahrhunderten, ihre Insel gegen Eroberer verteidigt hatten –, befahl systematische Rache, unter anderem durch «Niederbrennen von Ortschaften, Ausrottung der männlichen Bevölkerung ganzer Gebiete». Die Truppenteile, die beim Kampf Verluste erlitten hatten, sollten freie Hand haben, «unter bewusster Ausschaltung von besonderen Gerichten». Mochten die Kreter in etlichen Fällen gegen das Kriegsvölkerrecht verstoßen haben, verzichtete der General der Besatzungsmacht gleich ganz darauf. Bis 1945 starben Tausende Kreter unter dem Terror. Wie schon in Polen behandelte die deutsche Kriegführung hier in orwellhafter Verdrehung von Ursache und Wirkung Widerstand, den sie doch durch die Invasion erst provoziert hatte, als Terror durch «Bestien und Mörder» (Student), gegen den nur noch größerer Terror helfe. In Zusammenarbeit mit dem Reichssicherheitshauptamt ermordete die Wehrmacht gleich nach ihrem Sieg Hunderte Menschen.

Schon einen Tag nach dem Ende der Kämpfe trieben

deutsche Gebirgsjäger die männlichen Einwohner von Kondomari zusammen und erschossen sie. Mit dabei war der Münchner Leutnant der Reserve Franz Peter Weixler, der als Kriegsberichterstatter nach Kreta abkommandiert war und entsetzt auf die Szenen reagierte, die er mit ansehen musste. Weixler, ein mutiger Mann, versuchte das Morden zu verhindern. Er hatte von den Gerüchten gehört, kretische Milizen hätten gefangene Deutsche grausam verstümmelt, und berichtete mehreren Offizieren, «daß ich mit eigenen Augen durchs Fernglas gesehen hatte, daß gegen Abend in den ersten Kampftagen große Aasgeier auf Leichen unserer Kameraden, die noch in der Feindlinie in ihren Fallschirmen auf Olivenbäumen gehangen waren, herumhackten, eine Wahrnehmung, die auch andere Soldaten gemacht hatten. Ich erinnerte den Major, der Ortskommandant von Chania war, daran, daß wir zusammen während der Kämpfe zahllose tote halbverweste Kameraden gesehen hätten, aber keinen einzigen ermordeten oder massakrierten und daß ich es für glatten Mord ansehe, falls der Befehl ausgeführt würde.» Vergeblich. Obwohl nur ein einziger Dorfbewohner zugab, «im Auftrag der Engländer als Soldat mitgekämpft und einen deutschen Soldaten getötet zu haben», sollten auf Befehl des verantwortlichen Majors alle Männer sterben: «Trebes, dessen Gesicht völlig verzerrt war, befahl, alle Männer mit Ausnahme der Alten separat zu nehmen und die Weiber und Kinder wegzujagen. ... Dann trieb man die Leute fort.» Weixler rettete nach eigener Aussage mehrere Griechen, die er noch rechtzeitig warnte, sofort in die Berge zu fliehen: «Dann wickelte sich alles schnell ab. Trebes ließ einen Halbkreis formieren und gab den Feuerbefehl auf die schreienden Unglücklichen. Nach etwa fünfzehn Sekunden war alles vorbei.» Der entsetzte Kriegsreporter fotografierte das Geschehen, er wurde später aus der Wehrmacht verstoßen und eingesperrt. Die Bilder und seine Zeugenaussage von 1945 benutzte die Anklage in den Nürnberger Kriegsverbrecherprozessen.[100] Es würde noch viele Kondomaris in Griechenland geben, wo die Wehrmacht ein außerordentlich brutales Besatzungsregime errichtete; das Trauma im Lande wirkte noch in der Eurokrise 2014/15 nach.

Nur drei Wochen vor «Barbarossa» also hatte es die Wehrmacht mit der Einnahme Kretas geschafft, die südeuropäische Flanke des Russlandfeldzuges zu sichern. Es war, auf den ersten Blick, ein militärischer Triumph, errungen binnen weniger Wochen. In seinem Haus in Chartwell saß Winston Churchill bis tief in die Nacht mit John Colville zusammen und arbeitete. Er wirkte bedrückt, nannte es beschämend, dass die britische Nachhut auf Kreta in Gefangenschaft geraten war, und haderte mit sich wegen des griechischen Feldzuges. «Aber wenigstens hätten wir etwas Ehrenhaftes getan», zitiert ihn Colville am 2. Juni 1941 in seinen Tagebüchern. Ehre allein würde nicht genügen. Hitlers Macht war ungebrochen, er stand mit Stalin im Bunde, und die Amerikaner waren noch immer weit von einem Waffenbündnis mit London entfernt. Die Wehrmacht hatte den Briten demütigende Niederlagen zugefügt. Churchill konnte nicht wissen, dass sie auf Kreta einen Pyrrhussieg mit Folgen errungen hatte. Die Verluste der Fallschirmtruppe waren so hoch, dass sie für den Angriff auf eine viel wichtigere Insel nicht mehr zur Verfügung stehen würde: Malta, die Inselfestung direkt am Seeweg zwischen Italien und Tunesien. Sie blieb in britischer Hand, den ganzen Krieg über, von hier aus starteten U-Boote und Bomber, die immer mehr von Rommels Nachschub auf den Grund des Mittelmeeres schickten. Aber das lag in der Zukunft. Im

Hier und Jetzt sah es düster aus, noch immer, für die Zukunft der Demokratie in Europa.

Doch binnen weniger Tage änderte sich alles. Mitte Juni informierte der britische Geheimdienst Churchill, ein deutscher Angriff auf die Sowjetunion stehe unmittelbar bevor. Seine Versuche, Stalin zu warnen, stießen in Moskau auf Verachtung und eisige Zurückweisung: «Jede Warnung, die wir ihnen gaben, betrachteten sie lediglich als Versuch eines Besiegten, andere mit in seinen Ruin zu ziehen.» Als Churchill am frühen Morgen des 22. Juni erwachte, brachte man ihm als Erstes die Nachricht von Hitlers Invasion in Russland. Colville fragte ihn mittags, wie er als «Erz-Anti-kommunist» den deutschen Angriff eigentlich empfinde. Churchill erwiderte seinem Sekretär: «Ich habe nur ein Ziel: Hitler zu vernichten. Das vereinfacht mein Leben sehr. Und wenn Hitler in der Hölle einfiele, würde ich im House of Commons wenigstens eine vorteilhafte Bemerkung über den Teufel machen.» [101]

Der Schakal und der Bär: Deutschlands Aufmarsch gegen Russland

Am letzten Tag vor dem Überfall drang Musik über den Fluss: Auf einem offenen Vorhof der alten Zitadelle von Brest übten Rotarmisten den Parademarsch, begleitet von einer Militärkapelle. Aus einer getarnten Stellung am Westufer des Bugs spähte Heinz Guderian mit dem Fernglas hinüber. Hitlers bester Panzergeneral war zufrieden mit dem, was er sah. Wenn die Russen noch immer nichts Dringlicheres zu tun hatten, als den Gleichschritt zu üben, schienen sie

wirklich nicht zu ahnen, was ihnen bevorstand. Ihre Uferbe-
festigungen waren unbesetzt, wie die ganzen letzten Wochen
schon. Guderian dachte nach, aber nicht über den Sinn des
Krieges, den er jetzt zu entfesseln helfen würde: «Es entstand die Frage, ob unter diesen Umständen eine Artillerie-
vorbereitung von einer Stunde, wie wir sie vorgesehen hatten, überhaupt notwendig sei.» Der General entschied: So
oder so werde es nicht schaden, die sowjetischen Truppen
eine Stunde lang unter schweres Feuer zu nehmen. Es war
der 21. Juni 1941. Die jungen russischen Soldaten, die da bei
Marschmusik im Hof der betagten Festung übten, hatten
nicht mehr lange zu leben. «Barbarossa» war keine zwölf
Stunden mehr entfernt.[102]

Eigentlich hatten die Sowjetunion und das Deutsche
Reich, die beiden stärksten Mächte Europas, im Hitler-Stalin-Pakt den Kontinent unter sich aufgeteilt. Das Bündnis
der Diktaturen besaß freilich eine natürliche Schwachstelle,
und dies war die NS-Ideologie. Stalin und die sowjetische
Führung handelten machiavellistisch und gewissenlos, aber
auf dem Boden einer grundsätzlichen Rationalität. Sie taten
nur, was ihnen nutzte und politischen Gewinn brachte; und
wenn dies ein Bündnis mit dem deutschen Faschismus war,
der sie als jüdisch verseuchte Bolschewisten betrachtete und
ihnen Tod und Teufel wünschte, so sei es. Mochten Bomben auf London herabregnen, britische Zerstörer im eisigen
Nordatlantik um das Überleben Großbritanniens kämpfen,
die britische Demokratie den Abwehrkampf gegen das
Hakenkreuz allein führen, während Stalin die deutsche
Kriegsmaschine mit Öl und Nachschub versorgte – Skrupel
waren nie Sache der russischen Revolution gewesen. Wenn
Churchill 1940 grollte, nach Hitlers Sieg über Frankreich
balgten «sich der Schakal (Italien) und der Bär (Russland)

um die Überreste», und offizielle sowjetische Erklärungen verdammte, die «den deutschen Defensivmaßnahmen den völligen Erfolg» wünschten – was kümmerte es die Männer im Kreml? Aus ihrer Sicht war der Überlebenskampf der europäischen Demokratien nur ein Krieg imperialistischer Mächte, die sich gegenseitig zerfleischten.

Der Kommunismus sowjetischer Art hatte bereits Millionen Menschen auf dem Gewissen, darunter viele Revolutionäre der ersten Stunde, Kleinbauern, ukrainische Hungeropfer, politische Gegner und Verdächtige jeder Art, die erste Garde der eigenen Offiziere und viele mehr. Dieser Terror war selbst im Land der Zaren präzedenzlos. Und ein Bündnis mit dem faschistischen Erzfeind, der währenddessen die deutschen Kommunisten in seinen Konzentrationslagern folterte und tötete, das war nichts, was Stalin oder seiner Machtelite auch nur eine schlaflose Nacht bereitet hätte. Denn rein zweckrational betrachtet, hatte es dem einzigen sozialistischen Land der Welt bislang nur Nutzen gebracht. Seine Führungsriege – neben Stalin vor allem der grässliche NKWD-Chef Lawrenti Berija, der wenig befähigte Verteidigungsminister Klement Woroschilow, der Vorsitzende des Präsidiums des Obersten Sowjets, Michail Kalinin, und der neue Leningrader Parteisekretär Andrei Schdanow, ein besonders gnadenloser Exekutor der «Säuberungen» – sah sich von einer feindlichen Welt umgeben. Die Westalliierten hätten dem Kommunismus 1918 bis 1920 beinahe schon den Garaus gemacht, als sie Russlands Konterrevolutionären Geld, Waffen und sogar einige Truppen schickten. Feindseligkeit gegen Moskau war eines der Hauptmotive der Appeasement-Politik gewesen, die lieber ein starkes Hitlerdeutschland in der Mitte Europas sah als den roten Stern. Churchill war zeitlebens ein erklärter Kommunistenhasser gewesen, freilich auch deswegen, weil er besser als viele andere über die Gräuel in der Sowjetunion informiert war.

Der Pakt mit Hitler dagegen hatte den Sowjets halb Osteuropa als Interessenszone zugesprochen. Ohne viel militärischen Aufwand besetzte die Rote Armee nach 1939 den Osten Polens, alle baltischen Staaten und Teile Rumäniens; überall setzte umgehend eine brutale Sowjetisierung mit Morden, Verhaftungen und Deportationen ein. Im Frühjahr 1940 ließen Stalin und das Politbüro im Wald bei Katyn mehr als zwanzigtausend polnische Offiziere und andere Menschen ermorden, die der sowjetischen Neuordnung Ostpolens im Weg hätten stehen können. Timothy Snyder überliefert die Worte eines polnischen Offiziers, der bis zu dem Moment Tagebuch schrieb, als die Mörder des NKWD kamen: «Sie fragten nach meinem Ehering, den ich …» Dann bricht der Eintrag ab. Bis zum deutschen Angriff hatten die Sowjets aus ihrem Teil Polens mehr als dreihunderttausend Menschen deportiert, einhundertzehntausend eingesperrt, von denen dreißigtausend nicht überlebten, und weitere dreißigtausend hingerichtet.[103]

Die Briten würden diese bestialische Form der «Nationalitätenpolitik», der Sowjetisierung Osteuropas nicht akzeptieren, Hitler tat es ohne Bedenken. All diese Gebiete würde, so dachte er, ohnehin bald die Wehrmacht überrollen. An der Nordflanke griff die Rote Armee 1939 Finnland an, das der Pakt den Sowjets ebenfalls ausgeliefert hatte, erlitt aber demütigende Rückschläge. Und im Herbst und Winter 1940, als Hitler und seine Paladine über die Strategie debattierten, stieg auch in Moskau das Misstrauen. Was hatten die Deutschen vor?

Die Wehrmacht plante längst «Barbarossa», und zu den Vorbereitungen zählte auch, in Osteuropa nicht noch unnötig Grund zu verlieren. Nach Finnland und Rumänien schickten die Deutschen sogar Soldaten, jeweils unter Vorwänden. In den Finnen sahen sie regional wichtige und kriegsstarke Verbündete, die an der Nordfront bei Leningrad noch sehr nützlich sein konnten. Die große, aber veraltete rumänische Armee mochte solchen Ansprüchen nur begrenzt genügen, aber das Land besaß etwas anderes, was die Wehrmacht dringend brauchte: Öl. Die großen Vorkommen bei Ploeşti durften keinesfalls in sowjetische Hand geraten. Sie waren einer der Hauptgründe für die Intervention in Griechenland gewesen. Hitler wollte um jeden Preis vermeiden, dass die Ölfelder in bequeme Reichweite britischer Bomber gerieten, die hier eine Achillesferse seiner Kriegsplanung erwischt hätten.

Am 12. November 1940 traf einer der wichtigsten sowjetischen Politiker in Berlin ein: Wjatscheslaw Molotow. Der Außenminister zählte zu Stalins engstem Zirkel und erkundete persönlich, was hinter den Hinweisen auf einen deutschen Truppenaufmarsch im Osten steckte und wie sich der Partner die gemeinsame Zukunft wohl vorstellte. Molotow war kein Diktator zweiter Klasse wie Franco, kein Vasall wie Pétain, kein Abhängiger wie Mussolini. Winston Churchill, der Molotow 1942 in Großbritannien begrüßte, hat ein meisterliches Porträt des sowjetischen Außenministers hinterlassen: «Wjatscheslaw Molotow war ein Mann von ungewöhnlicher Begabung und kaltblütiger Grausamkeit. Er hatte die fürchterlichen Gefahren und Prüfungen überstanden, denen alle bolschewistischen Führer in den Jahren der triumphierenden Revolution ausgesetzt waren. Er hatte in einer Gesellschaft gelebt und Karriere gemacht, in der immer neue Intrigen mit der beständigen Drohung der persönlichen Liquidation parallel liefen. Sein kugelrunder

Kopf, sein schwarzer Schnurrbart und seine alles erfassenden Augen, seine Gewandtheit im Ausdruck und seine unerschütterliche Haltung waren der angemessene Ausdruck seiner Eigenschaften und seines Könnens. Niemals habe ich ein menschliches Wesen gesehen, das dem modernen Begriff eines Roboters vollkommener entsprochen hätte. Und doch war er bei alldem ein anscheinend vernünftiger und scharfgeschliffener Diplomat. ... Niemals öffnete sich die kleinste Ritze, nie gab es einen überflüssigen Ton. Sein Lächeln gemahnte an einen sibirischen Winter. Ein einziges Mal schien mir, als stoße ich bei ihm auf eine normale menschliche Reaktion. Das war im Frühjahr 1942, als er auf seiner Rückreise aus den Vereinigten Staaten in England an Land ging. Wir hatten den britisch-sowjetischen Vertrag unterzeichnet. Am Gartenausgang der Downing Street faßte ich ihn am Arm, und wir schauten einander ins Gesicht. Plötzlich erschien er tief bewegt. Hinter der Maske erschien der Mensch. Er reagierte mit einem ähnlichen Druck seiner Hand. Dann schüttelten wir uns schweigend die Hände.»[104]

All diese Eigenschaften des «Roboters» bewies Molotow in Berlin bei seinen Unterredungen mit Hitler und von Ribbentrop. Am Flughafen wehte die Flagge mit dem roten Stern, den russischen Unterhändler erwarteten Pomp, großes Zeremoniell und Hitlers übliche suggestive Dauerreden über die Lage der Welt. Nichts davon beeindruckte Molotow. Am Abend heulten die Sirenen durch die Herbstnacht: Luftalarm. Britische Langstreckenbomber dröhnten über der Reichshauptstadt, was Churchill später so begründete: «Wir hatten vorher von der Konferenz erfahren, und obwohl uns niemand eingeladen hatte, um an der Diskussion teilzunehmen, wollten wir doch nicht ganz aus dem Programm gelassen werden.»[105] Der Angriff erreichte militärisch nicht viel, aber er richtete diplomatisch den maximalen Schaden an. Verlegen geleiteten die Gastgeber Molotow in einen Luftschutzbunker an der Wilhelmstraße, wo der Minister seinen deutschen Kollegen sarkastisch fragte: «Sie sagten, England sei geschlagen. Warum sitzen wir dann hier in diesem Keller?»

Denn das war es, was die Deutschen ihm erzählt hatten. Sie loteten nach außen hin aus, ob die Sowjetunion einem antibritischen Bündnis wie dem Dreimächtepakt beitreten würde. Dabei stand der Entschluss zum Krieg gegen Russland bereits fest. Unbeirrt ging der Gast aber Punkt für Punkt, Land für Land durch, die im Hitler-Stalin-Pakt genannt waren: Was suchten deutsche Soldaten in Finnland? Es gehöre in die sowjetische Interessenszone. Was sollte die deutsch-italienische Garantie für Rumänien? Molotow drückte zudem ein sowjetisches Interesse an Bulgarien, Ungarn, Griechenland und Jugoslawien aus, an Stützpunkten am Bosporus und an Territorien im Fernen Osten. Es ist sehr wahrscheinlich, dass solch weitreichende Forderungen ein Testballon waren, zu welchen Zugeständnissen die Deutschen für eine Vertiefung des Bündnisses mit Moskau bereit waren. Und dahinter stand, natürlich, die Frage, was aus diesem Bündnis werden solle. Nichts, wenn es nach Hitler ging, der erleichtert war, als der Gast in die Maschine heim nach Moskau stieg. Die Konferenz hatte keine Ergebnisse gebracht. Und nur einen Tag später fand Marinechef Raeder den «Führer» in grimmiger Stimmung vor «und immer noch geneigt, die Auseinandersetzung mit Russland zu betreiben». Was immer Molotow in Berlin gesagt hätte, geändert am deutschen Willen zum Vernichtungskrieg im Osten hätte es nichts.

Diesen Willen aber haben Molotow, Stalin und die gesamte sowjetische Führung auf verheerende Weise falsch eingeschätzt. Sie sahen die Zeichen an der Wand und vermochten sie doch nicht zu lesen. Sie erhielten genug Warnungen vor den finsteren Absichten ihres Bündnispartners, Churchill, die Amerikaner, die eigene Luftaufklärung, sowjetische Spione wie der genialische Richard Sorge in Tokio gaben geheime Nachrichten über den deutschen Truppenaufmarsch an den Kreml weiter, doch Stalin schlug sie allesamt in den Wind. Als Hitler Stalin versichern ließ, die Truppenverlegung nach Osten habe nur den Grund, um die Einheiten aus der Reichweite britischer Bomber zu bringen, glaubte der Mann im Kreml selbst diese hohle Ausrede. Er wollte sie glauben, er wollte es unbedingt. Sein Misstrauen gegen den alten Kommunistenhasser Churchill war so groß, dass er hinter jeder Warnung eine teuflische Intrige des Briten witterte. Wahrscheinlich ging Stalin davon aus, dass er an dessen Stelle selbst so gehandelt hätte, wie er es ihm unterstellte.

Selbst der deutsche Botschafter Friedrich-Werner Graf von der Schulenburg ließ der sowjetischen Führung diskret, aber unzweideutig den Hinweis zukommen: Die Wehrmacht wird angreifen, und sie wird es bald tun, sehr bald. Als Stalin davon hörte, war er empört. Nicht über Hitler, sondern über die vermeintlich finsteren Absichten von der Schulenburgs, der in Wahrheit einer der wenigen echten Nazigegner im Auswärtigen Amt war. Jetzt, so der Diktator, «hat die Desinformation schon die Botschafterebene erreicht». Desinformation, das Verwirrspiel mit geschickt gestreuten falschen oder einseitigen Informationen, gehörte zum Repertoire der Stalin'schen Diplomatie. Jetzt aber waren es Adolf Hitler, von Ribbentrop und die deutschen Nachrichtendienste, welche den Spieß umdrehten; und sie waren so erfolgreich, dass Stalin noch am 21. Juni seinen Frontkommandeuren verbot, ihre Truppen in Alarmbereitschaft zu versetzen, und einen Geheimdienstkommissar beleidigte, der am selben Tag dringend vor dem deutschen Angriff warnte: «Sie können Ihre Quelle an Ihre Hurenmutter zurückschicken!» Dieser epochale Fehler, der die Sowjetunion beinahe die Existenz gekostet hätte, hatte freilich einer tiefere Ursache als nur Stalins Verschwörungsneurosen: «Stalin ließ sich täuschen, weil er an Hitlers Selbsterhaltungstrieb glaubte.»[106] Die sowjetische Führung betrieb harte Realpolitik, die deutsche war zutiefst irreal und jagte einem rassistisch begründeten Traum nach. Der Kreml beurteilte die Fakten und handelte dementsprechend, wie es ihm nutzte. Die Deutschen handelten und ignorierten fast alle Fakten, die ihrem Kriegsplan im Weg standen. Stalin setzte kalt und methodisch auf das Machbare, Hitler ebenso kalt und methodisch auf das Wünschenswerte, aus seiner Sicht, versteht sich. Deshalb konnte und wollte Stalin nicht erkennen, dass Hitler unklug genug war, einen hochriskanten Zweifrontenkrieg zu beginnen, obwohl ihm der Pakt mit der Sowjetunion doch so viel mehr Vorteile brachte. Vor allem unterlief er die britische Seeblockade, die 1914–1918 so wirksam gewesen war.

Die sowjetische Führung deportierte ab Juni 1941 zahlreiche Ethnien des Vielvölkerreiches tief in den Osten, weil sie in den unterdrückten Völkern wie den Krimtataren potenzielle Verbündete der Deutschen sah. Es kam ihr nicht in den Sinn, dass die Deutschen in Russland keine Verbündeten suchten, sondern eine imperiale Rassenvision verfolgten. Hier stand Rationalität gegen Irrationalität.

Die Rote Armee zählte im Juni 1941 mehr als 5,3 Millionen Soldaten, weitere zwölf Millionen bildeten eine Reserve. Das war die Folge eines gewaltigen Rüstungsprogramms «zum Schutz des Sozialismus», das seinerseits der nicht minder schnellen und eindrucksvollen Industrialisierung des früheren Agrarlandes folgte. Die Streitkräfte verfügten über mehr als zwanzigtausend Panzer und über dreizehntausendfünfhundert Kampfflugzeuge. Der größere Teil all dieser Männer und Waffen stand im Westen, das Gros der übrigen in Fernost an der Grenze zu Japan, mit dem es 1938/39 in der Mandschurei sogar einen bewaffneten Grenzkonflikt gegeben hatte, wobei die Japaner vom russischen Kommandanten Sergej Schukow durch schnelle Panzerkräfte ausmanövriert wurden und den Kürzeren zogen. Kein Zweifel: Die sowjetischen Streitkräfte waren auf dem Weg, eine der stärksten Armeen der Welt zu werden. Jeder Angreifer aus dem feindlichen Ausland, so Stalins Kalkül, würde es sich in Zukunft zweimal überlegen, ob er diese Militärmacht herausfordern würde – und aus seiner Sicht war jedes Ausland dem einzigen kommunistischen Staat der Welt feindlich gesinnt. Ein bewaffneter Export der Revolution war auf Dauer nicht ausgeschlossen, falls sich eine günstige internationale Konstellation dafür ergeben würde. Genau das geschah dann nach dem Hitler-Stalin-Pakt, als die Rote Armee den Osten Polens annektierte. Und doch war die Rote Armee am Vorabend des 22. Juni 1941 nicht einmal bedingt abwehrbereit. Selbst wenn Stalin seinen Truppen nicht, blind für die Wahrheit, befohlen hätte, jede Vorbereitung zur Verteidigung zu unterlassen: Die Streitkräfte waren in desolatem Zustand, nicht materiell, aber was die innere Verfassung anging, und Schuld daran trug Stalins «große Säuberung».

Schon bald nach der Revolution und dem Sieg über die Konterrevolutionäre war die Herrschaft der Bolschewisten in extreme Gewalt umgeschlagen; sie traf jeden, der ihre Macht in Frage zu stellen drohte. Spätestens als Revoluti-

onsführer Lenin 1921 die Kronstädter Matrosen zusammenschießen ließ, die einstige Elitetruppe der revolutionären
Bolschewisten, hatte die Revolution ihre Unschuld verloren.
Dennoch hatte es bis zu Lenins Tod 1924 in den Führungs-
kadern der Partei noch so etwas wie eine kollektive Führung
gegeben, Debatten über den richtigen Kurs waren durchaus
erlaubt. Fünf Jahre später erlaubte sich das Zentralkomitee
noch die Kritik an Lenins Nachfolger Stalin, Kommunismus bedeute nicht Ein-Personen-Herrschaft. Stalin, gerissen, gewissenlos und von Verschwörungsängsten getrieben,
festigte in den folgenden Jahren seine Macht ohne Skrupel
durch Folter und Mord. Die Ideologie des Kollektivismus
gerann zum Personenkult, Stalins innerer Zirkel bestand
aus ergebenen Gefolgsleuten. Als 1934 ein Attentäter, wohl
aus Eifersucht, den beliebten Leningrader Parteichef Sergej
Kirow erschoss, verlor Stalin, der offenbar nicht die Finger
im Spiel hatte, nicht nur einen wichtigen Gefolgsmann, sondern sein Land auch einen Genossen, der Stalin vielleicht
gewachsen gewesen wäre. Nach Kirows Tod war niemand
mehr da, der dem Diktator bei den nun folgenden Mordor-
gien in den Arm hätte fallen können. In den «Säuberungen»
ließ Stalin die unfassbare Zahl von einer Dreiviertelmillion
Menschen umbringen und weitere anderthalb Millionen
verhaften oder zur Zwangsarbeit in die eisigen Lager Sibiriens deportieren. Vielfach stellte der NKWD Namenslisten
der Unglücklichen einfach nach Zahlenvorgaben zusammen,
die der Diktator im Kreml als wünschenswert erachtete. Dabei gab es nicht einmal eine Verschwörung gegen Stalin, aber
ein erstickendes Klima aus Angst und Apathie.

In den Streitkräften musste das verheerende Folgen haben. Bis 1937 hatte Stalin sie noch nicht komplett seiner
Herrschaft unterworfen, die bewaffnete Macht konnte ihm

theoretisch als Einzige noch ernsthaft gefährlich werden. Die Möglichkeit genügte. Das erfahrene, gut ausgebildete Offizierskorps der Roten Armee fiel einer Hexenjagd ohnegleichen zum Opfer. Von den einhunderteins führenden Kommandanten wurden einundneunzig verhaftet, von diesen überlebten lediglich zehn. Die Spitze der Luftwaffe wurde komplett eliminiert, alle nach frei erfundenen Vorwürfen antisowjetischer Konspiration. Das prominenteste Opfer war ein Mann, den sein Land gegen Hitlers Generäle dann dringend gebraucht hätte: Marschall Michail Tuchatschewsky, der Begründer der modernen Roten Armee. Der NKWD folterte grausam ein Geständnis aus Stalins begabtestem Militärführer heraus und ermordete ihn dann zusammen mit anderen Spitzenoffizieren im Hof der Moskauer Geheimdienstzentrale an der Dserschinski-Straße. Es fielen so viele Schüsse, dass die Exekutoren laut alle Lastwagenmotoren laufen ließen, um den Lärm zu übertönen. Nie zuvor hatte eine Revolution ihre Kinder auf so ungeheuerliche Weise gefressen.

Was das bedeutete, hat viel später, auf dem 20. Parteitag der KPdSU 1956, Chruschtschow in seiner berühmten Geheimrede über die Verbrechen des Stalinismus deutlich gemacht: «Die Politik, Repressalien in großem Maßstab gegen militärische Kader zu ergreifen, führte auch zur Untergrabung der militärischen Disziplin, da Offiziere aller Dienstgrade und sogar einfache Soldaten in den Partei- und Komsomolzellen jahrelang angehalten wurden, ihre Vorgesetzten als verkappte Feinde zu ‹entlarven›. Natürlich übte dies einen negativen Einfluss auf die militärische Disziplin in der ersten Phase des Zweiten Weltkrieges aus.»[107]

Beim schmachvollen Winterkrieg gegen das kleine Finnland bot die Rote Armee 1940 eine so desolate Vorstellung, dass der Optimismus bei den deutschen Ostkriegsplanern bis in die Wolken stieg. Am 30. April 1941 ließ Heeres-Oberbefehlshaber von Brauchitsch wissen: Er rechne zwar mit «voraussichtlich heftigen Grenzschlachten», die «bis zu vier Wochen» dauern könnten; dann sei die Rote Armee aber bis auf Reste vernichtet, und die Wehrmacht werde das Land «gegen geringfügigen Widerstand» in Besitz nehmen. Der deutsche Generalstab, preußisch geschult, dachte in operativen Kategorien, also in Feldzügen und Entscheidungsschlachten, um den Feind rasch niederzuwerfen. Die Rote Armee schien der richtige Gegner für diese Strategie zu sein.

Den Balkan im Auge sah man nicht. Einerseits betrachtete das deutsche Militär das russische mit einer althergebrachten Antipathie gegen «den Koloss im Osten», vor dem man Deutschland beschützen müsse. Andererseits sprachen die Generäle bei ihren Angriffsplänen wie selbstverständlich vom «tönernen Koloss», den die kriegserfahrene Wehrmacht im ersten Ansturm niederwerfen werde. Wie es um Stärken und Schwächen der Roten Armee jenseits solch ideologischer Feind- und Wunschbilder wirklich stand, hatten die Aufklärer der Abteilung «Fremde Heere Ost» höchstens bruchstückhaft herausgefunden. Kurz vor dem Angriff gaben sie das «Handbuch Kriegswehrmacht der UdSSR» heraus, in dem stand, dass die Rote Armee «noch Jahre, wenn nicht Jahrzehnte brauchen» werde, um eine moderne Streitmacht zu werden. Die wenigen Skeptiker wurden überhört. Einer von ihnen war der Generalstabschef der Heeresgruppe Süd, Georg von Sodenstern. Nach einem weniger am Machbaren als am Wünschenswerten orientierten Planspiel des Russlandfeldzuges sagte er im Januar 1941: «Seid Ihr Euch eigentlich im Klaren, daß dieser Krieg verloren ist?»[108]

Armageddon: der Überfall
auf die Sowjetunion

«Ein stolzes Gefühl für jeden Deutschen»: Operation «Barbarossa»

Am frühen Morgen des 22. Juni 1941, in den ersten Stunden nach Mitternacht, ließ kaum etwas die Hölle ahnen, die sehr bald losbrechen würde. Das einzige Geräusch aus jenen Stunden der Stille, an das sich die Überlebenden später erinnerten, war das Quaken der Frösche am Flussufer. Von dort, wo die große Eisenbahnlinie verlief, war gegen zwei Uhr ein dunkles Brummen zu hören. Von Osten näherten sich die Lichter eines russischen Güterzuges; er brachte Getreide und Material aus der Sowjetunion nach Deutschland, ganz wie es das Abkommen zwischen Hitler und Stalin vorsah. Tausende Männer unter Tarnnetzen und dem Schutz der Wälder sahen ihm nach, wie er nach Westen davonfuhr, bis das Rattern verstummte und seine Lichter in der Ferne verschwanden. Dann war es wieder still.

Um Viertel nach drei in der Frühe eröffnete die deutsche Artillerie das Feuer. Tausende Geschütze spien Tod und Verderben auf die Rote Armee, die völlig unvorbereitet war. Überall entlang der eintausendachthundert Kilometer langen Grenze brüllten die Motoren der Panzer und Lastwagen auf, 3,3 Millionen deutsche Soldaten und Hunderttausende verbündete Finnen, Rumänen, Slowaken und Ungarn stießen nach Osten vor, während über ihnen die Propeller ganzer Geschwader von Kampfflugzeugen in der Dunkelheit dröhnten. Beim ersten Licht brachten sie der sowjetischen Luftwaffe größere Verluste bei als den Briten während der gesamten Luftschlacht um England: Eintausendachthundert Jäger und Bomber soll die sowjetische Seite allein an diesem Tag verloren haben, die Deutschen kaum drei Dutzend. Bomben verwüsteten die Flugfelder, die sorglos in dichten Reihen geparkten Maschinen, die Kasernen, die Häuser, in denen die Besatzungen mit ihren Familien lebten. Eine Kriegserklärung hatte es nicht gegeben. Manche deutsche Soldaten hatten bis zum ersten Feuerschlag nicht gewusst, was sich eigentlich abspielte. In einer Einheit von Kradmeldern galt es als gesichertes Wissen, dass das Ostheer quer durch die verbündete Sowjetunion transportiert würde, um vom Kaukasus aus die britischen Positionen im Nahen Osten anzugreifen und Rommel von Osten entgegenzukommen. Nun wussten sie es besser.

Die Deutschen stießen in drei Keilen vor. Die Heeresgruppe Mitte unter Generalfeldmarschall Fedor von Bock nahm innerhalb von vier Wochen weite Gebiete Polens ein, die Stalin 1939 kassiert hatte, und setzte nördlich der Pripjet-Sümpfe den Vormarsch in Richtung Moskau fort. Dies war zunächst der zentrale Angriff, hier war die Wehrmacht am stärksten; die Offensive führten die Panzergruppen 2 und 3, später in Panzerarmeen umbenannt, unter Heinz Guderian und Hermann Hoth. Guderian war einer der bekanntesten Generäle des Reiches und geistiger Vater der modernen deutschen Panzerwaffe, die er 1940 zum Entsetzen der Franzosen quer durch ihr Land geführt hatte. Sie hätten gewarnt sein können; schon drei Jahre zuvor hatte er in dem Buch «Achtung – Panzer!» Grundzüge seiner Konzeption aufgezeichnet, diese neue Waffe zu eigenen Divisionen und Gruppen zusammenzustellen und mit ihr in den Rücken des Feindes vorzustoßen. Guderian, der innerlich mehr Distanz zu den Nazis hielt als die meisten Generäle, betrieb nun aber am effizientesten ihr Spiel, als die von ihm geschulten Panzerverbände mit ungeahnter Geschwindigkeit tief ins Herz Russlands durchbrachen.

Die unwegsamen Pripjet-Sümpfe trennten ihn von der Heeresgruppe Süd. Diese durchbrach bei Lemberg und aus Ungarn ebenfalls die Grenzlinie und rückte in Richtung Ukraine vor; im Norden besetzte eine weitere, schwächere Heeresgruppe die baltischen Staaten, bald überschritt sie den Grenzfluss Luga und näherte sich Leningrad, der zweiten Stadt des Sowjetreiches. An der Peripherie dieses gewaltigen Kriegsschauplatzes griffen die Finnen und Rumänen an, durch deutsche Verbände verstärkt. Die Sümpfe bildeten das einzige natürliche Hindernis auf Hunderten von Kilometern. Das weitgehend flache Steppenland, unterbrochen nur von einigen Flüssen, bot den schnellen Panzerarmeen ein ideales Gelände. Auch wenn Hitler und seine Generäle gern noch früher im Jahr angegriffen hätten, um bis zum Winter mehr Zeit zu gewinnen: Der Sommer sorgte dafür, dass Panzer und Fahrzeuge auf dem trockenen, festen Boden fahren konnten, ohne auf das vergleichsweise dünne Straßennetz angewiesen zu sein. So vermochten sich die Panzerarmeen leicht die geeignetste Stelle für einen Durchbruch durch die russischen Linien zu suchen und die Verteidiger dann durch schnelle Vorstöße abzuschneiden und zu umzingeln. War die Infanterie nachgerückt, war das Schicksal der Eingeschlossenen besiegelt.

So schnell kamen die Panzer voran, dass Guderians eigener Panzer nur zwei Tage nach Beginn von «Barbarossa» versehentlich in eine Gruppe versprengter sowjetischer Infanteristen hineinfuhr, die zu spät das Feuer eröffneten. Die Kradmelder, die erst geglaubt hatten, es gehe in den Nahen Osten, kamen mehrfach unter Beschuss durch russische Soldaten, die beim deutschen Vormarsch zurückgeblieben waren. Hans-Joachim S., Soldat eines Nachrichtenregiments, stellte erstaunt fest, dass der Vormarsch noch viel schneller als 1940 in Frankreich war. «Ungeheure Materialmengen rollen – gestern hundert Kilometer lange Kolonne überholt. Dazwischen immer noch heimtückische Überfälle durch den Russen. Werden sofort erschossen – liegen haufenweise im Straßengraben. Requirierten Seife, Tee, Butter, Eier, Hühner, schlafen nur unter freiem Himmel», schrieb S. an seine Frau: «Ich bin jedenfalls glücklich, dabei sein zu können bei diesem größten Feldzug der Weltgeschichte.»[109] Wie selbstverständlich deutet der Soldat an, was den Besiegten hier drohte. In Guderians «Erinnerungen eines Soldaten» würden sich solche Szenen nicht finden.

Die Armee, die da in jener Juninacht so brutal überrannt wurde und deren Soldaten nun tot in den Gräben lagen, war auf den Angriff in keiner Weise vorbereitet. Stalin hatte nicht geglaubt, dass Hitler diesen Krieg entfesseln würde, er hatte es nicht glauben wollen und glaubte es noch nicht, als die ersten Schreckensmeldungen aus dem Westen im Kreml eingingen. Über Wochen und Monate nach dem 22. Juni wirkte die sowjetische Militärführung gelähmt und überfordert. Die Saat des Bösen, das die «Großen Säuberungen» über die Sowjetunion und ihre Streitkräfte gebracht hatten, trug nun Früchte, und die Deutschen hielten blutige Ernte. Die besten Offiziere waren fast alle tot, im Arbeitslager oder in den Haftkellern des NKWD. Panische Angst vor Stalin hinderte die übrigen Generäle wieder und wieder daran, schnell und flexibel auf den Überraschungsangriff zu reagieren. Sie warteten Weisungen aus Moskau ab, aber wenn diese Weisungen kamen, falls überhaupt, war es meistens zu spät in diesem Sommer der Katastrophe. Die Aufstellung der Armeen in einer endlosen Frontlinie, das Verbot aus dem Kreml, überhaupt eine Verteidigung vorzubereiten, all das war vor allem Schuld Stalins und seiner Herrschaftsriege von Schranzen. Und der Diktator war nur zu bereit, diese Schuld an die Männer weiterzureichen, die er in diese Lage gebracht hatte.

Schon im Juli 1941 ließ er neun hohe Offiziere erschießen, die das Debakel angeblich zu verantworten hatten, der Exekutionsbefehl wurde den Soldaten vorgelesen. NKWD-Spezialtruppen lauerten hinter der Front auf Flüchtende und angebliche Deserteure, um sie umstandslos hinzurichten. Die politische Paranoia reichte bis in den Spätherbst hinein. Aufklärungspiloten, die bei der deutschen Luftüberlegenheit ihr Leben riskierten, wenn sie die Front überflogen, konnten nach der Landung noch gefährlichere Feinde treffen als die deutschen Me-109-Jäger. Dann nämlich, wenn sie anmarschierende deutsche Armeen erspähten, wo nach dem Willen der Parteiführung solche nicht sein durften und sein konnten, drohten NKWD-Offiziere mit Folter und Erschießung wegen Sabotage. Fjodor Arkipenko, der 1945 als einer der erfolgreichsten alliierten Jagdflieger des Krieges zum «Helden der Sowjetunion» ernannt wurde, hätte vier Jahre zuvor um ein Haar vor einem Exekutionspeloton gestanden. Seine Staffel hatte als Eingreifreserve auf einem Flugplatz auf Einsatzbefehle gewartet, die niemals kamen. Stattdessen wurden die Jagdpiloten, die man drei Tage lang vergessen hatte, vor ein Kriegsgericht gestellt. Zu Arkipenkos Glück – und zum Unglück etlicher deutscher Piloten – intervenierte ein höherer Offizier in letzter Sekunde. Standgerichte, Todesschwadronen und brutaler Zwang gehörten bis Kriegsende zum Alltag der sowjetischen Soldaten, die ohne all diesen Terror wahrscheinlich besser und erfolgreicher gegen Hitlers Armeen gekämpft hätten, wie widrig die Umstände auch immer sein mochten.

Und im Sommer 1941 konnten sie noch widriger gar nicht sein. Der stellvertretende Kommandeur des westlichen sowjetischen Militärbezirks, General Iwan Wassiljewitsch Boldin, wurde während einer Theatervorstellung im frontnahen Minsk von der Nachricht überrascht, die Wehrmacht komme. Während er eilends versuchte, in seinem Sektor den Kollaps der Verteidigung zu verhindern, erhielt er einen Anruf des Kommissars für Verteidigung, Marschall Timoschenko, der ihn dringend an Stalins Befehl erinnerte, unter keinen Umständen das Artilleriefeuer auf die Deutschen zu eröffnen. Außer sich vor Zorn schrie er ins Telefon: «Wie ist das möglich? Unsere Truppen flüchten, ganze Städte stehen in Brand, überall sterben Menschen.» Aber Timoschenko blieb dabei.[110]

So gewaltig waren die deutschen Erfolge, dass selbst die Erinnerung an den sensationellen Sieg über Frankreich im Vorjahr verblasste. Man könne «schon jetzt sagen», schrieb Halder, der Generalstabschef des Heeres, keine zwei Wochen nach Beginn des Angriffs in sein Kriegstagebuch, «daß der Auftrag, die Masse des russischen Heeres vorwärts der Düna und Dnjepr zu schlagen, erfüllt ist. Es ist also wohl nicht zu viel gesagt, wenn ich behaupte, daß der Feldzug gegen Rußland innerhalb von vierzehn Tagen gewonnen wurde.»[111] Viele deutsche Soldaten waren derselben Ansicht. Sie stießen so rasch vorwärts, dass sie die Lage oft selbst nicht mehr überblickten; sicher schien ihnen nur: Es geht ostwärts. «Es ist ein Aufwaschen, und in Zukunft kann jeder

(auch wir?) seiner friedlichen Arbeit nachgehen. Welch ein
stolzes Gefühl ist es aber für jeden Deutschen.» – «Allzu
lange wird der Ostkampf wohl nicht dauern, viele Kräfte
der Russen sind schon zerschlagen und ein weichender
Feind ist nicht mehr so gefährlich. ... Wie weit aber schon
unsere Spitzen sind! Beinahe unerreichbar weit! So geht es
Tag um Tag vorwärts.» Das schreibt der Infanterist Heinz
Heppermann im Juli 1941 seiner Frau aus der Gegend von
Witebsk.[112]

Und doch bemerkten viele deutsche Soldaten, die nicht
von all den Siegen verblendet waren, dass dieser Gegner
sich tapfer wehrte und nicht zu unterschätzen war. In der
zyklopischen alten Zitadelle von Brest, in der Guderian die
jungen Russen bei ihren Marschübungen gesehen hatte,
hielten neuntausend Rotarmisten noch bis Ende Juli aus.
In der Luft waren die Russen eklatant unterlegen. Boldin wäre beinahe umgekommen, als er nach Białystok in
Richtung Front flog. Das Transportflugzeug entkam mit
knapper Not einer Me 109 und landete, von Geschossen
durchsiebt, auf einem Flugfeld. Fassungslos sah Boldin zu,
wie kurz danach neun deutsche Bomber in perfekter Formation über dem Platz erschienen und alles in Trümmer
sank, inklusive der Maschine, mit der er hergekommen
war. Erschüttert, aber ungebeugt setzte er seinen Weg in
einem Lastwagen fort, kam im Strom der Flüchtlinge aber
schlecht voran. Dann blockierte ein Auto seinen Weg, ein
betagter Zis-101; darin erblickte er einen hohen KP-Funk-
tionär, Frauen und Kinder, ihre Habseligkeiten und eine
große Zimmerpflanze, deren Zweige weit aus dem Seiten-
fenster heraushingen. In diesem Moment rasten deutsche
Tiefflieger heran: «Drei Garben MG-Feuer trafen unseren
Wagen. Mein Fahrer war sofort tot, ich überlebte irgendwie,

weil ich gerade noch aus dem Fahrzeug sprang. Aber außer meinem Begleitoffizier und einem Kurier waren sonst alle darin tot. Dann fiel mein Blick auf den alten Zis-101. Die Frauen, die Kinder, der Fahrer: auch sie alle tot. Nur die immergrünen Blätter der Pflanze hingen noch immer aus dem Fenster.»[113]

Die russischen Piloten waren schlechter ausgebildet und meist nicht kriegserfahren wie die deutschen, ihre Taktik gehorchte überholten Lehren, und den schnellen und wendigen Messerschmidt-109-Jägern, neben der Spitfire damals das beste Flugzeug seines Typs, hatten die sowjetischen Gegner kaum Gleichwertiges entgegenzusetzen. Das änderte sich, dann aber nachhaltig, erst ab 1943. Wer die mörderischen Bombardements der Luftwaffe im Juni 1941 überlebt hatte, wurde den deutschen Angreifern entgegengeworfen. Die russischen Bomber und Tiefflieger verursachten manche Verluste, bewirkten aber insgesamt nicht viel in diesen ersten Tagen, außer dass ihre Piloten weiterhin in Scharen starben.

Der Soldat Franz Siebeler erlebte einen konzentrierten Angriff von siebenundzwanzig Bombern. Die Maschinen waren durch die deutsche Deckung am Himmel gestoßen und griffen eine Brücke an, über die der deutsche Nachschub rollte: «Die Bomben saßen gut. Eine traf die Brücke, welche aber unterdessen von den Pionieren wieder hergestellt ist. Tote hat es durch die Bomben nur wenige gegeben. Ein Reihenwurf der Roten schlug dreihundert Meter vor unserer Stellung ein. Da lagen wir aber schnell mit der Nase im Dreck.» Bei der nächsten sowjetischen Attacke waren die Me 109 schneller. Siebeler sah zwei russische Bomber abstürzen: «Das war eine Freude, als die beiden brennend abstürzten.»[114] Das Verhältnis war so ungleich, dass manche deutsche Jagdpiloten die eigenen Erfolge als «Kindsmord» bezeichneten.

Bei den Panzern, der Hauptwaffe des Bewegungskrieges am Boden, war das Verhältnis ausgeglichener; die deutsche Führung übersah dies freilich im Rausch des raschen Vormarsches. Es klingt nach einem militärischen Detail, sollte den Verlauf des Ostkrieges aber deutlich beeinflussen – zugunsten der Roten Armee. Zwar waren viele der sowjetischen Typen veraltet. Schon das taktische Debakel der französischen Armeeführung im Vorjahr aber hatte den Umstand verborgen, dass auch die deutschen Panzer des «Blitzkrieges» sich keineswegs der Unverwundbarkeit erfreuten. Überlegen war die Wehrmacht Franzosen und Russen weniger bei der Qualität dieser neuen Waffe, aber sie wusste sie taktisch weit effektiver einzusetzen.

Die Infanteriedivisionen waren das Schwert des Blitzkrieges, die Panzerdivisionen seine Speerspitze. Die Panzer rollten in Stoßkeilen vor, begleitet von der Luftwaffe; dieses Konzept nannte man «verbundene Waffen». Die Franzosen hatten ihre Panzer als eine rollende Artillerie jeweils auf die Infanteriedivisionen verteilt; die Deutschen dagegen führten mit ihnen geballte, konzentrierte Angriffe, unterstützt von Artillerie und Sturzkampfbombern, und stießen so durch die Linien der überraschten Verteidiger. «Es muss nur noch marschiert werden. Halte gibt es nicht; nur zum Auftanken wird gerastet; das Essen muss entweder im Fahren oder während der kurzen Tankpausen eingenommen werden. Es gibt nur ein Ziel: Moskau!», notierte ein Offizier der 4. Panzerdivision, eines Eliteverbandes, mit dessen Schicksal sich der Historiker Christian Hartmann eingehend beschäftigt hat.[115]

Mehr als dreitausendsechshundert Panzer und Panzerfahrzeuge hatte die Wehrmacht für «Barbarossa» im Osten aufgefahren, eine ungeheure Streitmacht. Ihre Divisionen durchbrachen die russische Front, rollten erst Dutzende, dann Hunderte Kilometer vor und schnitten auf diese Weise ganze Armeen ab. Doch es gab Warnzeichen. Schon am 25. Juni 1941 traf die 6. Panzerdivision, unter ihrem Generalstabschef Johann Adolf Graf Kielmansegg, einem der späteren geistigen Väter der Bundeswehr, ein wuchtiger Gegenstoß der Rotarmisten. Der Divisionsbericht notierte das «unerwartete Auftreten einer Anzahl überschwerer Panzer» bei Rossenje. Diese, sowjetische KW 1 und KW 2 mit zehn Zentimeter dicker Stahlpanzerung und massiver Bewaffnung, rollten langsam, aber unaufhaltsam auf die deutschen Panzer zu. Diese schossen aus allen Rohren, aber, wie sich ein Teilnehmer später erinnerte, «keine unserer Granaten konnte ihnen etwas anhaben». Erst der Einsatz schwerer Artillerie stoppte die Angreifer.

Noch wesentlich problematischer wurde der Einsatz des T-34 durch die Rote Armee. Äußerst robust, solide gepanzert, wegen seiner breiten Ketten extrem geländegängig und doch schnell und wendig, und mit einer stärkeren Kanone bewaffnet, war er allen deutschen Panzern des Jahres 1941 an Feuerkraft und Geschwindigkeit überlegen, auch dem Rückgrat der deutschen Panzerwaffe, dem Panzerkampfwagen III. Christian Hartmann beschreibt in seiner Fallstudie über die Wehrmacht im Ostkrieg, wie die 4. Panzerdivision in Mzensk in einen Gegenangriff neuer T-34 geriet und die Stadt sich in einen «Hexenkessel» verwandelte: Erst die Artillerie der Division stoppte die sowjetischen Tanks. Ein T-34 wurde erst aufgehalten, als deutsche Soldaten auf ihn sprangen, «seine Sehschlitze mit Dreck verschmierten, die Klappen zum Motor öffneten und diesen mit einem Beil zerstörten»; im Kriegstagebuch heißt es: «Ein Artillerist, der vom Panzer angefahren mit dem Fuß im Leitrad sitzt, wird befreit. Daraufhin wird der Panzer mit Benzin überschüttet und zum Brennen gebracht.»[116] Selbst der Panzer IV, der stärkste deutsche Tank, von dem das Feldheer im Osten 1941 nur 444 Stück besaß, war kein ganz gleichwertiger Gegner. Ein sowjetischer Offizier stellte schon in der ersten Kriegswoche zufrieden fest: «Beim Auftauchen unserer Panzer nahmen die feindlichen Panzer den Kampf nicht an, sondern zogen sich hastig zurück. Der T-34 hält den Geschossen von 37-mm-Geschützen sehr gut stand.» Die 37-mm-Kanone war die Hauptwaffe der deutschen Panzerabwehr.

Technische Probleme des T-34 wie eine schlechte Funkausrüstung und ein unausgereiftes Getriebe verbargen dessen Überlegenheit anfangs; überdies entwickelte die Rote Armee im Chaos des Rückzugs kein taktisches Konzept zum Einsatz der neuen Waffe, das etwas hätte bewirken können. Doch schon bald mussten die Invasoren erkennen, dass der Gegner, der angeblich kurz vor dem Kollaps stand, ausgerechnet bei ihrer Hauptwaffe technisch im Vorteil war; erst in den folgenden Jahren schlossen die Modelle Panther und Tiger die Lücke, ohne aber jemals wieder die Überlegenheit der ersten Kriegswochen zu erreichen.[117] Zunächst brach jedoch der deutsche Blitzkrieg mit den verbundenen Waffen am Boden und in der Luft jeden Widerstand. Die beiden Panzergruppen der Heeresgruppe Mitte, die direkt in Richtung Moskau vorstieß, schlossen in einem Zangenangriff erst Ende Juni Minsk ein und Anfang Juli dann Smolensk, das schon auf halbem Wege nach Moskau lag. Der Generalstab der Wehrmacht frohlockte: Sein Ziel war es gewesen, die sowjetischen Armeen im Westen möglichst rasch einzukesseln und zu vernichten, bevor diese sich zurückziehen und neu gruppieren konnten. Anschließend sollte die geballte Offensivmacht der Wehrmacht in Richtung Moskau und in «die Tiefe des Raums» vorstoßen und der Sowjetunion den Todesstoß geben. Anfang Juli, als Halder glaubte, Russland sei im Grunde schon geschlagen, schien dieses Ziel zum Greifen nah zu sein.

Es war eine Illusion, die durch die erschütternden Zahlen russischer Verluste nur noch bestärkt wurde: In der Kesselschlacht von Minsk nahmen die Deutschen bis zum 9. Juli 1941 fast dreihundertvierundzwanzigtausend Rotarmisten gefangen und vernichteten oder erbeuteten fast so viele Panzer, wie ihr gesamtes Ostheer besaß. Zwei Wochen später wiederholte sich das Geschehen in Smolensk in fast derselben Größenordnung, insgesamt sieben sowjetische Armeen waren in den beiden Kesselschlachten binnen weniger Wochen zerstört worden. Während die Heeresgruppe Mitte vorstürmte, rückte die Heeresgruppe Süd langsamer vor, hier war der sowjetische Widerstand besser organisiert. Dennoch konnte er die Panzergruppe 1 nicht aufhalten, die immer bedrohlicher an die ukrainische Metropole Kiew heranrückte. Noch bedenklicher entwickelte sich die Lage aus russischer Perspektive am Nordabschnitt der Front. Das besetzte Baltikum fiel sehr rasch, und schon Mitte Juli rückte die Panzergruppe 4 immer näher an Leningrad heran.

Auch die westlichen Alliierten fürchteten jetzt das Schlimmste. Churchill schrieb: «Die deutschen Armeen waren so stark, dass es über Monate erschien, als könnten sie die Invasionsdrohung gegen England aufrechterhalten und gleichzeitig nach Russland hineinströmen.»[118] Viele Militärexperten sagten den Fall der Sowjetunion noch für dasselbe

Jahr voraus. In diesem Sommer 1941 sah es kurz so aus, als könne Hitlers Strategie Erfolg haben: Russland zu besiegen und zu besetzen, bevor die USA an der Seite der Briten in den Krieg eintreten würden.

Als im Juli die stählernen Ungetüme des Panzergenerals Guderian den Würgegriff um das brennende Smolensk schlossen, war dieser Moment aber noch immer fern. Der amerikanische Präsident Roosevelt half den Briten, wo er konnte, und nun auch den Russen mit Kriegsmaterial und warmen Worten; weder das eine noch das andere vermochte den Tyrannen im Kreml zu besänftigen. Von Churchill verlangte Stalin nun, wo doch das Gros der Wehrmacht tief in Russland stand, die sofortige Eröffnung einer zweiten Front, eine Landung in Frankreich, ungeachtet ihrer Erfolgsaussichten. Diese aber waren schlecht, auch wenn die britischen Kommunisten, die peinlich berührt während der Jahre des Hitler-Stalin-Paktes geschwiegen hatten, «Second Front Now» auf Häuserwände malten. Aber es waren nicht sie allein, quer durch die Gesellschaft wurden Forderungen laut, eine zweite Front in Frankreich zu eröffnen; sogar Clementine Churchill, die Gattin des Premierministers, ließ ihren Gemahl wissen, der russische Überlebenskampf habe mehr Unterstützung verdient. Verzweifelt drängte Churchill, wenigstens endlich die lang vorbereitete Offensive gegen Rommel in Nordafrika zu eröffnen; wieder und wieder ließ ihn Oberbefehlshaber Auchinleck wissen, die Zeit sei noch nicht gekommen; und dies war keine Übervorsicht, sondern ein realistischer Blick auf die eigenen Möglichkeiten.

Die russische Führung, die apokalyptischen Verluste ihrer Truppen und den drohenden Zusammenbruch vor Augen, kümmerte verständlicherweise nichts weniger als die britischen Bedenken und Sorgen vor einer zweiten Front.

179

Wer hätte das nicht verstehen können? Andererseits besaß der Kreml, der seit 1939 konsequent zur Stärkung Deutschlands und zur Schwächung der Briten beigetragen hatte, keine realistische Vorstellung, wie begrenzt die Mittel ihres Verbündeten in London tatsächlich waren. Mit dem Krieg in Nordafrika und auf dem Atlantik und der Notwendigkeit, große Massen an Truppen und Kriegsmaterial auf der Insel gegen eine deutsche Invasion bereitzuhalten, waren die Kräfte des Empire bereits bis an die Grenzen gespannt. Gerade erst hatten die Landstreitkräfte die Materialverluste von Dünkirchen halbwegs ausgeglichen; sie waren stärker als jene, die sie 1940 über den Ärmelkanal nach Frankreich geschickt hatten, aber noch immer außerstande, in Frankreich zu landen. Die Royal Navy, beansprucht in der U-Boot-Abwehr und auf vielen Meeren, besaß nicht einmal die nötigen Landungsfahrzeuge für eine solche Operation. Ohne die Amerikaner wäre sie, so wusste Churchill, militärischer Selbstmord; und als ein Jahr später Briten und Kanadier bei Dieppe in der Normandie eine Art Testlandung versuchten, endete die «Operation Jubilee» in einem schrecklichen Blutbad.

So stieß das Telegramm, mit dem Churchill Stalin die britischen Bemühungen zur Entlastung der Front versicherte, im Kreml auf eisiges Schweigen: «Samstagnacht haben zweihundert schwere Bomber deutsche Städte angegriffen, … und so wird es weitergehen. Wir hoffen, Hitler auf diese Weise zu zwingen, Teile seiner Luftmacht in den Westen zurückzubringen und so nach und nach etwas Druck von Ihnen zu nehmen.» Auch die Ankündigung einer «ernsthaften Operation» in arktischen Gewässern verhüllte schwerlich den entscheidenden Satz: «Wir werden alles tun, um Ihnen zu helfen, soweit es Zeit, Geographie und unsere wachsenden Ressourcen erlauben.»[119] Niemand würde kommen, um die Rote Armee zu retten.

Mitten in der Katastrophe von Smolensk gab es jedoch einen Schimmer der Hoffnung. Zahlreichen sowjetischen Einheiten gelang es, zeitweise den Kessel aufzusprengen und sich nach Osten abzusetzen, wo sie neue Verteidigungslinien bezogen. Und bei der Stadt Jelnja, südöstlich von Smolensk, gelang den Rotarmisten die erste erfolgreiche Gegenoffensive dieses Krieges. Sie hielten den Frontbogen dort bis Ende August; die 15. deutsche Infanteriedivision notierte: «Alarm! Feind überrennt in Bat.-Stärke den linken Flügelzug des I.R.88, gewinnt Semeschina. ... Semeschina unter schwerem Feuer – ein Eindringen in das Dorf ist für die eigenen Truppen unmöglich.» An anderer Stelle heißt es: «Gerade als die alte Linie fast wieder erreicht ist, setzt mörderisches Trommelfeuer ein, und der Feind beginnt nun seinerseits mit überlegenen Infanteriekräften anzugreifen. Bei diesem Angriff fällt Oberleutnant Adam und mit ihm der größte Teil der Schwadron. Auch der linke Flügel der Reiterschwadron, der eigene Panzerjägerzug und die unterstellte Panzerjägerkompanie haben schwere Verluste. Viele Soldaten werden vermisst, sie sind verwundet oder tot dem Feind in die Hand gefallen.»[120]

Der russischstämmige britische Journalist Alexander Werth gehörte zu den wenigen Korrespondenten auf sowjetischer Seite, denen ein Besuch der Front erlaubt wurde. Eine Woche lang verfolgte er die Kämpfe bei Jelnja – dem einzigen Ort der gesamten Front, den man aus russischer Sicht zeigen konnte, ohne die Reporter zu Augenzeugen eines epischen Desasters zu machen. Er empfand «den Eindruck eines traurigen Pathos, der von der ganzen Szenerie ausging. Traurig das Bild der Stadt Wjasma, die dem ständigen

Bombenregen der Flugzeuge ausgesetzt war, die von nahe gelegenen deutschen Flugplätzen starteten. Trauriger noch das Los der jungen Flieger. Von ihrem kleinen Feldflugplatz in der Nähe von Wjasma aus hatten sie täglich sieben oder acht Einsätze über den deutschen Linien zu fliegen.»

Er traf einen Überlebenden, dessen Maschine voller Splitter deutscher Flak zurückgekommen war: «Er hatte seine Bomben auf einen deutschen Flugplatz bei Smolensk abgeworfen und war dabei in ein schweres Abwehrfeuer geraten. Aber er hatte einen Hangar in Brand setzen können und schien mit diesem Resultat seiner Unternehmung recht zufrieden zu sein. Obwohl er erst etwa zwanzig Jahre alt war, hatte er schon zahlreiche Feindflüge hinter sich. Auf die Frage, wie oft er am Tage fliege, sagte er: ‹Von hier zu den deutschen Linien – fünf, sechs oder sieben Einsätze am Tag; hin und zurück dauert das nur jeweils ungefähr eine Stunde.›» Am Himmel glühten die Brände von Smolensk: «Das war uralter russischer Boden, ganz nahe dem Herzen des alten Moskowiter Reichs. Smolensk war bereits in den Händen der Deutschen; die Front verlief vierzig bis fünfzig Kilometer östlich der Stadt.» Der britische Reporter sprach auch mit einem Hauptmann aus Charkow, der sich sehr um das Schicksal seiner Familie sorgte. «‹Es hat keinen Sinn, sich vorzumachen, daß alles in Ordnung sei›, sagte er. ‹Das ist ein erbitterter Krieg. Und Sie können sich nicht vorstellen, welchen Haß die Deutschen in unserem Volk geweckt haben.›»[121]

Hier klingen einige wesentliche Elemente dieses Krieges im Osten an: neben Hass und Brutalisierung zunächst der russische Patriotismus. Stalin, der Despot im Kreml, hatte zunächst verzagt, als ihm seine kolossale Fehleinschätzung Hitlers klar wurde. Ende Juni war er in seine Datscha nach Kunzewo gefahren und versank offenbar in depressiven Stimmungen. Vielleicht wäre die Gelegenheit, den Despoten abzusetzen, niemals günstiger gewesen: Er hatte Millionen Leben auf dem Gewissen und war verantwortlich für das entsetzliche Schicksal seiner Soldaten, die zu Hunderttausenden fielen oder in deutsche Gefangenschaft gerieten, wo sie bald elend umkamen. Doch das neue Verteidigungskomitee des Politbüros schickte eine Delegation, die ihn demütig bat, doch in den Kreml zurückzukehren und die Führung zu übernehmen. Auch in der Sowjetunion hatten Gewalt und Furcht ein Klima unbedingten Gehorsams geschaffen.

Am 3. Juli 1941 appellierte Stalin an die «Genossen, Bürger, Brüder und Schwestern», das Vaterland zu retten und den Invasoren allen Rückschlägen zum Trotz die Stirn zu bieten. Es war einer seiner brillantesten Schachzüge – der Appell an das russische Nationalgefühl und die Gemeinschaft seiner Menschen. Zuvor war dies unter der kommunistischen Ideologie verpönt gewesen. Der «Große Vaterländische Krieg», wie die Auseinandersetzung von nun an genannt wurde, verhinderte, dass die Russen die Invasion als Gelegenheit betrachten würden, das vielen verhasste Zwangsregime loszuwerden. Genau das war ja im Westen geschehen, wo Balten oder Ukrainer der einrückenden Wehrmacht anfangs zujubelten. Allerdings: Die Deutschen hatten ja ohnehin alles andere im Sinn, als die slawischen Völker zu befreien, am wenigsten die Russen.

«Niemals sah ich einen Menschen lächeln»: Leningrad

Was die Besiegten erwartete, zeigte sich besonders rasch bei der Heeresgruppe Nord. Sie hatte die Rote Armee zügig aus den baltischen Staaten vertrieben, wo viele Bewohner die Wehrmacht als Befreier feierten und dabei nicht ahnten, dass ja die Deutschen selbst diese Völker im Hitler-Stalin-Pakt 1939 der UdSSR überlassen hatten. Nun näherten sich die Panzer der Metropole Leningrad, der zweiten Stadt der Sowjetunion. Leningrad, Wiege der Revolution von 1917, drei Millionen Einwohner, das Fenster Zar Peters des Großen nach Europa, die Prächtige mit ihren wunderschönen Bauten, der Eremitage, dem Winterpalast und der Prunkstraße Newski-Prospekt, über die der Schriftsteller Nikolaj Gogol sagte: «Hier ist alles Trug, alles Traum, alles nicht das, was es scheint.»

Trug und Traum: Vor der Stadt endete die deutsche Offensive im Norden plötzlich. Die Truppen erhielten einen anderen Auftrag, der zeigte, wie selbstverständlich die Wehrmacht Teil des Vernichtungskrieges war: die Einschließung Leningrads mit dem Ziel, alle ihre Bewohner schlicht verhungern zu lassen. Hitler befahl seinen Kommandeuren, jede Kapitulation abzulehnen, und sie gehorchten, wie immer. Die Wehrmacht würde die Stadt nicht besetzen, sondern verkommen lassen. Dabei hatte die Heeresgruppe Nord noch Ende August erörtert, was die günstigsten Bedingungen seien, um eine Übergabe zu akzeptieren. Die Stäbe gingen davon aus, dass der Fall Leningrads mit jedem Tag wahrscheinlicher werde. Eine Reihe deutscher Kommandeure meldete Bedenken gegen diese Politik an. Es sei fraglich, «ob man es unseren Soldaten zumuten kann, auf ausbrechende Frauen und Kinder zu schießen».[122] Der Kommandeur der Heeresgruppe, Wilhelm Ritter von Leeb, der Hitler innerlich verabscheute, tat freilich wie befohlen und mobilisierte alle Kräfte zum Angriff auf die Stadt. Auch ohne Einschließung werde wohl, ließ Leeb jene Offiziere wissen, die Skrupel äußerten, ein Großteil der Bevölkerung umkommen, «aber wenigstens nicht unmittelbar vor unseren Augen». Er hätte sogar eine Möglichkeit gehabt, die Sache hinauszuzögern. Das OKH hatte beschlossen, viele seiner Panzereinheiten unter Generaloberst Erich Hoepner und ein Fliegerkorps aus dem Norden abzuziehen, Priorität besaß nun der Angriff auf Moskau. Leeb aber ließ Leningrad mit aller Kraft attackieren, solange ihm die Männer und Waffen noch zur Verfügung standen. Das Oberkommando der Wehrmacht befasste sich derweil mit allerlei Planungen, was denn bloß zu tun sei, wenn die Rote Armee tatsächlich die Übergabe der Stadt anbieten würde. Zu den Ideen gehörte, sie «eng abschließen, möglichst mit einem elektrischen Zaun umgeben, der mit Maschinengewehren bewacht sei».[123]

Die Verteidiger allerdings hatten gar nicht die Absicht, sich den Eroberern zu beugen. Es gelang den Deutschen, Leningrad fast einzuschließen – aber eben nur fast. Die Verbindung über den Ladoga-See konnten sie nicht kappen, als er im Winter zufror, richtete die Rote Armee eine Versorgungsroute in die Stadt ein. Die Russen hatten kaum noch damit gerechnet, die Stadt zu halten, aber in diesem Schreckensjahr hatten sie ausnahmsweise einige Vorteile auf ihrer Seite. Und sie nutzten sie mit Mut und Geschick. Erstens hatten die Belagerer Kräfte für den Angriff auf Moskau abstellen müssen, die ihnen jetzt fehlten. Zweitens spielten die Finnen nicht mit. Das OKH hatte gehofft, diese würden von Norden auf Leningrad vorstoßen. Von allen Bündnispartnern der Deutschen war Finnland der unpassendste: Die einzige Demokratie in dieser Koalition aus Faschisten und Ultranationalisten hielt unter ihrem klugen Präsidenten, dem greisen Feldmarschall Mannerheim, stets Abstand zu den Lebensraum- und Völkermordvisionen ihres mächtigen Kriegspartners. Die finnische Regierung war ruchlos genug, um mit in den Krieg zu ziehen, und gescheit genug, es bei überschaubaren Zielen zu belassen: der Rückeroberung jener Gebiete, die sie im Winterkrieg an Stalin verloren hatte, und einiger «unerlöster» finnischer Territorien in Karelien jenseits der Grenze. Die Finnen nahmen Rücksicht auf die westlichen Demokratien, die ihnen im Winterkrieg geholfen hatten, und gaben den Krieg als Fortsetzung ihres Freiheitskampfes aus, den sie 1918 und 1939 gegen den übermächtigen kommunistischen Nachbarn geführt hatten. Von dieser Seite war nichts zu erwarten. Zur Rettung Leningrads hat die Zurückhaltung Finnlands erheblich beigetragen, außerdem blieb so der Eismeerhafen Murmansk in sowjetischer Hand, über den gewaltige alliierte Geleitzüge Nachschub aus dem Westen brachten: Panzer, Flugzeuge, Munition, Lebensmittel.

Trotzdem wäre die Stadt wohl gefallen ohne die außerordentliche Tapferkeit ihrer Verteidiger und Bewohner – und ohne Georgi Schukow, Stalins besten General. Die Spione hatten Stalin wissen lassen, dass die Deutschen Leningrad nicht stürmen, sondern ausbluten wollten, und er sah den wertvollen Zeitgewinn, den ihm diese Mordstrategie des Feindes unfreiwillig brachte. Im September traf Schukow auf Befehl des Diktators in Leningrad ein und organisierte die Verteidigung auf seine Art: schnell, effizient und brutal. Im Hauptquartier bei verzweifelten Kommandeuren eingetroffen, wischte er mit einem Handschlag alle Karten vom Tisch und zeigte auf eine, die an der Wand hing: die Verteidigungsriegel der Metropole. Schukow ließ so viele Zivilisten wie möglich evakuieren, bevor der deutsche Würgegriff zu eng wurde; Hunderttausende Frauen und Kinder kamen noch hinaus, aber viele andere schafften es nicht mehr. Der vor Energie bebende General aus Moskau weckte das alte Feuer der Revolution, hier im alten Sankt Petersburg war sie 1917 entflammt. Arbeiter- und Einwohnermilizen bewachten Panzersperren und Straßenbarrikaden, ein dicker Ring improvisierter Bunker legte sich um die innere Stadt, in den Vororten glichen viele Häuser kleinen Festungen. In den ersten Wochen versuchte Schukow, den Ring um die Stadt mit Gewalt aufzubrechen, er verlor Tausende Soldaten im mörderischen Sperrfeuer der deutschen Artillerie. Dann verlegte er sich auf die viel klügere Variante der Verteidigung und darauf, die Stadt nicht endgültig abriegeln zu lassen. Was von der Ostseeflotte die deutschen Bomben überstanden hatte, durfte nicht die größere Sicherheit offener Gewässer suchen. Die Schiffsartillerie war ein ebenbürtiger Gegner und beschoss die deutschen Stellungen mit großem Erfolg.

Die Stimmung in der Stadt stieg. Schukow lobte «den Mut, die Standhaftigkeit und die Zähigkeit der einfachen Menschen», die ihre Stadt nicht aufgaben. Wer es in seinen Augen an Mut, Standfestigkeit und Zähigkeit auch nur im Geringsten mangeln ließ, fand sich vor einem Exekutionstrupp des NKWD wieder – ein dunkler Schatten auf Schukows historischer Leistung, die Millionenstadt vor dem Vernichtungskrieg bewahrt zu haben. Die freilich kann ihm und den Leningradern niemand nehmen. Was ab dem Spätherbst in der Stadt geschah, glich einer dunklen Endzeitvision. Die deutsche Artillerie feuerte nach einem systematischen Plan dreimal täglich mehrere Stunden in die Stadt, ein Takt des Todes. Die herrlichen Bauten der Zarenstadt versanken in Schutt und Trümmern. Deutsche Bomber legten gezielt die Stromversorgung, Lebensmitteldepots und jegliche zivile Infrastruktur lahm.

Das Schlimmste aber war der Hunger. Hitlers Plan, drei Millionen Menschen einfach an Essensmangel zugrunde gehen zu lassen, schien aufzugehen. Ein Augenzeuge berichtete: «Der Tod kam bei jeder Gelegenheit zu den Menschen. Sie gingen auf der Straße, fielen um und würden nie wieder aufstehen. Sie schliefen in ihren Häusern ein und wachten nicht mehr auf. Sie brachen in der Fabrik zusammen, mitten in der Arbeit.»[124] Alexander Werth besuchte die noch immer belagerte Stadt 1943, einer von nur zwei westlichen Korrespondenten, die Zugang erhielten. Ein Major namens Lozak zeigte ihm die Frontlinien und erzählte von jenem Winter des Wahnsinns 1941/42, von Kälte und dem ewigen Hunger. In diesem ganzen Winter, berichtete Lozak, «sah ich keinen einzigen Menschen jemals lächeln. Es war beängstigend, und doch gab es eine Art innerer Disziplin, die uns weitermachen ließ.» Erste Benimmregel der Belagerten hieß: Sprich niemals über Essen. Lozak verbrachte «einen sehr hungrigen Abend» mit einem alten Genossen, der ihn fast in den Wahnsinn trieb, als er zur Ablenkung Stunde über Stunde über Kant und Hegel referierte, eine traurige Reverenz an jene aufgeklärten Geister, die man in Russland einst mit dem Namen Deutschland verbunden hatte.[125]

Insgesamt starben eine Million Menschen in Leningrad, die meisten im schrecklichen ersten Winter. Und doch konnten die Deutschen Leningrad nicht brechen. Ein Symbol des Widerstands war der alte Kreuzer *Aurora*, mit dessen

Schüssen auf den Winterpalast des Zaren 1917 die Revolution begonnen hatte. Jetzt feuerten die betagten Kanonen des Museumsschiffs aus allen Rohren auf die Belagerer – Schukow mobilisierte zur Gegenwehr, was nur möglich war. Erst ab Februar 1942 verbesserte sich die Versorgung; der See war dick zugefroren, und Nachschub kam über die Eisstraße; in der Gegenrichtung brachte man bis Ende des Jahres eine weitere Million Zivilisten in Sicherheit. Zu diesem Zeitpunkt ereilte die Deutschen bereits ihr Schicksal in der anderen Großstadt, deren Name mit dem russischen Überlebenswillen für immer verbunden ist: Stalingrad.

«Taifun»: Entscheidung vor Moskau

1941 zeigte sich nicht nur in Leningrad, dass der Weg zum rassistischen Imperium im Osten noch viel weiter war, als die Eindringlinge annahmen. Gewiss hat die sowjetische Propaganda die Gegenoffensive von Jelnja zum Triumph und Wendepunkt aufgebläht; sie war beides nicht, sie blieb ein lokales Ereignis, während der Vormarsch der Heeresgruppe Mitte nach Osten fast überall sonst unerbittlich weiterging. Im Herbst hatten sie auch die Region Jelnja überrollt und näherten sich Moskau. Und dennoch: In Jelnja spürten die Deutschen, dass dieser Gegner trotz fürchterlicher Verluste noch nicht geschlagen war, ihre eigene Armee aber Anzeichen der Ermüdung zeigte. Sie war auf der gesamten Front zu spüren. Man sprach nun von der «Augustkrise», weil sich das Tempo des Vormarsches stark verlangsamt hatte, und bei klarsichtigeren Offizieren zog wohl eine Ahnung des Kommenden herauf, wie bei der 4. Armee: «Mancher hatte gehofft, das russische Reich sei ein Koloss auf tönernen Füßen, ein Kartenhaus, das auf einen Windhauch zusammenbrechen würde. Wie viel sicherer musste es der Sturmwind, den die deutsche Wehrmacht zu erzeugen vermag, umblasen. Warum ist das nicht erreicht worden?»[126]

Auch wenn die russischen Verluste seit dem 22. Juni um ein Vielfaches höher waren als die der Wehrmacht und der SS-Verbände, hatten auch die Deutschen bereits mehr Soldaten und Material verloren als während der gesamten Feldzüge zuvor. Bis Anfang September 1941, als das Oberkommando der Wehrmacht den Angriffsplan auf Moskau entwarf, waren bereits mehr als eine Viertelmillion Soldaten gefallen und 30 Prozent aller deutschen Panzer verloren. Weitere 23 Prozent mussten instand gesetzt werden. Manche der vorgesehenen Divisionen verfügten nur noch über ein Drittel ihrer Tanks. Als Nachschub standen nur hundertfünfundzwanzig Kampfwagen zur Verfügung. Bei den Lastwagen, unabdingbar für den Bewegungskrieg, sah es wenig besser aus.[127] Die Gründe waren vielfältig. Das russische Eisenbahnnetz war dünn und mit seiner anderen Spurbreite nur mühsam benutzbar, zudem anfällig für Angriffe durch Partisanen und sowjetische Spezialtrupps. Noch gravierender aber wirkte sich jetzt die erstaunlich unprofessionelle Rüstungswirtschaft im Reich aus, die niemals Effizienz, Organisationsgrad und Ausstoß wie später die USA und die Sowjetunion erreichte. Die deutsche Militärmaschinerie, auf der Welt gefürchtet, geriet an ihre Grenzen. Und bis Ende des Jahres hatte sie diese Grenzen erreicht.

Doch Hitler und seine Paladine, das Oberkommando des Heeres und jenes der Wehrmacht, sahen die Zeichen nicht, und nach außen hin wurden die Siege nur noch triumphaler. Im heißen und staubigen August 1941 kesselte

Heinz Guderians Panzergruppe 2 bei Roslawl eine weitere sowjetische Armee ein und nahm 38 561 Gefangene. Damit war die, ohnehin begrenzte, Gegenoffensive von Jelnja im Grunde gescheitert. Stalin tobte und bezeichnete seine örtlichen Heerführer als Verräter und Feiglinge. Schlimmer noch: Den Deutschen bot sich nun eine vielversprechende Operationsbasis für den Angriff auf Moskau. Und genau dorthin, so forderte es OKH-Chef Halder in hitzigen Debatten mit Hitler, sollte sich nun der entscheidende Stoß der Heeresgruppe Mitte richten. Doch der Diktator hatte andere Pläne. Sie entsprachen der Logik seines «Wahnsinns mit Methode». In einer charakteristischen Melange aus Ideologie und Scheinrationalität richtete er den Blick auf den Süden der Sowjetunion, vor allem das riesige Gebiet der Ukraine, und in einer nicht weniger charakteristischen Mischung aus Komplizenschaft, Größenwahn und Devotheit machte die Militärführung abermals mit. In seinem «Lebensraum»-Konzept spielte dieser Raum eine wesentliche Rolle als «Kornkammer» und Siedlungsgebiet, zudem hatte er ja vor, möglichst gewaltige Territorien des Ostens unter seiner Kontrolle zu bekommen, bevor eine angloamerikanische Allianz sein dunkles Imperium von Westen her bedrohen würde. Und es lockten die Ölfelder des Kaukasus.

Guderians Panzer wurden nun nach Süden beordert, und in einer Denkschrift vom 22. August kanzelte Hitler die Heeresführung und besonders Halder ab, der auf der Operation gegen Moskau bestanden hatte. In Hitlers Visionen schien über Ukraine und Krim und die Ölfelder des Kaukasus bereits ein Zangenangriff auf die Briten im Nahen Osten im Bereich des Möglichen zu sein. Guderian war außer sich: Würde die Wucht der Panzerarmeen jetzt nach Süden gelenkt, dann wäre Moskau aus seiner Sicht vor dem Winter nicht mehr zu erreichen. Der Panzergeneral warnte Heeres-Generalsstabschef Halder: Er bezweifle sehr, dass seine Einheiten «diesen neuen Strapazen und einem anschließenden Winterfeldzug in Richtung Moskau gewachsen sein würden». Guderian flog nun zurück nach Ostpreußen und landete in der Dämmerung auf dem Flugplatz Lötzen, wo ihn der Oberbefehlshaber des Heeres, Generalfeldmarschall von Brauchitsch, mit den historischen Worten empfing: «Ich verbiete Ihnen, mit dem Führer die Frage Moskau zu erörtern. Der Ansatz nach Süden ist befohlen, es handelt sich nur noch um das Wie. Jede Erörterung ist nutzlos!»[128]

Die Entscheidung, ob die Panzer nach Moskau rollen würden oder nach Kiew in die Ukraine, war für den Ausgang des Feldzuges keineswegs so bedeutsam, wie Guderian damals und für den Rest seines Lebens annahm. Dies war ein verbrecherischer Krieg, in dessen Dienst er nicht weniger stand als von Brauchitsch und all die anderen, und diesen Krieg würde das Deutsche Reich nicht gewinnen können, gleichgültig, ob sie Moskau früher erreicht hätten oder nicht. Wichtiger ist etwas anderes. Das OKH war anderer Meinung als Hitler, in einer rein operativen Frage, es wollte nach Moskau. Doch seine führenden Männer wagten es nicht, dem Diktator zu widersprechen, sobald seine Meinung feststand. Nur Guderian hielt trotz des Verbots seines Vorgesetzten eine flammende Rede, auf Moskau vorzustoßen, dann werde die Ukraine abgeschnitten und eine leichtere Beute sein. Ohne Erfolg: «Alle Anwesenden nickten zu jedem Satze Hitlers und ich stand mit meiner Meinung allein.»

Anfangs hielten die Russen dem großen Schlag gegen die Ukraine stand, doch als am 19. September die Hauptstadt Kiew fiel und gleich fünf sowjetische Armeen in der gewaltigen Kiewer Kesselschlacht zugrunde gingen, triumphierte die Wehrmacht auch hier. Die jungen Panzerfahrer, deren Fahrzeuge lange Staubfahnen hinter sich herzogen, rollten noch einmal tief in das fremde Land hinein und mochten sich fühlen wie Kreuzritter; und doch brachten sie das Böse. Die Wehrmacht machte im Kiewer Kessel 665 000 Gefangene, die sie von Beginn an unmenschlich behandelte und binnen Wochen zugrunde gehen ließ. Was sie erwartete, hatte Halder schon im März, vor dem Feldzug, vorweggenommen: «Im Osten ist Härte mild für die Zukunft.»[129]

Hitler aber triumphierte. Er hatte sich durchgesetzt und einen weiteren Feldzug befohlen, der im Triumph geendet hatte. Ungeheuer weite Territorien waren nun in seiner Hand, und seine Verachtung für den Generalstab stieg. Dabei waren seine Ziele so phantastisch, dass sie nicht einmal jetzt erreicht worden waren: Der Kaukasus und seine Ölfelder waren noch sehr weit fort, und die Heeresgruppe Süd stand vor dem Industriegebiet von Charkow, das sie erst später einnahm. Guderians Panzer fehlten ihr: Sie hatten zurückkehren müssen ins Herz Russlands, denn hier holte die Wehrmacht zu jenem Schlag aus, der den Feind endgültig zertrümmern sollte: dem Angriff auf Moskau.

Es war nun Herbst. Die deutschen Armeen litten zunehmend unter dem Verschleiß an Menschen und Material. Viele junge Offiziere waren gefallen, und ihren Nachfolgern fehlte die Erfahrung. Es wurde kälter, immer öfter regnete es. Wo die Panzer bisher über weite, staubige Ebenen gerollt waren, als könne sie nichts aufhalten, sanken die schweren Kettenfahrzeuge jetzt im tiefen Schlamm ein. «Anhaltende Regenfälle weichten den Boden derartig auf, daß sich die Vormarschwege, Straßen gab es keine, in eine tief ausgefahrene, zähe Schlamm-Masse verwandelten», heißt es in einem

Erlebnisbericht des Artilleriegenerals Maximilian Fretter-Pico (das 1969 erschienene Buch war übrigens, wie so viele seiner Art, von keinem Gedanken der Selbstkritik oder gar Reue getrübt, es lobte in einem fort «die überlegene Moral des deutschen Soldaten»). Der Schlamm verklebte Kanonen und Gewehre und verlangsamte das Vorankommen erheblich: «Der Spatengebrauch war äußerst behindert, da sich, genau wie an den Rädern und Ketten der Fahrzeuge sowie am Schuhzeug, die Schwarzerde klebrig festkrallte.» Der General verlagerte den Nachschub in Einzelteilen auf kleine Panjewagen, von Pferden gezogen, und führte die Meldereiter wieder ein, wie sie einst auch Napoleon hier benutzt hatte.[130] Die Deutschen waren nicht mehr in der Lage, so wie am 22. Juni an allen Fronten mit derselben Wucht anzugreifen. Sie sammelten ihre Kräfte nun in der Mitte, um noch einmal den Blitzkrieg über die russischen Verteidiger zu bringen. Es sollte «die letzte Schlacht» werden, wie Hitler den Soldaten versprach. Am 1. Oktober tönte seine Stimme aus dem Radio, heiser und suggestiv, und viele glaubten ihm. Ein Hauptwachtmeister der 6. Armee schrieb an seine Schwester: «Neulich hat der Führer ja einen ganz großen Aufruf erlassen, aus dem hervorgeht, daß der Krieg gegen Rußland noch in diesem Jahr zu Ende gehen wird.»[131]

Der Angriff brach am letzten Septembertag los. Und noch einmal, zur Frustration und Verzweiflung der Verteidiger, gab die operative Überlegenheit des deutschen Heeres den Ausschlag. Den Hauptstoß führte erneut die 2. Panzerarmee unter Heinz Guderian. Zwar hatte die Rote Armee nun das Gros ihrer verbliebenen Kräfte zwischen Moskau und der deutschen Front massiert, aber taktisch wenig dazugelernt. Der wuchtige Vorstoß mehrerer deutscher Panzergruppen durchbrach ihre Stellungen. Die Wehrmacht schloss die Russen bei Wjasma und Briansk in mehreren Kesseln ein, unter anderem bei Briansk, und machte noch einmal sechshundertsiebenunddreißigtausend Gefangene. Mehr als fünfzig russische Divisionen waren zerschlagen, tausendzweihundert Panzer wurden zerstört oder erbeutet. Auch die deutschen Verluste waren schwer. Ein Landser blickte kurz vor Ende der Operation zurück: «Die Russen haben sich auch hier unheimlich verschanzt und jedes Dorf zäh verteidigt. Unsere Infanterie hatte wieder schwere Ausfälle, auch uns hat es diesmal ziemlich mitgenommen, das heißt die anderen Züge, unserer blieb verschont. Ein Geschütz flog in die Luft, war auf eine Mine geraten, zwei erhielten Granatvolltreffer. Wir stehen einem zahlenmäßig weit überlegenen Gegner gegenüber, und deshalb geht es auch nur Stück für Stück vorwärts.»[132]

In Moskau löste die Nachricht vom Vorrücken der Deutschen Panik aus. Zivilisten, Rüstungsarbeiter, viele KP-Funktionäre strömten in Richtung Osten aus der Stadt, gleich, ob sie einen Passierschein besaßen oder nicht. Auf den Bahnhöfen drängten sich die Menschen. Alexander Werth, der britische Korrespondent, erinnerte sich später an eine Begegnung mit Marschall Schukow. Der Marschall erzählte, er habe an jenem Tag in Moskau versucht, etwa fünfzehn oder zwanzig seiner Freunde und Bekannten anzurufen – und sie alle waren verschwunden. Nach allem, was die Moskauer über das Leben unter deutscher Besatzung gehört hatten, war die Massenpanik nur verständlich. Und der deutsche Geheimpolizeiapparat, gründlich wie immer, hatte bereits Todes- und Verhaftungslisten vorbereitet. Gerüchte, Stalin habe die Stadt ebenfalls schon verlassen, heizten die Hysterie an; dann, am 17. Oktober, wurde im Radio verkündet, der oberste Genosse halte sich weiterhin in der Stadt auf. Die Behörden, mit der üblichen Hilfe des für seine Grausamkeit berüchtigten NKWD, brachten die Lage in den folgenden Tagen unter Kontrolle. Moskau würde kämpfen.

Die Stadt bereitete sich auf eine Belagerung vor, Stalin verließ sie nicht. Fast die Hälfte der Bevölkerung wurde nach Osten evakuiert, ebenso viele kriegswichtige Betriebe. Pioniere bauten Panzersperren und Stacheldrahtverhaue, überall in der Stadt ragten die Kanonen der Flak in den Himmel. Am 7. November stand Stalin auf dem Roten Platz und sprach zu Soldaten der Roten Armee, manche kamen von der Front, manche, gerade ausgebildet und ausgerüstet, waren auf dem Weg dorthin. In der Ferne grollte Artillerie; die Deutschen waren nah. Über der Innenstadt kreisten sowjetische Jagdflugzeuge. Stalin, sonst ebenso wie Hitler abgeschieden vom wirklichen Leben und Sterben des Krieges, fand einmal mehr die richtigen Worte und schlug ein weiteres Mal das Motiv vom «Großen Vaterländischen Krieg» an. Hätte die russische Nation nicht so viele furchterregende Invasoren erlebt und geschlagen: die deutschen Ordensritter, die Mongolen, die Tataren? «Der Krieg, den ihr führt», rief er in die kalte Herbstluft hinein, «ist ein gerechter Krieg! Tod den deutschen Invasoren! Lang lebe unser glorreiches Land, seine Freiheit und Unabhängigkeit!»[133]

Inzwischen war auch den einfachen Soldaten der Roten Armee klar geworden, welchen Horror dieser Feind über die Heimat brachte. Viele von ihnen mochten Stalin und sein Regime verabscheuen, etliche Angehörige in den Jahren des Großen Terrors verloren haben. Doch zum Kampf gegen die deutsche Invasionsarmee konnte es keine Alternative geben, auch weil die Deutschen den Unterworfenen keine Alternative boten als Tod und ein entrechtetes Helotendasein. Das Wort von den «faschistischen Bestien» kam nun auf, und der Dichter Surkow schrieb in seinem Gedicht «Eid eines Soldaten»:

«Die Tränen der Frauen und Kinder brennen in meinem Herzen.

Hitler, der Mörder, und seine Horden werden für diese Tränen mit ihrem wölfischen Blut bezahlen.

Denn der Hass des Rächers kennt kein Erbarmen.»[134]

Nur wenige Tage nach Stalins Rede, am 13. November, traf Halder die Chefs der deutschen Generalstäbe und Heeresgruppen in Orsa bei Smolensk. Es war ein Treffen von Männern, die man als verzweifelte Sieger bezeichnen könnte. «Operation Taifun» hatte die Wehrmacht bis vor die Tore Moskaus getragen und der Roten Armee einmal mehr grauenvolle Verluste beigebracht. Doch alles, was sie erreicht hatten, summierte sich zu einem Pyrrhussieg. Der Krieg würde nicht, wie der «Führer» versprochen hatte, am Jahresende vorüber und gewonnen sein. Zu besprechen war in Orsa, wie es nächstes Jahr weitergehen sollte, nichts anderes bedeutete implizit die Überlegung, in welchen «operativ wertvollen» Ausgangsstellungen die Armee den Winter verbringen sollte. Die versammelten hohen Offiziere beklagten die Verluste ihrer Einheiten und forderten Nachschub und Ersatz, manche sprachen unverhohlen davon, es drohe der materielle und psychische Zusammenbruch der Truppe. Guderian besuchte am 14. November die 167. Infanteriedivision, eine erfahrene Kampfeinheit. Jetzt war die Stimmung übel. Nachschub und Versorgung blieben aus: «Schneehemden, Stiefelschmiere, Wäsche und vor allem Tuchhosen fehlten. Ein großer Teil der Männer lief in Drillichhosen, und das bei 22 Grad Kälte!» Bei einer Panzerbrigade waren noch fünfzig Panzer einsatzbereit statt der theoretisch vorgesehenen sechshundert. Und selbst diese fünfzig waren nur schwer zu bewegen, da es keine Winterketten gab und die Optik vereist war.[135]

Trotzdem suchte Halder in Moskau die Entscheidung. Offenbar hofften er und der Oberbefehlshaber der Heeresgruppe Mitte, Generalfeldmarschall Fedor von Bock, noch immer, der Fall Moskaus werde das Ende des Krieges bedeuten. Hitler, der nicht anwesend war, bevorzugte offenbar eine weiträumige Einschließung der Metropole, analog zum Schicksal Leningrads. Das eine war so illusionär wie das andere. Treffend urteilt das Standardwerk des Militärhistorischen Forschungsamtes über den Zweiten Weltkrieg: «Sie (Halder und Bock) verließen sich schlicht auf die in diesem Feldzug erwiesene überlegene Führungsleistung und die Durchhaltekraft der eigenen Truppe. Neben dem Feind ignorierten sie letzten Endes auch das Klima, die Bodenbeschaffenheit und die Temperaturtabellen, alles elementare Bedingungen, über die ihnen Meteorologen und Geographen Unterlagen bereitgestellt hatten.»[136] Deutschlands Generäle, so stolz auf ihre Professionalität, waren Spieler geworden, Spieler im Dienst der schlechtesten Sache in der Geschichte der Menschheit. Der Einsatz, den sie wagten, war das Leben der eigenen Soldaten und das Schicksal ihres Landes, und sie sollten alles verlieren.

Anfangs kam der Angriff auf einer festen Schneedecke und bei leichtem Frost gut voran, auch die Verteidiger waren am Ende ihrer Kraft. Halder frohlockte: «Es knirscht und kracht beim Russen im Gebälk.»[137] Aber es brach nicht. Selbst Guderian, der bei seinen Männern auch deshalb beliebt war, weil er sich bis dahin bemüht hatte, unnötige Opfer zu vermeiden, trieb seine völlig erschöpfte und geschwächte Panzerarmee jetzt ohne Rücksicht auf Verluste voran. Freilich notierte er bereits am 6. November, dass die Kälte, die er sich wenige Wochen zuvor wegen des Schlamms noch herbeigewünscht hatte, eher Fluch als Segen sei: «Für die Truppe ist es eine Qual, und wir kommen mit unseren Plänen immer mehr in den Winter. So bin ich also recht traurig gestimmt. Der beste Wille scheitert an den Elementen. Die einzigartige Gelegenheit, einen ganz großen Schlag zu führen, entschwindet immer mehr, und ich weiß nicht, ob sie je wiederkehrt.»[138]

Hitlers Generäle machten für ihr Scheitern in Russland 1941, schrieb mit feinem Spott der US-Historiker Gerald L. Weinberg, «zunächst den Schlamm und dann den Schnee und die niedrigen Temperaturen verantwortlich. ... Daß es in Russland alljährlich einen Winter gibt, ist kein unbekanntes Phänomen. Dieser Winter wird von den Russen keineswegs nur im Falle einer Invasion herbeigeführt, um die Invasoren zu schikanieren, und die russischen Truppen haben genauso wie die des Feindes mit Kälte, Schlamm und Schnee zu kämpfen.»[139] Hitler und seine Generäle freilich hatten die Truppen ohne Winterausrüstung nach Osten geschickt. Sie waren Gefangene ihrer eigenen Hybris.

Guderians wichtigstes Ziel auf dem Weg nach Moskau war die Industriestadt Tula, die nur noch über einen schmalen Korridor nach Norden mit der Hauptstadt verbunden war. Hier traf er auf einen alten Feind, Iwan Wassiljewitsch Boldin, der bei Białystok im Juni 1941 so knapp drei Angriffen deutscher Flieger an einem Tag entkommen war. Nun befehligte er als Kommandeur der 50. Armee die Verteidigung von Tula. Guderian hatte die Stadt, die stolz war auf ihre revolutionäre Tradition und ihre Waffenproduktion, nicht nehmen, aber bis zum 3. Dezember fast abschneiden können, als seine Panzer über die Schienen und die Straße nach Moskau rollten. Wie in so vielen Städten zuvor brach in Tula zunächst Chaos aus; wenige hatten erwartet, dass die Deutschen tatsächlich so weit nach Osten vorstoßen würden. Wassili Grossman beobachtet, wie Panik die Menschen ergreift: «Die Straßen sind voller Menschen. Sie laufen auf den Gehsteigen und auf der Fahrbahn. Trotzdem ist es eng. Alle schleppen Bündel, Körbe und Koffer.» Der Korrespondent traf auf einen hohen Offizier: «Er will von mir wissen, wo der Stab der Brjansker Front sich jetzt befindet. Er muss Truppen in Marsch setzen und weiß nicht, wohin.»[140] Boldin jedoch war wie wenige Monate zuvor entschlossen, die Stellung zu halten. Und diesmal waren die Verteidiger kaltblütiger und besser geführt. Die Soldaten und Arbeitermilizen gingen zum Gegenangriff über und kämpften die Straße wieder frei; als Schukow aus Moskau bei Boldin anrief, ihn mit Vorwürfen überschüttete und anwies, sein Hauptquartier schnellstens ostwärts zu verlegen, erwiderte Boldin stolz: «Wenn ich und mein Armeestab gegangen wären, wäre Guderian jetzt hier.» Eine solche Antwort erforderte einigen Mut in Stalins Reich, doch Schukow sah die Wahrheit in Boldins Worten. Er schickte eine Panzerdivision nach Tula, dessen Soldaten siebzehn Stunden ununterbrochen gekämpft und die Umklammerung durchbrochen hatten. Dann erhielt Boldin den ersehnten Anruf: Seine Infanteristen und die Panzerbesatzungen aus Moskau schüttelten sich die Hände. Die Stadt war frei, und sie sollte es bleiben.[141]

Die «Operation Taifun» hatte sich erschöpft. Das nahe Moskau war eine von Gräben und Bunkern umgebene Festung, und selbst wenn die Deutschen dort eingedrungen wären: Ein Jahr später, in Stalingrad, markierte der Kampf um eine Großstadt die große Wende des Krieges.

In Moskau hätte die entkräfteten Truppen ein ähnliches Schicksal erwartet. Aber es kam nicht so weit. Einzelne Verbände der Panzerdivisionen erreichten den äußersten Stadtrand; ihre Aufklärer sahen im Scherenfernrohr sogar die Türme des Kreml; unerreichbar fern. Näher als vierundzwanzig Kilometer kamen sie nicht heran. Anfang Dezember lief sich die Front vor der Stadt fest. Ganze Panzergruppen meldeten lakonisch, sie seien «am Ende», und bezogen Abwehrstellungen.

Noch viele Jahre nach dem Krieg sind die Gedanken ehemaliger Wehrmachtsgeneräle darum gekreist, was gewesen wäre, wenn: wenn der böse Schnee nicht gefallen und der Angriff auf Moskau früher erfolgt wäre, wenn Hitler die Heeresgruppe Mitte nicht für den Angriff auf die Ukraine geteilt hätte, wenn die Ersatzteile schneller an die Front gekommen wären, wenn der «Führer» in seiner Narrheit nicht alles falsch entschieden und beurteilt hätte, wenn dieses, wenn jenes – und was dann? Dann, behaupteten sie, hätte die Wehrmacht Moskau eingenommen oder die sowjetischen Heere beim Kampf um die Stadt endgültig vernichtet, und der Feldzug hätte 1941 sein Ziel erreicht. In einem der typischen Rechtfertigungsbücher – «Moskau 1941» – schreibt Carl Wegener zwei Jahrzehnte nach dem Krieg pathetisch: «Die Einnahme Moskaus (musste) militärisch einen einschneidenden Erfolg bedeuten.» Doch erst im Oktober 1941 «ließ Hitler dem OKH seinen Willen. Doch da war es zu spät. Zwei Monate zu spät.»[142]

Historische Spekulation ist immer eine heikle Sache, ein Fischen im Trüben. Doch eines kann mit einer Wahrscheinlichkeit gesagt werden, die an Sicherheit grenzt: Die Eroberung Moskaus hätte den Krieg nicht beendet, so wenig wie 1812, als Napoleon die Hauptstadt des Zaren besetzte und seine Grande Armée bald danach trotzdem geschlagen und vernichtet war. Selbst wenn die Russen die Riesenstadt nach harter Verteidigung oder sogar doch kampflos geräumt hätten: Die Rüstungsfabriken, welche die improvisationsreiche russische Industrie weit nach Osten, außerhalb der deutschen Reichweite, verlegt hatte, hätten weiterproduziert. Die unverbrauchten sibirischen Armeen, die im Dezember 1941 die deutschen Linien zurückwarfen, wären trotzdem gekommen. Die massive Unterstützung durch die Geleitzüge der westlichen Alliierten, vor allem der USA, wäre dennoch weitergelaufen. Nichts daran hätte sich geändert. Der Krieg wäre nicht zu Ende gewesen.

Der große Publizist Sebastian Haffner schrieb in seinen «Anmerkungen zu Hitler» treffend: «Wie sollte ein Krieg gegen Russland angesichts dieser Menschen- und Raumreserven überhaupt zu beenden sein? Diese Frage hat sich Hitler, wie man jetzt weiß, nie ernsthaft gestellt. ... Sein Kriegsplan sah auch im Fall eines militärisches Sieges zunächst nur einen Vormarsch bis zur Linie Archangelsk-Astrachan vor; das heißt, er hätte selbst dann eine riesige Ostfront behalten – bei fortdauerndem Krieg mit England und drohendem Krieg mit Amerika.»[143] Hitler und seine Planer waren freilich davon ausgegangen, dass es keine Sowjetunion mehr geben würde und damit auch keinen organisierten Gegner tief im Osten, jenseits einer wie auch immer bestimmten Grenze. Aber, und da hat Haffner nur zu recht, allein das Vage, die Hybris einer solchen Strategie hatte sich immer weiter von der Realität entfernt.

Rings um Moskau lag Schnee, es war so kalt, dass die Soldaten ihre Gewehre und Fahrzeuge nicht mit bloßen Händen berühren sollten, sie froren sonst fest. Die Flugzeugmotoren waren zu Eisblöcken erstarrt, die gefürchtete deutsche Luftwaffe blieb am Boden. Der Rotarmist Georgy Osadchinsky lag verschanzt hinter einem Bahndamm und sah die Deutschen dennoch angreifen, so wie sie es seit dem 22. Juni getan hatten, trotz aller Tapferkeit der Verteidiger, nichts hatte sie aufhalten können. In den Siegesmeldungen des deutschen Rundfunks war der Krieg schon gewonnen, die Sowjetunion geschlagen, und wehe den Besiegten. Und nun kamen die Soldaten in den grauen Uniformen wieder, Panzer und Infanterie.

Doch die Rote Armee hatte dazugelernt. Die Position am Bahndamm war gut, sorgfältig abgestimmt mit der schweren Artillerie weiter hinten. Wer sich der Verschanzung näherte, würde teuer dafür bezahlen. Bald schon lag Osadchinskys Stellung unter schwerem Feuer, die Wehrmacht wandte ihre bewährte Taktik an: ein wuchtvoller Panzerangriff, unterstützt von ihrer Infanterie, um durchzubrechen und tief hinter die Front vorzustoßen. Aber diesmal kamen die Panzer nicht voran. Die gut gelenkten russischen Geschütze belegten sie mit mörderischem Feuer, vom Bahndamm aus schossen die sowjetischen Soldaten und seine Kameraden aus allen Rohren. Ein Tank nach dem anderen brannte, Verwundete krümmten sich am eisigen Boden, die Überlebenden hasteten zurück, so schnell es Schnee und die Explosionen der Granaten zuließen. «Erleichterung und Glück breiteten sich in unseren Reihen aus», schrieb Osadchinsky später, «die Deutschen erschienen uns plötzlich gar nicht mehr so furchtbar – wir konnten sie also doch schlagen.»[144]

Anfang Dezember sank die Temperatur bei Moskau auf −35 Grad. Die deutsche Offensive, ohnehin fast völlig erlahmt, fror jetzt buchstäblich ein. Die Panzermotoren starteten nicht, unter den Motoren der Flugzeuge wurden Feuer entfacht, um die in Eis erstarrten Propeller zu lösen.

Es gab Wachposten, die morgens stehend erfroren aufgefunden wurden. Soldaten stopften ihre Uniformen mit allem aus, was irgendwie Wärme spendete: Stroh, Kleiderfetzen, Zeitungen. Russische Erkundungstrupps amüsierten ihre Kameraden nachher mit Erzählungen über den vogelscheuchenartigen «Winterfritz». Andere Deutsche plünderten die Kleidung russischer Gefallener, vor allem Fellmützen. Am 5. Dezember stellte das Heer die Offensive gegen Moskau endgültig ein. Drei Tage später, am 8. Dezember, befahl Hitler in der «Führerweisung 39», was ohnehin längst geschehen war, nämlich den Übergang zur Verteidigung, um «die Voraussetzungen für die Wiederaufnahme größerer Angriffsoperationen im Jahr 1942 zu schaffen».

Inferno: der Zivilisationsbruch

«In Rußland ist alles schwarz»: Wehe den Besiegten

Kurz vor Weihnachten schrieb der Funker Ludwig Sauter an sein «liebes Schwesterchen» aus dem Lazarett, er leide an Erfrierungen, vereiterten Füßen und Gelbsucht, «und mit den Nerven bin ich auch runter»: «In Rußland ist alles schwarz. Der Krieg hat ja ein solches Ausmaß angenommen, daß ich noch mit Jahren rechne, weil der Russe zu stur und zäh ist und bis zum letzten Mann ausgerottet werden muß, dazu kommt die sibirisch-asiatische Frage (Taiga), wo sich der Bolschewist jederzeit nach Belieben festsetzen kann.»[145] Der Mann, der diese Zeilen schrieb, gehörte nicht zu den Killerkommandos der SS-Einsatzgruppen oder zum «Sicherheitsdienst», nicht zu jenen Einheiten, die hinter der Front systematisch Juden ermordeten oder Zivilisten massakrierten. Er war ein einfacher Funker bei der Infanterie. «Weil der Russe ... bis zum letzten Mann ausgerottet werden muss»: In diesem fast beiläufigen Nebensatz eines ganz normalen Soldaten offenbart sich, wie tief die Naziideologie schon in viele Köpfe vorgedrungen war und wie sehr sich dieser Krieg barbarisiert hatte.

Bereits im Westen und während des kurzen Balkanfeldzuges des Frühsommers 1941 war die deutsche Kriegführung brutal gewesen und hatte zivile Opfer als Teil ihrer

Strategie betrachtet. Das lag in der Natur des Blitzkrieges, die Bomben auf Warschau, Rotterdam, Coventry und Belgrad, Luftangriffe auf Flüchtlingszüge in Frankreich sollten die Moral der Gegner brechen. In einem französischen Dorf, das ausgerechnet Le Paradis heißt, massakrierten SS-Einheiten neunundneunzig britische Kriegsgefangene. Europäische Kriege waren, wie alle Kriege, schon immer vom Leid der Zivilisten und Besiegten geprägt, allein im Dreißigjährigen Krieg hatte die Brutalisierung solche Ausmaße angenommen, dass ein Drittel der deutschen Bevölkerung durch Gewalt umgekommen war oder durch das Elend, welches diese Gewalt erzeugt hatte. Aber hier in der Sowjetunion zeichnete sich etwas Neues ab. Wer, wie die deutsche Führung, die Völker des Sowjetstaates fast allesamt als rassisch minderwertig, als «Untermenschen», begriff, der schloss ja jede Möglichkeit aus, das alte Regime des Gegners durch ein bequemeres, gefügigeres zu ersetzen. Ein *regime change*, um einen Begriff des 21. Jahrhunderts zu gebrauchen, ein von außen mit militärischer Gewalt herbeigeführter Machtwechsel hin zu einem politisch gefügigen Regime, war unter diesen Umständen völlig ausgeschlossen. Und auch das musste Hitlers Generälen doch bewusst sein. Stalins zahlreiche Feinde in Militär und Partei, heimliche russische Nationalisten, sogar jene Völker wie die Ukrainer, welche die deutschen Panzerspitzen 1941 mit Blumen und Schnaps begrüßt hatten, in völliger Verkennung der neuen Herren – jedem, der ein Interesse hätte haben können, nach dem Grauen des Stalinismus mit den Deutschen zu kollaborieren, demonstrierten diese aufs brutalste, dass sie nicht interessiert waren. Deshalb konnte es keinen russischen Quisling geben und keinen sowjetischen Pétain.

Wenn schon in West- und Mitteleuropa die «Neue Ordnung», eine nationenübergreifende der Faschisten und Ultranationalisten nämlich, nichts geworden war, wie musste das erst im Osten sein? Nur Narren, Fanatiker und Phantasten konnten jemals glauben, dass unter dem Hakenkreuz die viel beschworene «Neue Ordnung» Europas entstehen würde, welche Nationalisten und Faschisten unter sich vereinen würde. Was die Deutschen da auf den Trümmern der europäischen Demokratien errichteten, war selbst in Westeuropa ein Kerker, viel zu sehr Besatzungsherrschaft, als dass ihre Parolen von einem Kreuzzug Europas gegen den Bolschewismus mehr sein konnten als Gaukelei. 1941, im Jahr militärischer Siege, wurde den meisten Verführbaren eines deutlich: Dies war ein deutscher Krieg, ein Krieg Hitlerdeutschlands, in dem Verbündete bestenfalls als nützliche Helfer auf Zeit betrachtet wurden. Der Kommunismus war für Menschen in vielen Ländern Hoffnung und Heilslehre zugleich, auch wenn seine Praxis weder Anlass zu Hoffnung noch Heil bot. Der Nationalsozialismus aber versprach nicht mehr als «ein neues dunkles Zeitalter», wie Churchill es genannt hatte, in dem das Licht nur für die neuen deutschen Herren und wenige ihrer Handlanger schien.

Der Feldzug im Osten veränderte den Krieg grundlegend. Auf keinem anderen Schauplatz des Krieges kämpften so große Armeen gegeneinander, auf keinem anderen starben so viele Soldaten wie hier beim Ringen zweier totalitärer Systeme: circa 11,4 Millionen (und eine noch größere Zahl von Zivilisten) auf sowjetischer, mindestens 2,7 Millionen auf deutscher Seite.[146] Und vom ersten Tag war er begleitet von nie da gewesener Brutalität.

Bertolt Brecht hat geschrieben:

Das große Karthago führte drei Kriege.
Es war noch mächtig nach dem ersten.
Es war noch bewohnbar nach dem zweiten.
Es war nicht mehr aufzufinden nach dem dritten.

Karthago, vernichtet 146 v. Chr. im Dritten Punischen Krieg – das war das Schicksal, das der Sowjetunion zugedacht war. Dieser Krieg zielte auf die Vernichtung des Gegners, nicht nur seiner Armeen, sondern auch seiner Menschen. Der Frieden von Brest-Litowsk, den das Kaiserreich 1917 den geschlagenen Russen aufgezwungen hatte, war schonungslos und schockierend unklug gewesen; vielen Deutschen selbst erschienen die harten Bedingungen des Vertrages von Versailles zwei Jahre später als epochales Unrecht, ja als nationale Katastrophe. So unterschiedlich beide Friedensschlüsse sind: In beiden Fällen diktierte der Sieger harsche Bedingungen, zahlte der Geschlagene in Territorien, Reparationen, politischen Tributen. Aber die Staaten bestanden fort, und für die Menschen ging das Leben weiter.

In der Sowjetunion gab es 1941 keine Bedingungen mehr, welche die Angegriffenen hätten erfüllen können, keine Länder und Rohstoffe, die sie hätten abtreten können, um einen Frieden zu erhalten, und sei er noch so bitter. Für die allermeisten Völker der Sowjetunion aber würde es keine Befreiung vom kommunistischen Joch geben, wie die Nazipropaganda behauptete, und nicht einmal eine Zukunft unter der Knute neuer Herrscher. Nicht einmal die schmachvollste Kollaboration bot unter diesen Umständen einen Ausweg, schon gar nicht 1941, als die Eroberer noch wähnten, den großen Vernichtungsschlag zu führen. Erst ab 1942, als der Krieg doch nicht zu Ende gegangen, ja dieses Ende nicht einmal mehr absehbar war, bemühte sich das NS-Regime ernsthafter um Verbündete unter den Russen. Unter General Andrej Wlassow entstand 1944 sogar eine nach ihm benannte Armee aus allen Völkerschaften der Sowjetunion, die zeitweilig eine Stärke von fast hunderttausend Mann erreichte. Wlassow rief die Rotarmisten schon bald nach seiner Gefangennahme vor Leningrad im Juli 1942 auf, die Seiten zu wechseln und den Bolschewismus als «Feind des russisches Volkes» zu stürzen: «Erhebt euch und nehmt teil am Freiheitskampf! Lang möge der ehrenhafte Frieden mit den Deutschen währen!»[147] Das überzeugte wenige; es klang erbärmlich und war es auch, denn die Deutschen boten genau das nicht – einen ehrenhaften Frieden. Sie boten gar keinen Frieden.

Was die Eroberer für die Eroberten vorgesehen hatten, war der Tod. Er war allen Juden bestimmt, und der Holocaust bleibt das größte Verbrechen der NS-Herrschaft. Aber auch Millionen slawischer «Untermenschen» sollten sterben, die Übrigen ein unbestimmtes Los als Sklaven der neuen Herrenrasse fristen, ohne Rechte und ohne Zukunft. So grausam die Eroberer der Geschichte oftmals gewesen waren: Eine solche Dimension des Bösen hatte es niemals zuvor gegeben, weder in moralischer noch in geographischer Hinsicht.

Und doch war 1941 nicht der Einschnitt, in dem aus einem vergleichsweise herkömmlichen europäischen Krieg etwas ganz Neues, Abgründiges wurde. «Wie sehr der Feldzug auch strategisch mit dem Gesamtkrieg verbunden war, bedeutete er doch, dem Wesen und der Moral nach, etwas gänzlich Neues, gleichsam den Dritten Weltkrieg», hat Joachim Fest in seiner Hitler-Biographie geschrieben.[148] Das ist, in den Dimensionen des Verbrechens gesprochen, unbestreitbar richtig, und erst mit «Barbarossa» griff der Krieg wirklich von Europa aus auf fast die ganze Welt über, und die Zahl seiner Opfer vervielfachte sich binnen sehr kurzer Zeit. Bis zum 22. Juni 1941 waren seine außereuropäischen Schauplätze – Nordafrika, die Schlacht im Atlantik – verlängerte Auseinandersetzungen eines Krieges, der auf dem alten Kontinent tobte. Nach diesem Tag zog seine Dynamik alle großen Mächte hinein, mit ihm begann der Aufstieg der USA und der Sowjetunion als neue Weltmächte.

Dennoch, was Fest als «Dritten Weltkrieg» bezeichnet, das Überschreiten aller moralischen, strategischen und geographischen Grenzen – es hatte bereits zuvor begonnen, und zwar vor allem in Polen 1939. Dem «Wesen und der Moral nach» war das Schicksal, das die deutschen Besatzer dem unglücklichen Nachbarland zugewiesen hatten, dasselbe wie jenes, das der Sowjetunion bestimmt war: Sklaverei, Massenmord, Rassenkrieg. Polen hatte als Staat aufgehört zu existieren, die Sieger zogen die Grenzen, wo es ihnen beliebte. Polen war in seiner Geschichte schon drei Mal zwischen den großen Nachbarn geteilt worden. Aber niemals hatte sich eine solche Finsternis über das Land gelegt. Im Osten herrschten Stalin und der NKWD mit Deportationen, politischen Verhaftungen, Folter und Geheimgefängnissen. Die beiden totalitären Diktaturen vereinbarten außerdem, gemeinsam jede Form polnischer Unabhängigkeitsbestrebungen im Keim zu ersticken. Wenn Stalins unfreiwillige neue Untertanen aber gedacht haben sollten, schlechter könne es nicht mehr kommen, dann belehrten die Deutschen sie eines Schlimmeren.

In ihrem Besatzungsteil annektierten sie große Territorien kurzerhand und schlugen sie dem Reich zu, die meisten Polen, die dort gelebt hatten, wurden fortgejagt. Die übrigen Gebiete wurden zum Generalgouvernement zusammengefasst, wohinter sich ein Kolonial- und Ausbeutungsregime der schlimmsten Art verbarg. Unter den Nazis wurde Polen ein Totenhaus. Hitler befahl im Oktober 1939: «Harter Volkstumskampf gestattet keine gesetzlichen Bindungen.» Eine solche politische und ethnische Neuordnung hatte es auf dem Kontinent noch nie gegeben. «Anstatt die Grenzen den Menschen anzupassen» – das hatte man nach dem Ersten Weltkrieg versucht –, «paßte der Sieger nun die Menschen den Grenzen an», schrieb der amerikanische Historiker Weinberg. Er wusste aus eigenem Erleben, wovon er sprach. Geboren in Hannover, kam der jüdische Junge 1939 gerade noch aus Deutschland heraus.

Polen war die Blaupause, der erste Schritt, das Experimentierlabor, hier hatte begonnen, was in Russland in noch viel größerem Maßstab vollendet werden sollte: der rassenbiologische Vernichtungskrieg. Und hier vollzog sich parallel, was über die eroberten Gebiete Russlands hereinbrach. Fast die gesamte Kriegszeit über, mehr als fünf Jahre lang, befand sich die geschundene Nation in den Händen der Deutschen. Bei Kriegsende waren sechs Millionen Menschen ermordet worden, darunter fast alle polnischen Juden. Und es ist eine traurige Farce der Geschichte, dass die Sowjetunion, die aus deutscher Sicht das Schicksal der Polen bald teilen sollte, ihnen noch während ihres verzweifelten Abwehrkampfes in den Rücken gefallen war und dem NS-Regime durch den Hitler-Stalin-Pakt nach Kräften half.

Nun also, am 22. Juni, kam die Reihe an die Völker der Sowjetunion. Vom ersten Tag an durchstreiften Killerkommandos das eroberte Gebiet, vor allem die Einsatzgruppen der SS, und auch sie hatten in Polen erprobt, was sie nun weiter östlich fortsetzten, nämlich so viele unschuldige Menschen zu ermorden, wie es die NS-Führung für richtig hielt. Und am schlimmsten traf es die Juden.

«Die Schlucht liegt stumm, darüber das Vergessen»: Holocaust

In der Sowjetunion lebten bei Kriegsbeginn etwa drei Millionen jüdische Menschen, die Hälfte davon in der Ukraine. Als Stalin, nach seinem Abkommen mit Hitler 1939, den Osten Polens, die baltischen Staaten und Bessarabien seinem Reich einverleibte, kamen beinahe 1,9 Millionen weitere hinzu. In jenem Gebiet, das nach «Barbarossa» insgesamt in deutsche Hände geriet, lebten bei Ausbruch der Kämpfe etwa vier Millionen Juden, davon gelangen glücklicherweise 1,5 Millionen die Flucht nach Osten. Auf die anderen wartete das Grauen, das schon über Polens Judentum gekommen war.

Der Antisemitismus war die Achse, um welche sich die ganze NS-Weltanschauung drehte, so krude und primitiv sie sein mochte; aus dem Hass auf die Juden bezog sie ihr tödlichstes Gift. In Hitlers Welt, das hat er in «Mein Kampf» und vielen öffentlichen Äußerungen danach immer wieder gesagt, handelte es sich bei der Sowjetunion, dieser neuen Macht im Osten, um ein jüdisch-bolschewistisches System. Die Juden hätten das Land zersetzt und beherrschten es nun. Das war ein idiotisches, bösartiges Hirngespinst, erwachsen im Halbdämmer jener Münchner Szene aus Kretins und vom Krieg Entwurzelten, mit denen Hitler und seine Kumpane einst die NSDAP entworfen hatten. Dieser aufs äußerste zugespitzte Antisemitismus knüpfte an den traditionellen deutschen Antisemitismus an und radikalisierte ihn zu einem kosmischen Feindbild, an dem sich das Schicksal der Nation entscheiden werde. Auch dies war Wahnsinn, ein Wahnsinn jedoch, der 1941 das Handeln der stärksten Militärmacht ihrer Zeit bestimmte – und deren

Generäle beinahe nichts taten, um die Massaker hinter der Front zu unterbinden; im Gegenteil, sie waren sehr oft Helfer und Komplizen der Mörder.

Vom 22. Juni 1941 bis April 1942 ermordeten allein die vier SS-Einsatzgruppen A, B, C und D mehr als eine halbe Million jüdischer Menschen. Für die meisten Opfer waren die deutschen Eroberer völlig Fremde, sie wussten nicht, was ihnen bevorstand, auch wenn sie Schlimmes gehört hatten. Nicht wenige hofften aber, dass dies nur Gerüchte und dass die Nation, die Beethoven und Goethe hervorgebracht hatte, am Ende doch Gnade walten lassen würde. Die Älteren erinnerten sich, dass sie 1917/18 den deutschen Soldaten noch Beifall geklatscht hatten, als sie ins Zarenreich einrückten, und dass deren Besatzung vergleichsweise mild gewesen war. Chaos, Rohheit und Blut bestimmten die ersten Tage, als die Wehrmacht 1941 in jene Städte Polens vorstieß, in denen seit 1939 die Russen herrschten. Fast überall stießen die Truppen auf entsetzliche Bilder. Der NKWD hatte vielerorts, wenn noch Zeit blieb, wie in einem sadistischen Rausch der Rache die Insassen seiner Geheimgefängnisse umgebracht; Sie fortzuschaffen, dafür blieb wegen des schnellen deutschen Vormarsches keine Zeit und Gelegenheit mehr. Diese Menschen, so ihre Henker, sollten die Freiheit nicht mehr erleben: Ukrainer, Polen, Juden waren darunter, die als politisch verdächtig gegolten hatten. Die Einheiten des Geheimdienstes in den besetzten Gebieten Osteuropas waren eigens ausgesucht worden, um Schrecken und Terror zu verbreiten, und sie taten dies noch in der Stunde des ruhmlosen Rückzugs. In der Ölstadt Boryslaw, sie fiel der Wehrmacht schon nach wenigen Tagen in die Hände, lagen die Toten auf der Panska-Straße. Ein junger Mann namens Jan Moldauer fand die Leiche eines seiner Freunde: «Er hatte nur ein ganz verschwollenes Auge, seine Lippen waren mit Stacheldraht zugenäht, seine Hände zerschlagen und verbrannt, die Haut pellte sich, als ob sie mit kochendem Wasser übergossen worden wäre. … Ich sah mir keine weiteren Leichen mehr an, weil ich es einfach nicht konnte.»[149] In anderen Gefängnissen war der Boden mit herausgeschnittenen Augen und Nasen der Ermordeten bedeckt.

Überall standen Menschen und weinten um ihre Angehörigen und Freunde, andere schrien nach Rache. Weil niemand anderes zur Verfügung stand, traf sie oft die Juden aus diesen Städten, und es interessierte niemanden, dass Vertreter jüdischer Gemeinden und Parteien ebenfalls zu den entstellten Opfern der sowjetischen Geheimpolizei gehörten. Vielerorts gab es spontane Pogrome durch den bisherigen, gegen die Sowjets gerichteten nationalistischen Untergrund, die von den neuen Herren, den Deutschen, geduldet und gar geschürt wurden. In Boryslaw wurde ein junger Ölmanager Augenzeuge, wie ein rasender ukrainischer Mob Juden zum Waschen der Leichen zwang, misshandelte und mehrere totschlug; in dieser Stunde reifte in Berthold Beitz der spätere Entschluss heran, so viele Menschen wie möglich vor dem Holocaust zu retten. Zu dem «ungeheuren Schock», den er am ersten Tag in Boryslaw erlebte, gehörte auch der Anblick deutscher Uniformierter, die lachend zusahen und Fotos vom Geschehen machten, als handele es sich um ein Volksfest. Beobachter wie Beitz glaubten anfangs, dies seien vorübergehende Exzesse. Das Gegenteil trat ein. Je mehr die deutsche Macht sich festigte, desto grausamer und konsequenter betrieb sie die Verfolgung der Juden. Anfangs hatten die Einsatzgruppen und die Sicherheitspolizei jüdische Angehörige der sowjetischen Behörden und Streitkräfte zu töten, sie weiteten dies aber sofort auf jüdische Männer im wehrfähigen Alter aus und erschossen ab August immer öfter unterschiedslos Frauen, Männer und Kinder.

Das Ausmaß des Grauens, das sich hinter der rasch vorrückenden Front vollzog, ist gar nicht angemessen zu beschreiben. Der deutsche Bauingenieur Hermann Gräbe wurde 1942 zufällig Zeuge einer Massenerschießung in Dubno; die SS trieb dreitausend Juden vor offenen Gruben zusammen und erschoss alle; Gräbe sah einen Vater, der seinen weinenden Zehnjährigen tröstete, «er zeigte mit dem Finger zum Himmel, streichelte ihm über den Kopf und schien ihm etwas zu erklären». Die Menschen mussten sich ausziehen und hinunter in die Grube gehen, oben am Rand hockten SS-Männer und rauchten Zigaretten. Die Todgeweihten, berichtete Gräbe, «legten sich vor die toten oder angeschossenen Menschen, einige streichelten die noch Lebenden und sprachen leise auf sie ein». Dann feuerten die Mörder erneut, bis Schichten von Leichen und Sterbenden die Grube füllten. Hermann Gräbe wird all dies 1945 US-Ermittlern erzählen, während der Nürnberger Prozesse wurden seine Aussagen verlesen. Wie Beitz gehörte er zu den wenigen Deutschen, die sich fortan um die Rettung von Juden bemühten, oft unter Lebensgefahr; für sie beide steht im «Garten der Gerechten» in der Holocaust-Gedenkstätte Yad Vaschem je ein Baum.[150]

Eines der größten einzelnen Massaker richtete die Einsatzgruppe C in der Schlucht von Babij Jar bei Kiew an. Wenige Tage nachdem die Stadt an die Deutschen gefallen war, waren bei Explosionen Hunderte Zivilisten wie auch Soldaten der Wehrmacht umgekommen. Offiziere des Heeres und der SS beschlossen in einer gemeinsamen Besprechung zur Vergeltung eine als «Evakuierung» getarnte Massenerschießung. Die Juden der Stadt wurden per Aushang in drei Sprachen aufgerufen, zu einem Sammelplatz zu kommen und «sich am Montag, dem 29. September bis acht Uhr einzufinden. Mitzunehmen sind Dokumente, Geld und Wertsachen. Wer dieser Aufforderung nicht nachkommt und anderweitig angetroffen wird, wird erschossen.» Was sich an diesem Montag abspielte, übertrifft die apokalyptischen Visionen eines Höllengemäldes von Hieronymus Bosch.

Zu den wenigen, die entkamen, gehörte die Schauspielerin Dina Mirononwna Pronitschewa. Im Gedränge vor der Grube verlor sie ihre Eltern. Die Opfer wurden nun in einen engen Durchgang getrieben, den zwei Reihen Soldaten mit scharfen Hunden bildeten; die Männer prügelten brutal auf die Masse ein, damit sie mehr Menschen durchtreiben konnten. «Die Gehenden, die kaum noch bei Sinnen waren, taumelten auf ein Areal zu, das von Soldaten abgesperrt war. Es war ein mit Gras bewachsener Platz. Das Gras war mit Unterwäsche, Kleidungsstücken und Schuhwerk übersät. Dina bemerkte, dass ihr jemand aus der Gruppe der Entkleideten, die jetzt abgeführt wurden, zuwinkte und etwas rief. Es war ihre Mutter: ‹Tochter, rette Dich!›» Sie hörte Schreie, Gebrüll von Offizieren und das bösartige Rattern der Maschinengewehre. Dann stand sie selbst am Rand der Grube, vor ihr «öffnete sich eine Art Arena mit beinahe senkrecht abfallenden Wänden. Sie wartete die Kugel nicht ab und sprang, mit geballten Fäusten, selbst hinunter.» Sie lag nun in einem Gewirr von Leichen und Sterbenden, später hörte sie neben sich Schritte. Die Deutschen waren hinuntergekommen, um ihr Werk zu vollenden. «Ein SS-Mann stieß auf Dina, sie kam ihm verdächtig vor. Er hob Dina hoch und begann auf sie einzuschlagen. Aber sie ließ sich wie ein Sack hängen und gab kein Lebenszeichen von sich.» Die Deutschen kippten dann Sand hinunter. In der Nacht, als alles vorüber war, grub sie sich heraus und entkam.[151]

1961, zum zwanzigsten Jahrestag des Massakers, verfasste der russische Lyriker Jewgeni Jewtuschenko das Gedicht «Babij Jar», neben Paul Celans «Todesfuge» eines der ergreifendsten lyrischen Werke über das Schicksal der Juden während des Holocaust (Auszüge):

> Ein steiler Abhang, eine tiefe Grube.
> Ich habe Angst. Ich fühle mich so alt,
> So tausendjährig wie das Volk der Juden.
> Ich ziehe trostlos durchs Ägypterland. ...
> Hoch überm Babij Jar erklingen Gräser.
> Streng wie ein Richter ist hier jeder Baum.
> Die Schlucht liegt stumm, darüber das Vergessen.
> Mein Haar ist bloß. Ganz langsam wird es grau.
> Ich selbst bin jeder Schrei, der hier verhallte,
> Der tonlos über tausend Gräbern hing.
> Ich selbst bin jeder hier erschossene Alte.
> Ich selbst bin jedes hier erschossene Kind.
> Was hier geschah, kann ich nicht ruhen lassen.[152]

In den «Ereignismeldungen UdSSR» haben die Henker ihre Taten präzise aufgelistet. So ermordete allein die Einsatzgruppe A, die hinter dem Nordabschnitt der Front umging, auf diese Weise in Riga an einem einzigen Tag 10 600 Juden, bis zum 25. November waren es 136 421 Opfer. Hinzu kamen 1064 Kommunisten, 56 Partisanen, 653 Patienten psychiatrischer Anstalten, 28 Kriegsgefangene, fünf «Zigeuner» und ein Armenier. Hauptziel der Einsatzgruppe: «Die systematische Säuberungsarbeit im Ostland umfaßte gemäß den grundsätzlichen Befehlen die möglichst restlose Beseitigung des Judentums.»[153]

Wie konnte es so weit kommen? Bis ins letzte Detail hat die historische Forschung die Abläufe bis heute nicht geklärt. Bis in die achtziger Jahre hinein ging sie davon aus, dass der Holocaust ein feststehender Plan Hitlers war und je nachdem, wie es die Umstände erlaubten, auch konsequent umgesetzt wurde. Dies war ja, liest man seine Frühschrift «Mein Kampf», ganz offenkundig seine Intention von Beginn an gewesen. Daher wurden diese Historiker «Intentionalisten» genannt. Diese von 1941 an einsetzende systematische Ermordung der Juden sei «die letzte Steigerungsstufe seines (aus taktischen Gründen etappenweise geführten) Kampfes seit den zwanziger Jahren» gewesen.[154] Hitler betrachtete die Juden als Urheber des Bolschewismus. Eine Minderheit, verbunden mit den Namen der Historiker Martin Broszat und Hans Mommsen, ging eher davon aus, dass im Wirrwarr verschiedener Instanzen innerhalb des NS-Sicherheitsapparates rivalisierende Obrigkeiten um Hitlers Gunst konkurriert und das Vorgehen gegen die Juden als Mittel dazu genutzt hätten. Die für die Politik des «Dritten Reiches» typische Eigendynamik habe schließlich zu den Vernichtungsöfen von Auschwitz geführt. Heute weiß man, dass sich beide Interpretationen nicht ausschließen.

Der Mord an den Juden hatte im besetzten Polen bereits begonnen, aber jetzt, in den riesigen eroberten Regionen der Sowjetunion, radikalisierte sich die Politik äußerst rasch. Ein ausdrücklicher Befehl Hitlers zur Einleitung der «Endlösung» hat sich nicht gefunden; freilich, im Führerstaat wollten die unteren Chargen und Hierarchien stets bemüht sein, in seinem Sinne zu handeln, daraus erst zogen sie ihre Legitimation oder das, was sie darunter verstanden. Der

Holocaust und der Russlandfeldzug gehören jedenfalls untrennbar zusammen; der Feldzug sollte ein und für alle Mal das «jüdisch-bolschewistische Riesenreich» zertrümmern, der Mord an den Juden dessen angebliche rassenbiologische Grundlage auslöschen. Und in den eroberten Territorien hatten sowohl Hitler als auch sein riesiger, um Heinrich Himmler konstruierter Sicherheitsapparat erstmals ganz freie Hand, diese Fragen in ihrem Sinne zu «lösen». Geplant, wenn auch noch in vagen Formen, war der rassenideologische Vernichtungskrieg von vornherein, er war Bestandteil dieses Feldzuges. Nicht umsonst waren die Einsatzgruppen bereits Monate vor dem Überfall auf die Sowjetunion gebildet worden. Mit der militärischen «Augustkrise» nach dem Kessel von Smolensk, dem Abflauen der deutschen Offensiven, wuchs die Möglichkeit, dass der Krieg doch nicht innerhalb von wenigen Wochen beendet sein könnte. Die Erfolge des Herbstes in der Ukraine und vor Moskau schürten jedoch noch einmal die Zuversicht, der Sieg stehe kurz bevor.

Inzwischen ist der Blick auf die Genesis der «Endlösung» wesentlich punktgenauer geworden. Die Option, die Juden sämtlich zu ermorden als ersten Schritt zu einer «rassischen» Umgestaltung des neuen «Lebensraumes» im Osten, hat für das Naziregime immer bestanden; sobald sich die Möglichkeit dazu bot, setzte sie das Regime fast sofort in die Tat um. Und der Angriff auf die UdSSR und die schnellen Erfolge des Sommers 1941 schienen diese Möglichkeit nun zu bieten. Nicht einmal einen Monat nach Beginn des Feldzuges räsonierte der «Führer» in seinem Hauptquartier über die deutschen Ziele im Osten:

«Wesentlich sei es nun, daß wir unsere Zielsetzung nicht vor der ganzen Welt bekanntgäben. Die Motivierung unserer Schritte vor der Welt müsse sich also nach taktischen Gesichtspunkten richten. Wir müßten hier genauso vorgehen wie in den Fällen Norwegen, Holland, Dänemark und Belgien. Auch in diesen Fällen hätten wir nichts über unsere Absichten gesagt. Wir werden also wieder betonen, daß wir gezwungen waren, ein Gebiet zu besetzen, zu ordnen und zu sichern; im Interesse der Landeseinwohner müßten wir für Ruhe, Ernährung, Verkehr usw., usw. sorgen; ... Es soll also nicht erkennbar sein, daß sich damit eine endgültige Regelung anbahnt! Alle notwendigen Maßnahmen – Erschießen, Aussiedeln etc. – tun wir trotzdem und können wir trotzdem tun. Wir tun also lediglich so, als ob wir ein Mandat ausüben wollten. Uns muß dabei aber klar sein, daß wir aus diesen Gebieten nie wieder herauskommen.»[155]

Hitler ließ sich laufend über «die Arbeit der Einsatzgruppen» informieren und sich sogar Filme darüber vorführen. Im September stand die Wehrmacht noch viel tiefer in Russland. SS-Führer Himmler verkündete Hitlers Wunsch, «dass möglichst bald das Altreich und das Protektorat» – faktisch Deutschland und Polen – «vom Westen nach dem Osten von Juden geleert und befreit werden». Diese Absicht Hitlers ist nur in Himmlers Mitteilung überliefert, gerichtet an den Gauleiter im «Warthegau». Ein «Führerbefehl», mit dem Mord an allen Juden zu beginnen, liegt ja wie erwähnt nicht vor. Dennoch ist eindeutig: Die Juden sollten zuerst in den eroberten Osten abgeschoben, in Ghettos zusammengepfercht und schließlich ermordet werden – und zwar noch *während* des Krieges, nicht erst nach dem erwarteten Sieg. Das bedeutet: Hitler und die deutsche Führung hatten endgültig den Rubikon überschritten, und zwar bei der allerersten Gelegenheit, die sich ihnen dafür bot.

Der militärische Feldzug und der rassenbiologische Vernichtungskrieg gehörten unmittelbar zusammen. Von da an begann nicht allein in den eroberten Territorien der Sowjetunion, sondern im gesamten deutschen Herrschaftsgebiet die Deportation der Juden. In den folgenden Wochen «nach Hitlers Septemberentscheidung entwickelte die SS», so Peter Longerich in seiner Biographie des Diktators, «einen umfassenden Deportations- und Mordplan».[156] Oftmals schürten die Eroberer den traditionellen Antisemitismus, der in manchen Staaten Osteuropas herrschte, und fanden genug willige Henkersknechte wie in der Ukraine und in Litauen. Was das für die Verfolgten bedeutete, schrieb ein Junge, dem es mit einer Gruppe von Menschen gelang, sich in Wilna vor den Verfolgern zu verstecken, in sein Tagebuch: «Wir sind wie Tiere, die von Jägern umzingelt sind. Jäger aus allen Richtungen: Unter uns, über uns, von den Seiten. Gesprengte Schlösser schlagen, Türen quietschen, Äxte, Hacken. Ich spüre einen Feind unter den Brettern, auf denen ich stehe. Das Licht einer Glühbirne dringt durch die Ritzen. Es wird geklopft, zerbrochen, zerrissen. Sofort ertönen von einer anderen Seite her Angriffsgeräusche. Plötzlich fängt irgendwo dort oben ein Kind an zu weinen. Ein verzweifeltes Stöhnen bricht aus allen hervor. Wir sind verloren. Verzweifelt stopft man dem Kind Zucker in den Mund, aber es hilft nichts. Es wird mit Kissen zugedeckt. Die Mutter des Kindes weint. Die Leute fordern in wildgewordener Angst: Erstickt das Kind! Die Stimme des Kindes wird lauter. Die Litauer klopfen stärker an die Wände, aber allmählich beruhigt sich alles von selbst.»[157]

Bei allen Kontroversen und Debatten der Historiker über den genauen Weg der Entschlussbildung zum Genozid ist es aber eindeutig, dass Hitler der Spiritus rector dieses unfassbaren Mordplanes war, der jegliche Verhandlungslösung mit den Kriegsgegnern endgültig unmöglich machen würde – zumal das Schicksal der Juden nur der erste Schritt dieses rassistischen Albtraums sein sollte. Am 25. Oktober, die Wehrmacht näherte sich Moskau, sagte Hitler bei einem seiner Tischgespräche zu Heydrich und Himmler: «Vor dem Reichstag habe ich dem Judentum prophezeit, der Jude werde aus Europa verschwinden, wenn der Krieg nicht vermieden bleibt. Diese Verbrecherrasse hat die zwei Millionen Toten des Weltkrieges auf dem Gewissen, jetzt wieder Hunderttausende. Sage mir keiner: Wir können sie doch nicht in den Morast schicken! Wer kümmert sich denn um unsere Menschen? Es ist gut, wenn uns der Schrecken vorangeht, daß wir das Judentum ausrotten.»[158]

Viele Historiker, etwa der große Autor Saul Friedländer, sind skeptisch, ob der Plan, alle – wirklich alle – Juden systematisch auszulöschen, im Sommer und Herbst 1941 schon beschlossene Sache war. In der Tat gab es zeitgleich noch allerlei Überlegungen, die Juden Europas nach dem Krieg in den Norden Russlands oder an einen anderen, entlegenen Ort zu deportieren. Vielleicht erschien die Größenordnung des geplanten Verbrechens, die Juden aus so vielen Ländern zu töten, dessen Urhebern noch nicht wirklich umsetzbar – in der Sowjetunion jedenfalls hatte die «Endlösung» unwiderruflich bereits begonnen, also dort, wo nach Hitlers Willen ein riesiges Großgermanien entstehen sollte, in dem kein Platz mehr für die Juden war.

Man wird den Mordplan im Zusammenhang mit den außenpolitischen Optionen des Regimes sehen müssen. Wahrscheinlich hat Hitler, als er ihn immer schneller verwirklichen ließ, auch auf ein anderes, auf den ersten Blick damit ganz unzusammenhängendes Ereignis reagiert. Am nebeligen Morgen des 9. August 1941 lief ein gewaltiges graues

Kriegsschiff in die Bucht von Placentia vor Neufundland ein, schwer gepanzert, vor Waffen starrend; das Schlachtschiff *Prince of Wales*, an Bord Winston Churchill. Bald näherte sich ein amerikanisches Schiff, und der Brite ging dort an Bord; Roosevelt, der nur mit Mühe einige Schritte zu bewältigen vermochte, ging nun Schritt für Schritt, am Arm seines Sohnes Elliott, auf jenen Mann zu, der wie kein anderer einem triumphierenden Hitler die Stirn geboten hatte. Zusammen begingen die angelsächsischen Brüder einen feierlichen Gottesdienst und sangen «Onwards, Christian Soldiers / Marching as to war» – Vorwärts, Soldaten der Christenheit, marschieren wir wie in den Krieg ...». Churchill schrieb später: «Es war eine der großen Stunden im Leben.»

Das Treffen auf der *Prince of Wales* 1941 endete mit der Erklärung der «Atlantik-Charta» – in jedem Wort ein humaner Gegenentwurf zur apokalyptischen Weltordnung Hitlers, die Tausende Kilometer östlich zur selben Zeit Gestalt annahm. Die Charta wurde zur Grundlage der späteren Vereinten Nationen, sie verkündete in acht Punkten die «Hoffnung auf eine bessere Zukunft der Welt» und Frieden, Gerechtigkeit, Freiheit in den internationalen Beziehungen und das Selbstbestimmungsrecht der Völker. Letzteres ließ zwar in jeder Hinsicht offen, wie sich eine derart noble Erklärung bloß mit dem britischen Kolonialreich würde vereinbaren lassen; doch ließ man diese Frage, die das Verhältnis von Churchill und Roosevelt in den späteren Kriegsjahren zunehmend belasten würde, erst einmal ruhen. Ihre Zielrichtung war mehr als deutlich: Neben einer Warnung an Japan, das in Ostasien zunehmend aggressiver und kriegslüsterner auftrat, war dies natürlich Hitlers nachtdunkles Imperium. Punkt sechs drückt die Hoffnung der Unterzeichner aus, «dass nach der endgültigen Vernichtung der Nazi-Tyrannei ein Frieden geschaffen werde, der allen Völkern erlaubt, innerhalb ihrer Grenzen in vollkommener Sicherheit zu leben».

Deutlicher ließ sich kaum ausdrücken, dass Roosevelt sich nicht mit einem Europa abfinden würde, das von deutschen Stiefeln in den Staub gedrückt wurde. Zudem vereinbarten der Premier und der Präsident noch umfangreichere Waffenlieferungen der USA an Großbritannien und Russland. Die US Navy dehnte ihre Sicherheitszone für die Schiffe, welche diese Waffen über das Meer brachten, bis nach Island aus, weit in den Operationsbereich deutscher U-Boote hinein. Die USA standen näher am Krieg mit dem Reich als je zuvor.[159]

So feierlich das angloamerikanische Bekenntnis zu Freiheit und Demokratie auch war – Churchill weinte sogar vor Rührung und trocknete seine Tränen mit dem Taschentuch –, gesungen hatten sie jedoch, die christlichen Soldaten marschierten *wie* in den Krieg, nicht: *in* den Krieg. Die Mehrheit im US-Kongress und in der Bevölkerung lehnte es immer noch ab, amerikanische Söhne auf ferne Schlachtfelder zu entsenden; auch wenn Roosevelts Entschlossenheit und Zuversicht immer mehr Menschen begeisterten und die Furcht wuchs, ein siegreiches Deutschland werde sich gegen Amerika wenden. Nichtsdestoweniger, am 14. August, als Roosevelt und Churchill die Charta verkündeten, stand England im Westen militärisch immer noch allein, und die Deutschen waren an der russischen Nordfront in Richtung Leningrad durchgebrochen; Stalin ließ den zuständigen Kommandeur ins Arbeitslager verbannen.

Dennoch: Aus deutscher Sicht war die Atlantik-Charta ein schwerer Schlag, ja ein Vorbote des Kommenden. Hitlers Strategie, er könne erst die Sowjetunion zerschlagen und dadurch die Briten zum Frieden zwingen, da «Englands letzte

Hoffnung getilgt» sein werde, erwies sich mehr und mehr als reines Wunschdenken. Englands neue Hoffnung hieß nun Amerika, und die Sowjetunion, obwohl fürchterlich angeschlagen, lebte immer noch. Aller Wahrscheinlichkeit nach, dokumentiert ist dies nicht, hat der nahende Kriegseintritt der USA Hitlers Entschluss, sein rassenbiologisches Programm für den eroberten «Lebensraum» so rasch wie möglich umzusetzen, noch gefestigt. Seine schaurige neue Ordnung sollte unwiderruflich vorangeschritten sein, bevor er sich nun auch noch der wachsenden Macht der Amerikaner zuwenden musste.[160] Obwohl Hitler und Goebbels betont gelassen auf die Atlantik-Charta reagierten: Sie war kaum wenige Tage alt, da setzte Hitler am 18. August jene Besprechung an, auf welcher er die «endgültige Regelung» im Osten verhieß und ankündigte, nichts werde die Deutschen dort «je wieder heraus» bringen. Anschließend notierte Propagandaminister Joseph Goebbels in seinem Tagebuch: «Der Führer ist der Überzeugung, dass seine damalige Prophezeiung im Reichstag, daß, wenn es dem Judentum noch einmal gelänge, einen Weltkrieg zu provozieren, es mit der Vernichtung der Juden enden würde, sich bestätigt. Sie bewahrheitet sich in diesen Wochen und Monaten mit einer fast unheimlich anmutenden Sicherheit. Im Osten müssen die Juden die Zeche bezahlen.»[161]

Jetzt, im August, ließ sich der Diktator persönlich von «Reichsführer SS» Heinrich Himmler und anderen Kommandeuren des Vernichtungsapparates über die Morde informieren. Im Sommer 1941, nur Tage nach dem Einmarsch in die Sowjetunion, hatte der Genozid an Russlands Juden begonnen. Noch im Herbst desselben Jahres steigerte sich die Verfolgung der Juden von nun an immer rascher zur Vernichtung. Auch wenn der Holocaust erst 1942 organisatorische Form annahm und etwa bei der Berliner Wann-seekonferenz in vielen Details geplant wurde: Die Weichen wurden bereits im Vorjahr gestellt. Im Sommer 1941, unmittelbar hinter der rasch vorrückenden Ostfront, begann der Genozid an den sowjetischen Juden. Schon im September, als die Sowjetunion immer noch weiterkämpfte und keine Möglichkeit bestand, dort Orte der Massenvernichtung zu schaffen, beschloss die NS-Führung, die deutschen Juden ins besetzte Polen zu deportieren. Hier gab es bereits Ghettos und Lager. Der große, nicht unumstrittene Historiker Raul Hilberg hat das Los der Juden in drei Stufen beschrieben: Ausgrenzung, Erfassung, Vernichtung. In Polen ließ sich diese zweite Stufe am leichtesten umsetzen. Für die erfassten und unter grauenvollen Umständen an wenigen Orten konzentrierten Juden gab es dann kaum noch eine Rettung vor dem Ende: der Vernichtung. Der Untergang des europäischen Judentums vollzog sich eher nicht nach einem Schritt für Schritt feststehenden Masterplan; er vollzog sich eigendynamisch, je nach Lage und Möglichkeiten der Mörder. Hitler und der NS-Staat hatten den Antisemitismus so radikalisiert, dass sich die genozidale Grundstimmung nun entlud – nicht umsonst erinnerte Hitler in dieser Phase der Entscheidungen immer wieder an die «Prophezeiung», die er 1939 im Reichstag ausgesprochen hatte. Und nicht zufällig datierte er den Augenblick bewusst um – vom Januar auf den 1. September 1939, den Tag des Überfalls auf Polen. Krieg und Holocaust gehörten unmittelbar zusammen.

Und überall dort, wo die verschleppten Menschen ankommen sollten, begann nun im Herbst 1941 der Bau von Vernichtungslagern; SS-Spezialisten entwickelten Pläne und Apparate für den Massenmord durch Giftgas. Die Welt, an der sie bauten, glich der Hölle. Die Einsatzgruppe C experimentierte zunächst mit Gaswagen, welche Kriminaltechniker des Reichssicherheitshauptamtes eigens gebaut hatten. Nach dem Krieg sagte ein Angehöriger der Einsatzgruppe vor Gericht aus: «Es waren zwei Gaswagen im Einsatz. Sie fuhren in den Gefängnishof, und die Juden, Männer, Frauen und Kinder, mussten von der Zelle direkt in den Wagen einsteigen. Die Auspuffgase wurden in das Innere des Wagens geleitet. Ich höre heute noch das Klopfen und die Schreie von Juden: ‹Liebe Deutsche, laßt uns raus!› ... Beim Öffnen der Türen kam zunächst ein Qualm heraus und dann ein Knäuel verkrampfter Menschen. Es war ein erschreckendes Bild.»[162]

In den folgenden Jahren scheute das Regime keine Mühe mehr, möglichst alle Juden systematisch darin umzubringen; noch 1944, als die Rote Armee nach Mitteleuropa vordrang, fuhren pünktlich dringend benötigte Züge – aber nicht an die Front, sondern voller Juden aus Griechenland und Ungarn nach Auschwitz. Und noch in den letzten Kriegsmonaten 1945, als die Befreier sich näherten, ermordete die SS auf den Todesmärschen Tausende Menschen. «Der Tod ist zu etwas Handfestem geworden», schrieb Chaim Aron Kaplan am 9. Oktober 1941 im Warschauer Ghetto, «wie die Suppenküche des Joint, die Brotkarte oder die Tatsache, daß man vor einem Deutschen den Hut zieht.» Wenn der Tod komme, «fährt der schwarze Wagen von Leichnam zu Leichnam, lädt so viele Tote auf, wie er fassen kann, und transportiert sie alle miteinander zum Friedhof. ... Die Heiligkeit des Friedhofs wird jetzt ebenfalls entweiht, ... er gleicht einem Jahrmarkt der Toten.»[163] Das Warschauer Ghetto war eines von vielen auf dem Gebiet Polens. In den Ghettos starben Menschen an den schrecklichen Bedingungen, hinter dem Frontgebiet Russlands wüteten die Einsatzgruppen. Auch aus den Ghettos deportierte die SS immer wieder Tausende von Menschen in den Tod, um Platz zu schaffen: Jetzt wurden auch die Juden aus dem Deutschen Reich dort hineingepfercht. 1941 war das für die Betroffenen entsetzlich, verstörend, unbegreiflich. Was hatten die Deutschen vor?

Das Gespenstische an Planung und Ausführung des Holocaust ist, dass sich das Geschehen zwar relativ genau rekonstruieren lässt, aber doch so irrational, so abgründig war, dass es sich dem Verstehen immer wieder entzieht. Die Wahnvorstellung des Diktators und der Naziführung war die eine Sache; aber es gelang ihnen ohne große Mühe, eines der entwickeltsten Länder der Welt in deren Dienst zu stellen. Am Holocaust beteiligt waren neben den eigentlichen Henkern von SS, SD, Sicherheitspolizei, Reichssicherheitshauptamt unzählige Deutsche, unter anderem die Zivilverwaltung der besetzten Gebiete, immer mehr die deutsche Wirtschaft, die vom Los der Sklavenarbeiter profitierte, die Bahn, welche die Züge in die Vernichtungslager bereitstellte. Und natürlich das Militär. Seine Generäle mochten verächtlich auf Parteibonzen herabblicken und sich als etwas Besseres dünken als die SS-Führer.

Gleichwohl war die Wehrmacht an vielen dieser Verbrechen wie selbstverständlich beteiligt. Das Massaker von Babij Jar hat sie logistisch unterstützt, und die SS berichtete zufrieden nach Berlin: «Wehrmacht begrüßt Maßnahmen und erbittet radikales Vorgehen.»

«Kein falsches Mitleid»: der Generalplan Ost

Der Holocaust war das Kernstück dieser Ideologie, dieses Giftcocktails aus Wahn, Hass und zügelloser Brutalität. Er traf die Juden, im Denken der NS-Führung also den Erzfeind und Träger des bolschewistischen Regimes in Russland. Damit aber war die rassistische Umwälzung noch nicht beendet. In Polen und der Sowjetunion lebten überwiegend Slawen, die den deutschen Siedlungsplänen im Wege standen. SS-Führer Heinrich Himmler besaß auch den Titel des «Reichskommissars für die Festigung des deutschen Volkstums»; und in dieser Eigenschaft ließ dieser kleine, weichliche Mann, der selber so wenig dem Naziideal des blonden Recken entsprach, einen weiteren Masterplan des Grauens ausarbeiten. An der Arbeit beteiligte sich, ohne nennenswerte Skrupel, eine große Zahl von Bevölkerungsexperten, Akademikern, Ministerialbeamten und Ökonomen – jene «Vordenker der Vernichtung», die Götz Aly so eindringlich beschrieben hat. Das Vorhaben nannte sich «Generalplan Ost».

Es ist niemals zur Gänze umgesetzt oder so organisiert betrieben worden wie der Holocaust, weil die Deutschen glücklicherweise keine Gelegenheit dazu erhielten – aber weit genug, um Millionen Menschen elend umkommen zu lassen und den übrigen sehr deutlich zu machen, was auch sie im Falle eines deutschen Sieges erwartete. Über rassistische Spinnereien ging der Generalplan hinaus, denn er kombinierte sie mit ökonomisch durchgerechneten Zielen. Vorgelegt hatte ihn am 15. Juli 1941 ein Vertrauter Himmlers, SS-Oberführer Konrad Meyer. Das Projekt sah vor, den eroberten Raum im Osten durch deutsche Siedler zu «germanisieren» und seine großen Ressourcen auszubeuten. Die Menschen, die dort schon lebten, standen im Weg. Der

Generalplan sah vor, mehr als dreißig Millionen Russen, Ukrainer, Polen und andere slawische Nationalitäten zu vertreiben. Da immer noch Millionen verblieben wären, sollten manche von ihnen den neuen deutschen Herren als Sklavenarbeiter zu Diensten sein und alle anderen sterben. Mordmittel der Wahl war der Hunger, und wie er einzusetzen war, arbeitete das Reichsernährungsministerium aus. Ob es einen detaillierten «Hungerplan» gegeben hat, ist bis heute umstritten, aber letztlich kommt es darauf kaum an. Ernährungs-Staatssekretär Herbert Backe schlug der NS-Spitze vor, die Lebensmittelproduktion der Sowjetunion einfach zu beschlagnahmen. Die Besatzer sollten sich aus dem Lande ernähren. Dies würde, natürlich, den Tod von Millionen Menschen bedeuten, und genau das hatten die «Lebensraum»-Planer ja auch im Sinn.

Backe verband psychotisches Eiferertum mit kalter Intelligenz und gilt heute mitunter als typischer Vertreter einer «Generation des Unbedingten» im NS-Herrschaftsapparat. Er war ein Produkt der ersten Nachkriegszeit, nach 1918 verarmt und radikalisiert. 1922 trat er der SA bei, wo er Widerhall für seine Gewaltphantasien fand. Die Universität Göttingen lehnte 1924 seine Dissertation über die russische Getreidewirtschaft ab, in der die «russische Rückständigkeit» auf schlechte «Erbanlagen des russischen Volkes» zurückgeführt wird, die nicht zu verbessern seien. Mit dem hageren Gesicht und einem stechenden Blick gleicht er der Karikatur eines Schreibtischnazis aus Hollywood-Filmen, nur dass seine bevölkerungspolitischen Pläne bitterer Ernst waren. Nun saß er an diesem Schreibtisch und diktierte Memos an seine Mitarbeiter, in denen es über «den Russen» hieß: «Sein Magen ist dehnbar, daher kein falsches Mitleid.»[164]

Schon im Mai 1941, noch vor dem Angriff, einigte sich eine Runde von Staatssekretären darauf, dass eben «zig Millionen Menschen verhungern, wenn von uns das für uns Notwendige aus dem Lande herausgeholt wird».[165]

«Wir kennen ja keine Rücksicht mehr»: Kommissarbefehl und «Partisanenkrieg»

Gleich mit dem ersten Tag des Russlandfeldzuges hatte Hitler die komplette Militärführung des Reiches zu Handlangern und Komplizen und Kumpanen eines verbrecherischen Krieges gemacht, und zwar durch den bekannten «Kommissarbefehl». Die «Richtlinien für die Behandlung der politischen Kommissare» in der UdSSR, erlassen am 6. Juni 1941, sahen die sofortige Erschießung von gefangenen Rotarmisten vor, die als politische Kommissare der kommunistischen Partei identifiziert wurden. Nach den präzisen Forschungen von Felix Römer ließen die Deutschen als Folge des Befehls nachweislich 3430 Gefangene hinrichten, überwiegend durch Einheiten der Wehrmacht. Die tatsächliche Zahl dürfte noch deutlich höher liegen. Am 9. Juli, nach wenig mehr als zwei Wochen Ostkrieg, meldete zum Beispiel das XXXXI. Panzerkorps, es habe «neunundsiebzig Politruks» erledigt.[166]

Gemessen an den Opfern, die dieser Mordbefehl forderte, war er nur ein Steinchen von vielen in diesem Mosaik des Bösen, das der Ostfeldzug bildete. Die Deutschen haben in Russland Millionen Menschen ermordet und umkommen lassen. Dennoch hat er eine tiefe symbolische Bedeutung. Er markiert als offizielles Dokument, das die Offiziere der

Truppe aushändigen oder vorlesen sollten: Das Kriegsvölkerrecht sollte auf diesem Feldzug nicht mehr gültig sein. Die Deutschen hatten es schon in vielfältiger Weise gebrochen, von Bombenangriffen auf Wohnviertel bis zu Massenexekutionen in Polen. Nun verabschiedete sich die deutsche Führung jedoch vollkommen von jedem herkömmlichen Recht: Das war das Wesen des Vernichtungskrieges. Genau das hatte Hitler am 30. März 1941 mehr als zweihundertfünfzig Kommandeuren in der Berliner Reichskanzlei angekündigt. Die «Blumenkriege» seien vorüber, es gehe nun um «den Kampf zweier Weltanschauungen». Es handele sich beim kommenden Feldzug nach Osten «um einen Vernichtungskampf. Wir müssen von dem Standpunkt des Kameradentums abrücken ... Im Osten ist Härte mild für die Zukunft. Die Führer müssen von sich das Opfer verlangen, ihre Bedenken zu überwinden.»[167]

Und die Heeresführung akzeptierte den Befehl, jedenfalls überwiegend. Begleitet wurde er von einem Erlass, der Verbrechen deutscher Soldaten praktisch straffrei stellte. In den Reihen der hohen Offiziere gab es durchaus auch Kritik und grundsätzliche Bedenken. Dazu sagte OKW-Chef Keitel: «Die Bedenken entsprechen den soldatischen Auffassungen vom ritterlichen Krieg. Hier handelt es sich um die Vernichtung einer Weltanschauung, deshalb billige ich die Maßnahmen und decke sie.»[168] Zu Recht schreibt der Zeithistoriker Rolf-Dieter Müller: «Der Kommissarbefehl demonstriert in aller Deutlichkeit die Bereitschaft der Heeresführung, das ‹Unternehmen Barbarossa› als rassenideologischen Vernichtungskrieg zu akzeptieren.»[169] Selbst in Polen hatten die Heerführer sich meist bemüht, eine Trennung ihrer militärischen Aufgaben von den Morden der SS und des Sicherheitsapparates zu wahren oder wenigstens zu behaupten. Mit dem Kommissarbefehl war das vorbei.

Gewiss, es gab Vorbehalte und Proteste. Generalfeldmarschall von Bock, der Chef der Heeresgruppe Mitte, wurde sogar von den eigenen Offizieren dazu aufgefordert. Henning von Tresckow, Mittelpunkt systemkritischer Offiziere der Heeresgruppe, der 1944 als Verschwörer hingerichtet wurde, und der Generalstabsoffizier Rudolf-Christoph Freiherr von Gersdorff, der 1943 vergeblich ein eigenes Attentat auf Hitler versuchte, suchten von Bock vor dem Angriff in seiner Villa auf. Von Tresckow hatte zu von Gersdorff gesagt: «Wenn es uns nicht gelingt, den Feldmarschall dazu zu bewegen, umgehend zu Hitler zu fliegen und die Aufhebung dieser Befehle durchzusetzen, dann wird dem deutschen Volk eine Schuld aufgeladen, die die Welt uns in Hunderten von Jahren nicht vergessen wird.» Wie von Gersdorff später überlieferte, habe von Bock sich empört über den Befehl gezeigt, fürchtete aber, Hitler werde ihn feuern. Er schickte schließlich von Gersdorff, der lediglich Abwehroffizier der Heeresgruppe war, zum OKH nach Berlin. Dessen Oberbefehlshaber von Brauchitsch war nicht anwesend, aber einer seiner Generäle, Eugen Müller, ließ den Emissär ungnädig wissen, von Brauchitsch habe sich schon durch milde Einwände gegen den Befehl den Zorn des «Führers» zugezogen und sich «sogar ein Tintenfass nachwerfen lassen». Unverrichteter Dinge kehrte von Gersdorff zurück. Aber zu seinem Verdruss reagierte sein Kommandeur, als habe er, von Bock, sich persönlich durch Bauernschläue einer lästigen Lappalie entledigt. «Beinahe triumphierend» sagte er lächelnd: «Meine Herren, ich stelle fest: Der Feldmarschall von Bock hat protestiert.»[170]

Das Ausmaß der Proteste darf man also nicht überschätzen. Nach 1945 haben die meisten überlebenden Heerführer allerdings von sich behauptet, den Kommissarbefehl ignoriert oder wenigstens abgemildert zu haben. In den meisten Fällen war das eine Schutzbehauptung, und eine durchsichtige dazu. Sicherlich haben manche von ihnen Gewissensbisse empfunden angesichts der Mordbefehle; dies hat aber nur in wenigen Fällen wirklich zu ernsthaften Interventionen oder gar zum Boykott geführt.

Felix Römer überliefert das Unbehagen innerhalb der 6. Infanteriedivision, deren Ic meldete, der Befehl widerspreche «dem soldatischen Empfinden» – nicht ohne zu bemerken, «politisch» erscheine er aber geboten. Der Kommandeur der 102. Infanteriedivision, John Ansat, sagte bei einer Kommandeursbesprechung sogar: «Die Angehörigen der Truppe sind keine Henkersknechte!» Seine Einheit gehört zu den wenigen, die tatsächlich während des Feldzuges den Vollzug des Befehls einschränkten. Doch selbst diese Ausnahmen werfen nur wenig helleres Licht in dieses moralische Dunkel, in das sich das deutsche Militär längst begeben hatte. Ausschlaggebend waren neben ethischen Skrupeln und althergebrachten Auffassungen von «Soldatenehre» auch ganz praktische Erwägungen. Selbst viele dieser Offiziere fürchteten eine «Verwilderung» ihrer Soldaten und betrachteten die «Behandlung» der Kommissare – oder wen sie dafür hielten – schlicht nicht als Aufgabe der Truppe, die davon nur vom Kampf abgelenkt werde. In den meisten derartigen Fällen wurden die Gefangenen zwar nicht erschossen, aber dann ins Hinterland weitergeleitet, wo sie exakt dasselbe Schicksal erwartete.

Die Regel aber hieß: offene Kooperation. Zu den bekannten Fällen gehört Erich von Manstein, einer der militärisch fähigsten und zugleich unmenschlichsten Generäle Hitlers.

Die Truppen von Manstein und Hoepner erschossen auf dem Vormarsch nach Leningrad zahlreiche Kommissare oder Gefangene, die sie zu solchen erklärten. Hoepner wurde nach dem winterlichen Debakel 1941 vor Moskau abgelöst, Manstein stieg zu einem Favoriten Hitlers auf. Gerade er war mitverantwortlich für die Ermordung zahlreicher Juden und Zivilisten in seinem Befehlsbereich. Im Dezember 1941 führte Manstein das Armeeoberkommando 11, das den SD darum bat, die geplante Exekution von zehntausend Juden in Simferopol noch vor Weihnachten durchzuführen, um die Verteilung von Lebensmitteln zu erleichtern.[171] Unter Mansteins Kommando ermordete die Feldgendarmerie, also die Militärpolizei, auch aus eigener Initiative Tausende Juden und berichtete darüber nach oben, sie habe diese Menschen «bestimmungsgemäß behandelt». Die Mörder benutzten diese Art Verwaltungssprache nicht, um ihre Verbrechen zu vertuschen. Jeder wusste, was gemeint war. Sie schrieben die Morde nieder, als erlaube der Anschein bürokratischer Korrektheit ihnen, diese Verbrechen von sich und ihrem Gewissen abzutrennen und als Auftrag zu behandeln, den es eben umzusetzen galt. Als habe es seine Ordnung, ohne jeden militärischen Grund Menschen aus ihren Häusern zu zerren und zu erschießen, im Ort Ikor die Gewehre auf eine jüdische Mutter, ihr dreijähriges Kind und ihr Baby zu halten und abzudrücken.[172]

Nicht einmal der verblendetste Fanatiker konnte annehmen, dass von dieser Frau und ihren Kleinkindern und ungezählten weiteren solcher Opfer irgendeine Bedrohung für die vorrückenden Armeen ausging. Solche Untaten, welche die Wehrmacht duldete oder eben aktiv mitbetrieb, hängen eng mit dem Kommissarbefehl zusammen. Er markiert eine ideologische Radikalisierung des Krieges, und indem die

Offiziere ihn mehrheitlich akzeptierten oder gar guthießen, war das Tor zum Vernichtungskrieg, der ihm folgen sollte, nun weit offen. Wenn es selbstverständlich war, Gefangene zu ermorden, weil sie angeblich Schlüsselfiguren der «jüdisch-bolschewistischen» Führungsschicht waren, hatten sich die antikommunistischen und antisemitischen Feindbilder schon sehr tief in die Köpfe eingefressen.

Die enthemmte Gewalt, die der Befehl rechtfertigt, steigerte sich schon sehr bald um ein Vielfaches. Der «Blitzkrieg» nach Osten mochte Triumphe bringen, er kostete auch die Angreifer hohe Opfer, schon bald mehr als alle bisherigen Feldzüge seit 1939 zusammen. Ein Krieg, in dem der Feind als «Untermensch» galt und mit äußerster Brutalität behandelt wurde, musste entsprechende Gegengewalt geradezu provozieren. Schon in den ersten Wochen von «Barbarossa» sind die Kämpfe von einer wechselseitigen Barbarisierung geprägt, gegen die noch die größten Schrecken des Ersten Weltkrieges – und es hatte viele gegeben – verblassten. Am 28. Juni schreibt der Sanitäter Kurt Marlow aus dem Raum Tscherkassy an «mein liebes Dorlechen»:

«Am wüstesten hausten hier die Mongolen. Wenn ich diese schlitzäugige Rasse, wenn ich diese Blase schon sehe, bin ich restlos bedient. Du müsstest nur sehen, wie dieses Untermenschentum angewinselt kommt. Wir kennen ja keine Rücksicht mehr, ... die Deutschen sind ja viel zu human mit diesen Burschen.»

Auch die Rotarmisten machten bald vielerorts keine Gefangenen mehr. Es gab Fälle, in denen vorstoßende Wehrmachtssoldaten die verstümmelten Leichen von Kameraden fanden. Die NS-Propaganda vergrößerte solche Kriegsverbrechen um ein Vielfaches, aber sowjetische Offiziere berichteten selbst, ihre Männer hätten schon 1941 «den Befehl Stalins, alle deutschen Okkupanten bis auf den letzten Mann zu vernichten», einfach so ausgelegt, dass «alle Gefangenen zu töten sind».[173] Rechtslastige deutsche Historiker wie Joachim Hoffmann, ehemals beim Militärgeschichtlichen Forschungsamt der Bundeswehr, haben gar – eine absichtsvolle Geschmacklosigkeit – von sowjetischen Methoden des «Vernichtungskrieges» gesprochen, was so unsinnig wie durchschaubar ist: Hier sollen die Angegriffenen und die Angreifer auf dieselbe moralische Stufe gestellt werden. Einen ausdrücklichen Befehl aus Moskau zur Hinrichtung aller Gefangenen gab es nicht, und die sowjetische Führung selbst sorgte sich zunehmend über die «Selbstjustiz» der eigenen Truppen. Stalin erließ Ende Februar 1942 in seinem «Befehl Nr. 55» ein Verbot willkürlicher Erschießungen: «Die Rote Armee nimmt deutsche Offiziere und Soldaten gefangen, wenn sie sich ergeben.»[174]

Zahllose versprengte Einheiten der Russen, die hinter den nach Osten vorrollenden deutschen Panzerarmeen zurückgeblieben waren, kämpften weiter und attackierten die nachrückende Infanterie. Sie legten Hinterhalte, griffen Fahrzeugkolonnen und weit auseinandergezogene Nachschublinien der Wehrmacht an. Sehr bald bildeten sich aus diesen Männern regelrechte Partisanenverbände, welche die Deutschen im Hinterland attackierten, Schienen sabotierten und Nachschubdepots überfielen. Das Zentralkomitee der KPdSU rief zum Volkskrieg und zur Bildung von Partisanenverbänden im Hinterland der Front auf und dazu, «Feinde zu vernichten, ihnen weder Tag noch Nacht Ruhe gebend, sie überall zu vernichten, wo man sie erwischt, sie mit allem zu töten, was man zur Hand hat: Seil, Sense, Brecheisen, Heugabeln, Messer. ... Bei Vernichtung des Feindes schreckt nicht davor zurück, beliebige Mittel anzuwenden: erwürgt, zerhackt, verbrennt den faschistischen Auswurf.»[175] Das war vorerst nicht viel mehr als hilflose Rhetorik. Militärisch wurden die Partisanen erst 1942 ein ernsthaftes Problem für die Besatzungsmacht. Im Vorjahr mochten sie nicht mehr als einige Zehntausende stark und weit davon entfernt gewesen sein, die mächtigste Kriegsmaschinerie der Welt aufzuhalten. Aber sie sorgten für Unruhe und Nachschubprobleme, und der Kampf hatte begonnen.

Anfangs bestanden Partisanenverbände meist aus Versprengten wie dem erst sechzehnjährigen Soldaten Leonid Serafimowitsch. Im Herbst 1941 hatte die Wehrmacht bei Babrujsk seine Einheit überrollt, aber der Junge und sechs weitere Soldaten setzten den Kampf fort. Als der Schnee fiel, beobachtete er aus einem Versteck zwei Männer, die nur noch mühsam vorankamen. «Ich stellte sie. Beide waren sehr erschöpft. Der eine war größer als der andere, um den Kopf hatte er einen schmutzigen Verband. Der größere trug den Mantel direkt überm Unterhemd und hatte Holzschuhe an, während der zweite nur in Unterhemd und Hosen war, die Füße hatte er mit Lappen umwickelt.» Es waren zwei höhere Offiziere, geflohen aus der Festung Babrujsk, wo die Deutschen Tausende Gefangene eingepfercht hatten, typische Zugänge der kleinen Truppe, die sich nach und nach verstärkte. Sie attackierte die Bahnlinie und sprengte einen Transportzug mit Treibstoff in die Luft, später attackierten sie eine deutsche Polizeistation. Als der Soldat im Dezember 1941 zur Basis zurückkehrte, sah er viele Leichen, unter ihnen einer der beiden Offiziere. Die Wehrmacht hatte das Versteck gefunden. Aber Sieger blieb Serafimowitsch: Er gehörte, wie der sowjetische Kriegsberichterstatter Konstantin Simonow schrieb, zu jenen Rotarmisten, die 1945 Berlin eroberten.[176]

Einige deutsche Historiker behaupteten später, der Kampf dieser Partisanengruppen sei ein Völkerrechtsbruch und ein Verstoß gegen die Haager Landkriegsordnung gewesen. In der Tat verpflichtete diese auch irreguläre Verbände, die Grenzen des Kriegsrechtes zu beachten. Sowjetische Partisanen haben aber in vielen Fällen verwundete und gefangene Deutsche getötet und auch etliche wirkliche und angebliche Kollaborateure, manchmal ganze Familien und Dörfer; auch dieser Kampf geriet sehr schnell in den Sog des brutalisierten Krieges. Dennoch kann nichts die Reaktion der Deutschen auf die Partisanen rechtfertigen. Diese bekämpften einen Feind, der seinerseits jegliche Regeln brach, und der Partisanenkrieg ist geradezu zur Chiffre für diese entgrenzte Gewalt geworden.

Dies deutlich gemacht zu haben ist eines der bleibenden Verdienste der umstrittenen «Wehrmachtsausstellung» des Hamburger Instituts für Sozialforschung von 1995. Auch wenn sie Fehler und Zuspitzungen enthielt und vorübergehend zurückgezogen werden musste, weil sie Morde des NKWD in Ostpolen der Wehrmacht zurechnete: Sie dokumentierte, dass schon der in der NS-Zeit übliche Begriff «Partisanenkampf» trügt: «Die Vorstellung, beim Partisanenkampf der Wehrmacht habe es sich um die Bekämpfung bewaffneter Gruppen nach militärischem Reglement gehandelt, ist falsch.»[177] Was wirklich geschah, «war eine Kriegserklärung an die gesamte Zivilbevölkerung». Nicht umsonst übernahm SS-Führer Heinrich Himmler auch die Zuständigkeit für «Bandenbekämpfung». Die «Säuberungsaktionen» gegen Juden und andere sowjetische Zivilisten während des «Partisanenkampfes» wurden ab 1942 zu einem Wesenselement des Vernichtungskrieges; 1941 zeichnete sich das bereits sehr deutlich ab – und der Terror schuf nur immer neuen Nährboden, auf dem die Untergrundbewegung dann wirklich zum ernsthaften Gegner wuchs.

Angesichts des erbitterten Widerstandes der Roten Armee ließen die Invasoren erst recht alle Hemmungen fallen, sofern sie überhaupt solche besaßen. Was der Kommissarbefehl gebahnt hatte, wurde sehr rasch allgemeine Praxis: Die deutsche Kriegführung betrachtete nackten Terror als legitime Waffe und Rache als ihr gutes Recht – gleichgültig, ob sie Zivilisten oder Soldaten traf, Partisanen oder völlig Unbeteiligte. Was immer die Rotarmisten taten, ob sie Kriegslisten anwandten oder ihr Leben und ihr Land nur so teuer wie möglich verteidigten, aus Sicht sehr vieler deutscher Soldaten war stets «Heimtücke» oder «asiatische Bestialität» im Spiel. Genau dieses Feindbild hatte das Naziregime aber in die Köpfe von Schülern und Rekruten gehämmert, genau dieses Feindbild schürte die giftige Truppenpropaganda, etwa durch offizielle Merkblätter wie «Sieh Dich vor!». In einer geradezu epochalen Verdrehung von Ursache und Wirkung – schließlich hatten die Deutschen diese Orgie aus Blut und Gewalt entfesselt und über die Sowjetunion gebracht – betrachteten viele Soldaten die Härte des Widerstandes geradezu als Beleg dafür, dass dieser Feind auszulöschen war und alle Regeln von Humanität und des Kriegsrechtes nichts mehr galten. Die «kollektiven Gewaltmaßnahmen», die Hitler schon in seinem Erlass zur Kriegsgerichtsbarkeit vom 13. Mai 1941 als Vergeltung für «Straftaten feindlicher Zivilpersonen» angeordnet hatte, wenn die Täter unbekannt waren, wurden nun mehr und mehr grausame Realität. Dabei erkannten sogar deutsche Armeestäbe, dass die Verteidiger nicht einfach Bestien waren, sondern schlicht militärischen Widerstand leisteten, so gut sie konnten: «Der Kampf der Russen wird allgemein als hinterhältig bezeichnet. Soweit es sich um Kriegslisten handelt, die nicht gegen die Genfer Bestimmungen verstoßen, kann man diese Kampfesweise doch nur als ‹richtig› bezeichnen. Uns Deutschen liegt mehr der offene Kampf.»[178] Mitunter geht sogar aus deutschen Berichten über angebliche Vergeltungsaktionen hervor, dass die Opfer eigentlich nichts anderes verbrochen hatten, als sich militärisch zu wehren: «Während des Kampfes waren keine Gefangenen gemacht worden. Bei der Erbitterung, mit der gefochten wurde und da die Russen sich nicht sofort ergaben, mußte rücksichtslos verfahren waren. Die Verluste beim Gegner waren außergewöhnlich groß.»[179]

So geriet das Feindbild mit jedem Tag mehr zu einer selbsterfüllenden Prophezeiung. Im Osten Polens überschritt der Soldat Franz Siebeler mit seiner Einheit die deutsch-sowjetische Demarkationslinie am Bug. Achtundvierzig Stunden nach Beginn der Kämpfe war seine Einheit schon weit vorgerückt, und Siebeler schrieb ohne jedes Unrechtsbewusstsein an seine Familie: «Die Zivilbevölkerung hat aus dem Hinterhalt sich an diesen Kämpfen beteiligt. Zwanzig Personen, darunter zwei Frauen, wurden standrechtlich erschossen. Das ist ja auch mehr wie Recht, denn etwas Gemeineres gibt es wohl kaum.»[180] Es gab Versuche deutscher Offiziere, derlei zu unterbinden. Aber das geschah nicht oft. Nachher haben sie alles geleugnet, abgestritten, aggressive oder weinerliche Selbstrechtfertigungen verfasst; manche glaubten sich am Ende vielleicht sogar selbst, nur Verführte gewesen zu sein. Erich von Manstein behauptete, nur als Soldat gehandelt zu haben; die Politik hätten Hitler und sein Regime bestimmt. Noch in seinen Memoiren lässt er «bewußt das Politische außer Acht» und behauptet: «Ich kann nur sagen, daß es mir, der ich nun seit Jahren durch schwerste Aufgaben an der Front in Anspruch genommen war, damals nicht gegeben war, das Abgleiten des Regimes zum Schlechten, wie auch die wahre Natur Hitlers, in dem Ausmaße zu erkennen, wie es uns heute selbstverständlich ist.»[181]

Für einen Mann, der bis zu seinem Tode so überaus stolz auf das war, was er für seine soldatischen Tugenden hielt, ist eine solche Ausrede bemerkenswert feige und unredlich. Sie hatte nur einen Zweck: die eigene Verantwortung zu verschleiern. Was die Wehrmachtsführung unter Hitler tat, geschah nicht jenseits der Politik. Es war Politik. Die Politik der Vernichtung, sie hatte sie erst gebilligt und dann mitentworfen.

Bei keinem anderen Verbrechen des Krieges war dies so offensichtlich wie bei jenem an den sowjetischen Kriegsgefangenen.

«Ich wundere mich, dass ich überlebte»: der Massenmord an den sowjetischen Gefangenen

In den Wochen der schnellen Siege nach dem 22. Juni 1941, während der Kesselschlachten des Herbstes (und noch einmal im folgenden Jahr während des Vorstoßes auf Stalingrad) geriet die unglaubliche Zahl von 5,7 Millionen Rotarmisten lebend in deutsche Hände. Allein nach dem Kessel von Wjasma und Briansk im Oktober 1941 waren es 662 000 Soldaten. Zwar ließ Stalin den NKWD und die Truppengerichte Zehntausende eigener Männer wegen angeblicher Feigheit vor dem Feind oder Desertion erschießen, doch waren weder Feigheit noch Flucht aus der Truppe ausschlaggebend für eine so hohe Zahl. Russlands Soldaten ergaben sich meist in aussichtsloser Lage, und in die hatte sie oft niemand sonst als die Parteiführung mit unsinnigen Befehlen gebracht, angefangen mit der Ignoranz gegenüber dem deutschen Aufmarsch im Juni 1941. Viele Rotarmisten streckten erst die Waffen, als die Vorgesetzten das anordneten und Essen, Wasser und Munition verbraucht waren. Von diesen 5,7 Millionen Menschen starben 3,3 Millionen in deutschem Gewahrsam. Das sind fast 60 Prozent. Als der Historiker Christian Streit diese Zahlen 1978 in seinem Buch «Keine Kameraden» veröffentlichte, stieß er in Deutschland auf Unglauben und Abwehr. Dieser spezielle Massenmord durch Hunger und Vernachlässigung war noch eine Generation nach dem Krieg ein, wie er schrieb, «verdrängtes und tabuisiertes Thema». Spätere Forschungen haben etwas geringere Sterblichkeitszahlen genannt, doch ändert das nichts an der Ungeheuerlichkeit des Geschehens. Natürlich waren die Verantwortlichen schon während des Krieges und erst recht danach um Beteuerungen nicht verlegen, das Massensterben sei ein großes Unglück und keinesfalls beabsichtigt gewesen. Die Wehrmacht habe so viele Gefangene nicht transportieren, unterbringen und versorgen können, und es habe ihr selbst an Nachschub und Nahrungsmitteln gefehlt, ihre Logistik sei überfordert gewesen, als dann Regen und Schnee kamen und die geschwächten Russen in Scharen starben. Generaloberst Jodl erklärte vor dem alliierten Militärtribunal in Nürnberg zum Schicksal der Rotarmisten aus dem Kessel von Wjasma: «Es war in dieser angespannten Versorgungslage, in der wir uns mit dem zerstörten Bahnnetz befanden, unmöglich, sie alle fortzufahren. Der größte Teil wäre nur durch eine sofortige sorgfältige Lazarettbehandlung zu retten gewesen. ... Das ist der Grund, warum ein so großer Teil dieser, gerade dieser Gefangenen von Wjasma gestorben ist.»[182]

Aber der Grund war nicht, dass die Wehrmacht die Masse an Menschen nicht versorgen konnte. Der Grund war, dass sie die Gefangenen nicht versorgen wollte. Und zwar von vornherein nicht. Die Hungerpläne des Regimes schlossen auch die Rotarmisten ein, die in deutsche Hand geraten würden. Das deutsche Militär hatte praktisch nichts zu deren Unterbringung vorbereitet, obwohl die siegesgewissen Generäle doch stets davon ausgegangen waren, Russlands Armeen binnen weniger Monate zu zertrümmern. Es gab kaum Unterkünfte, fast keine Lazarette, nicht einmal primitive Gefangenenlager mit der allernötigsten Infrastruktur. Millionen Rotarmisten wurden hinter Stacheldraht zusammengepfercht und ihrem Schicksal überlassen. Dies war Absicht, kein den Umständen geschuldetes Versagen der Sieger. Niemals zuvor in der Militärgeschichte hatte es ein Verbrechen in dieser Dimension gegeben.

Helmuth James Graf von Moltke, 1944 einer der Mitverschwörer gegen Hitler, arbeitete in der nachrichtendienstlichen Abwehr und war schockiert über das Los der Rotarmisten, wie er im August 1941 seiner Frau schrieb, und über die «Hekatomben von Leichen, die auf unseren Schultern liegen. Immer wieder hört man Nachrichten, daß von Gefangenen oder Juden nur 20 % ankommen, daß in Gefangenenlagern Hunger herrscht, daß Typhus und alle anderen Mangel-Epidemien ausgebrochen seien.»[183]

Rotarmisten jüdischer Herkunft hatten die geringsten Überlebenschancen; die Wehrmacht reichte sie meist einfach an die SS-Einsatzgruppen und andere Killerkommandos weiter. Ein Teil der übrigen Gefangenen wurde gleich in die Konzentrations- und Vernichtungslager verschleppt. Dort starben die Männer in Scharen. Von den ersten zehntausend sowjetischen Gefangenen in Auschwitz lebten schon im März 1942 nur noch neunhundertfünfundvierzig, alle übrigen waren tot: erschossen, erschlagen, Opfer bestialischer Medizinversuche, verhungert, an Krankheit und Schwäche gestorben. Im Konzentrationslager Buchenwald bei Weimar versuchten die Inhaftierten den Russen zu helfen, die sie als natürliche Verbündete betrachteten: «Eine Welle der Solidarität schlug empor, wie man sie selbst hier noch nicht gekannt hatte. Von allen Blocks, und es soll hier festgestellt werden, daß sich keine Markierung ausgeschlossen hatte, wurden Brot und andere Lebensmittel, Kaffee und andere Getränke, Zigaretten und Tabak gebracht», berichtete das Internationale Lagerkomitee 1946.[184] All das musste natürlich heimlich geschehen und konnte auch hier nicht verhindern, dass die Mehrzahl der Gefangenen aus dem Osten umkam.

Soweit Rotarmisten nicht in den Kriegsgefangenenlagern der Wehrmacht starben, waren sie meist Opfer der SS und des zugehörigen Mordapparates. Die Heeresführung tat so, als sei das somit nicht ihr Problem. Zu anderen Offizieren sagte der Leiter der Abteilung für Kriegsgefangene im OKW: «Seien Sie froh, daß wir das Ganze so geregelt haben. Wir wollen, daß die Wehrmachtorgane hieran in keiner Weise beteiligt sind, es ist eine politische Sache.» Das bedeutete lediglich, dass der Mann über die Arbeitsteilung erleichtert war: Andere sollten sich die Hände schmutzig machen. Gegen den schmutzigen Krieg und dessen rassenideologische Ziele selbst hatte er keinerlei Bedenken. Zu Recht schreibt der britische Militärhistoriker Antony Beevor über die Motive der Militärbehörden: Je mehr gefangene Russen «an

Verwahrlosung starben, desto weniger mussten verpflegt werden».[185]

Jedem Offizier musste dabei klar gewesen sein, dass die Behandlung der sowjetischen Gefangenen gegen jedes Völker- und Kriegsrecht verstieß. Zwar hatte die UdSSR das Genfer Abkommen über die Behandlung von Kriegsgefangenen noch nicht ratifiziert, und Hitler hatte damit schon den Kommissarbefehl gerechtfertigt. Doch darf man davon ausgehen, dass sich die Deutschen auch nicht besser verhalten hätten, hätten die Russen es zeitig unterschrieben. Moskaus Unterhändler hatten nämlich sehr wohl 1929 das internationale Abkommen zur Verbesserung des Loses der Verwundeten und Kranken im Felde unterzeichnet. Es galt also, ohne dass sich die Wehrmacht veranlasst fühlte, sich daran zu halten. Viele verletzte Rotarmisten ließ man ebenso verkommen wie die anderen, zahllose starben in den Konzentrationslagern. Im Lager Mauthausen zum Beispiel ließ man die Männer verhungern. In Majdanek wurden 1942 Hunderte verwundeter und arbeitsunfähiger Rotarmisten vergast, die man eigens aus einem Gefangenenlager dorthin transportiert hatte. Viele kranke Gefangene wurden, wie Christian Streit überliefert, von Wehrmachtsstellen aus den Operationsgebieten des Heeres einfach in Hunger- und Notgebieten ausgesetzt. Anfang 1942 meldete Franz von Roques, Befehlshaber des Rückwärtigen Heeresgebietes Nord: «Diese Aktion wirkt sich bis jetzt auf die Bevölkerung stimmungsmäßig eher ungünstig aus. Die Kriegsgefangenen, die, fast verhungert, lebenden Skeletten ähneln und zum Teil mit stinkenden, eiternden Wunden behaftet sind, machen einen grauenhaften Eindruck.» Was sie von den Zuständen in deutschem Gewahrsam berichteten, bleibe «nicht ohne Wirkung».

Von französischen, britischen oder norwegischen Leidensgenossen unterschied die Russen eigentlich nur, dass sie eine andere Staatsbürgerschaft besaßen. Kriegsgefangene aus dem Westen hatten oft ebenfalls ein schweres Los, mussten hungern und als Zwangsarbeiter schuften, mit fortwährender Kriegsdauer stieg die Zahl der Morde durch die Bewacher, etwa an abgeschossenen Bomberbesatzungen oder gefangenen Kommandosoldaten. Die Sterblichkeitsrate lag hier, schlimm genug, bei etwa 3,5 Prozent. Im Osten war sie teils um das Zwanzigfache höher. Zu vernichten war nicht nur «der Bolschewismus» als angeblicher «Todfeind des deutschen Volkes», sondern auch seine «Träger», kurz Bürger und Soldaten der Sowjetunion. Behandelt wurden die sowjetischen Gefangenen nach der ideologischen Vorgabe, eine asiatisch-kommunistische Bedrohung des deutschen Volkes zu sein, die mit allen Mitteln zu beseitigen sei.[186]

Erst ab 1942, als sich die Illusion vom schnellen Sieg auflöste, setzte das Regime sowjetische Gefangene zunehmend als Sklavenarbeiter in der Kriegsproduktion oder der Landwirtschaft ein. Doch ihre Behandlung blieb abscheulich und die Sterblichkeitsrate hoch. Iwan Solonowitsch wurde 1941 verwundet und kämpfte 1942 auf der Krim, wo sich seine Einheit ergeben musste. Per Güterwaggon wurde er nach Hagen verschleppt und dort erst auf Baustellen, dann als Fräser in einer Fabrik eingesetzt. Dem Berliner Hilfsverein «Kontakte», der sich für die Anerkennung und Entschädigung solcher Menschen einsetzt, berichtete er 2010: «Die Menschen waren dünn und entkräftet, mit weißen Gesichtern. Das Essen war kalorienarm, sehr bescheiden: Es wurden ein bisschen Rüben geschnitten, dazu Wasser. Das war's.» Es gab Prügel «mit einem Gummistock oder einem Eisenstab. Ich wundere mich, dass ich damals überlebte. Jetzt bin ich schwer krank. Meine Beine, Hände, mein Magen tun weh. Alles tut weh. Meine Seele tut auch weh.»[187]

Zu diesen Schmerzen haben auch die bundesdeutschen Behörden beigetragen, die sich noch 2001 weigerten, frühere russische Kriegsgefangene als Zwangsarbeiter anzuerkennen und aus dem neuen Stiftungsfonds der deutschen Wirtschaft zu entschädigen. Kriegsgefangenschaft begründe keine Ansprüche, schrieben die Ämter, die ja ihrerseits nur vollzogen, was der Gesetzgeber ihnen aufgetragen hatte. Das ist auch beschämender Kleinmut und Bürokratismus gewesen, aber nicht einmal in erster Linie. Dass die sowjetischen Kriegsgefangenen erst 2015 überhaupt und noch dazu in sehr engherzigem Maße Ansprüche auf Entschädigung erhielten, zeigt nur, wie wenig Charakter und Dimension des Vernichtungskrieges in Deutschland noch bis ins 21. Jahrhundert erfasst wurden. Denn die russischen Gefangenen waren keine Gefangenen wie die meisten anderen gewesen. Sie waren, aus Sicht der Deutschen 1941, Teil einer minderwertigen Rasse, die den Herrenmenschen zu weichen hatte.

«Träger einer unerbittlichen völkischen Idee»: die Schuld der Wehrmacht

Der große Zeithistoriker Ian Kershaw hat Hitlers Strategie 1941 auf den Nenner eines Sprichworts von Shakespeare gebracht: «Ist dies schon Wahnsinn, so hat es doch Methode.» In der Wahnwelt der Naziführung, und nur dort, ergab das Vorhaben, die Sowjetunion auszulöschen, bevor die Amerikaner bereit und gerüstet zum Krieg gegen das Reich waren, eine zwingende Logik. In Wahrheit war es eine Prophezeiung, die sich selbst erfüllte: Je stärker Hitler versuchte, seine Lebensraumziele zu verwirklichen, solange noch Zeit zu sein schien, desto unvermeidlicher mussten sie scheitern und seine Herrschaft mit ihnen. Je unfassbarer die Gewalt im Osten eskalierte, desto ferner rückten alle Möglichkeiten zu einem Frieden. Je brutaler Hitler versuchte, Europa seinem Willen zu unterjochen, je gewaltiger die deutschen Feldzüge wurden, desto weniger würden die Briten jemals einen Ausgleich suchen und desto schneller würden die USA verstehen, dass mit diesem Feind kein Ausgleich möglich war. Genau so ist es auch gekommen.

Warum aber trugen die deutschen Generäle und Offiziere den Wahnsinn so getreu mit? Sie, die doch so stolz waren auf ihren Ehrenkodex, ihre Professionalität, ihre Rolle als «Schild des Vaterlandes»? Wenn doch 1941 die Illusion verflog, dieser Krieg sei einer der herkömmlichen Art zwischen den Mächten Europas gewesen? Wenn doch dieser Krieg, von seiner verbrecherischen Natur einmal ganz abgesehen, selbst die kalte Ratio militärischer Vernunft leugnete? Diese hätte es geboten, und Hitler hatte genau das wieder und wieder versprochen, eben nicht wie 1914 an zwei Fronten zu kämpfen. Doch am Ende des Schreckensjahres stand Deutschland mit drei Weltmächten im Krieg statt mit einer wie zu dessen Beginn. Warum also haben die Offiziere und Soldaten das mitgemacht?

Die erste Antwort versuchten die überlebenden Handelnden nach 1945 selbst zu geben. Sie seien getäuscht worden, ehrenvolle Männer und Soldaten, die ihre Befehle erfüllt hätten, wie es ihre Pflicht gewesen sei. Sie seien unbefleckt aus dem Krieg zurückgekommen, Offiziere der «sauberen Wehrmacht», die nichts oder fast nichts mit SS, SA, Gestapo zu tun gehabt habe. Schon 1945 legten der frühere Oberbefehlshaber des Heeres, Walther von Brauchitsch, sowie die vier ehemaligen Generäle Franz Halder, Walter Warlimont, Erich von Manstein und Siegfried Westphal dem alliierten Militärtribunal eine «Denkschrift» vor. Darin gerierten sie sich als Soldaten, die eben taten, was alle Soldaten tun müssen, und sich ansonsten verbrecherischen Befehlen wie jenen zu massenhaften Geiselerschießungen in den besetzten Staaten tapfer widersetzt hätten: «Hitlers Geiselbefehl wurde einheitlich abgelehnt. Das Oberkommando der Wehrmacht bestand auf der Untersuchung jedes Einzelfalls», doch seien diese Untersuchungen auf Druck der NS-Führung dann leider «im Sande verlaufen». Dabei hatte die Generalität die Strategie in Teilen selbst mitentwickelt, als Vergeltung für echte oder auch erfundene Partisanenangriffe Hunderte Zivilisten zu erschießen.[188]

Die fünf Verfasser der Denkschrift gehörten zum engsten Kreis der deutschen Militärführung unter Hitler, zu dem die Unterzeichner ein ganz unterschiedliches Verhältnis gepflegt hatten. Der Diktator selbst warf Manstein, Warlimont und Halder hinaus. Halder hatte den Russlandfeldzug als Generalstabschef des Heeres bis 1942 an entscheidender Stelle mitgeplant und mitgeführt, seine Kriegstagebücher sind bis heute eine der wichtigsten Quellen für die Entscheidungsprozesse unter Hitler. Halder hatte 1938 sogar zu einer Konspiration der Wehrmacht gegen Hitler gehört, weil er befürchtete, der «Führer» werde Deutschland in einen aussichtslosen Krieg gegen die Westmächte stoßen; dafür kam er 1945, im Zuge der Verhaftungswelle nach dem 20. Juli 1944, sogar ins Konzentrationslager Dachau. Dennoch verurteilt die Denkschrift das Attentat in der Wolfsschanze als Verrat: «Es konnte nicht die Aufgabe der führenden Offiziere sein, der Armee das Rückgrat zu brechen.» Stattdessen hätten sie sich verpflichtet gefühlt, sich als Soldaten von «der Politik völlig fernzuhalten».

Man kann diesen Männern nicht einmal zugute halten, sich selbst getäuscht und belogen zu haben. Wenn sie nachher so taten, als hätten sie unter Hitler ein richtiges Leben im falschen geführt, war dies ein Schwindel. «Es handelt sich um einen Vernichtungskampf», hatte Adolf Hitler seinen Generälen am 30. März 1941 offen mitgeteilt, «wir führen nicht Krieg, um den Gegner zu konservieren.»[189] Sie hatten den Vernichtungskrieg von 1941 geplant. Und dieser Plan war Politik, die des Völkermordes nämlich. Später beteuerten sie, es sei doch nur um die militärischen Operationen gegangen. Aber wenn jemand wissen musste, welchen Zielen diese Operationen dienten, waren sie es doch. Viele von ihnen, ja die meisten, waren mit den Idealen des Kaiserreichs aufgewachsen, knochenkonservativ, überheblich, voll revanchelüsterner Sehnsucht, die «Schmach von 1918» zu tilgen. Sie hatten diese Ziele unterstützt, den Vernichtungskrieg gegen den «jüdischen Bolschewismus» gutgeheißen. Mit voller Absicht hatte die Generalität fast alles Nötige unterlassen, um Millionen Kriegsgefangene zu versorgen.

Und die Wehrmachtsführung wusste auch, was hinter der schnell vorrückenden Front geschah, Massenmorde nämlich, Bruch aller Kriegsregeln, ein Krieg ohne Gnade. Sie selbst hatten es ihren Soldaten einst befohlen, etwa Erich von Manstein. Der Oberbefehlshaber der 11. Armee erließ am 20. November 1941 – die Eroberung Moskaus schien unmittelbar bevorzustehen – folgende Order: «Dieser Krieg wird nicht in hergebrachter Form gegen die Sowjetische Wehrmacht allein nach europäischen Kriegsregeln geführt … Das jüdisch-bolschewistische System muß ein für allemal ausgerottet werden. ... Der deutsche Soldat hat daher nicht einfach die Aufgabe, die Machtmittel dieses Systems zu zerschlagen. Er tritt auch als Rächer für all die Grausamkeiten, die ihm und dem deutschen Volk zugefügt wurden, auf. Für die Notwendigkeit der harten Sühne am Judentum, dem geistigen Träger des bolschewistischen Terrors, muß der Soldat Verständnis aufbringen. Sie ist auch notwendig, um alle Erhebungen, die meist von Juden angezettelt werden, im Keim zu ersticken. Aufgabe der militärischen Führer aller Grade ist es, den Sinn für den gegenwärtigen Kampf dauernd wachzuhalten.»[190]

Dokumente wie dieses sind kein Einzelfall, sondern die Regel. Aus ihnen spricht nicht nur, dass sich Generalität und Offizierskorps den Mordbefehlen des Regimes beugten, sondern dass sie diese auch aktiv mitgetragen haben. Mehr noch, sie wischten Proteste von Untergebenen gegen die Verbrechen rigoros beiseite. Walter von Reichenau, der seinen Soldaten anfangs die Beteiligung an Exekutionen durch die SS und sogar das Zuschauen bei Disziplinarstrafe verboten hatte, ordnete kurz danach an, die Wehrmacht habe dem SD bei Massenhinrichtungen durch Absperrungen zu helfen: «Der Soldat ist im Ostraum nicht nur ein Kämpfer nach den Regeln der Kriegskunst, sondern auch Träger einer unerbittlichen völkischen Idee und der Rächer für alle Bestialitäten, die dem deutschen und artverwandtem Volkstum zugefügt wurden. Deshalb muss der Soldat für die Notwendigkeit der harten, aber gerechten Sühne am jüdischen Untermenschentum volles Verständnis haben.»[191] Einzelne Proteste seiner Offiziere ignorierte Reichenau fortan.[192]

Überzeugte Nazis gab es unter den hohen Heeresoffizieren natürlich viele. Reichenau, der schon vor 1933 zur NSDAP gestoßen war, gehörte dazu, ebenso Generaloberst

Alfred Jodl. Keitel, Befehlshaber des Oberkommandos der Wehrmacht, der am 9. Mai 1945 in Berlin-Karlshorst die bedingungslose Kapitulation unterzeichnete, sagte noch vor den Nürnberger Richtern: «Ich bin ein überzeugter Anhänger Adolf Hitlers.» Viele andere hatten innerlich Distanz zum Nationalsozialismus gehalten – und doch sein mörderisches Geschäft betrieben. Und nachher behaupteten sie, Opfer einer großen Täuschung geworden zu sein, verraten in ihren Idealen von Soldatentum und Pflichterfüllung. Man hat diese Antwort oft als Illusion, als Irrtum, als Tragödie bezeichnet und ist ihr damit schon auf den Leim gegangen. Die militärische Führung des Jahres 1941 wurde nicht heimtückisch manipuliert, wie sie selbst nachher behauptete. Ihre Ideale wurden nicht von einem gewissenlosen Führer und seiner Naziclique missbraucht, wie sie später in Büchern und Memoiren vorgaben. Es war kein unverschuldeter Irrtum, dem sie erlegen waren. Es war eine große Lüge, die sie nachher verbreiteten, eine Lebenslüge über das Ausmaß der eigenen Schuld.

In der Logik dieser Männer waren es also Ehre und Pflichterfüllung, für das Regime einen verbrecherischen Krieg zu gewinnen. Demnach war der Vernichtungswille Hitlers schlecht, böse, schmutzig; die Truppe aber, welche Hitlers Herrschaft über einen ganzen Kontinent verbreitete, sauber und gut: Auch dieses Denken war Wahnsinn mit Methode, der Methode nämlich, den Wahnsinn nachher von sich abzutrennen, allein auf Hitler und seine Paladine zu projizieren. Dieses Denken brachte Österreichs Bundespräsidenten Kurt Waldheim 1988 zu der Erklärung: «Ich war ein anständiger Soldat, der wie Hunderttausende andere zum Dienst in der deutschen Armee gezwungen wurde.» Dort habe er seine «Pflicht als Soldat erfüllt». Dies sagte er ernsthaft als ehemaliger subalterner Wehrmachtsoffizier, der in Saloniki an der Deportation der Juden in die Vernichtungslager mitgewirkt hatte; nicht an führender Stelle, nicht direkt. Er war Teil dieses Verbrechens und spielte nachher das Opfer, er war ein kleines Rädchen nur, doch die Maschinerie des Todes benötigte diese Rädchen, Tausende und Abertausende von ihnen.

Viele Dinge wirkten hier zusammen, Opportunismus, der Mangel an Mut und Weitsicht, die Gewohnheit des Gehorsams nach oben. Später beriefen sich dieselben Männer darauf, den Eid auf Hitler geleistet und daran gebunden gewesen zu sein, Eidbruch sei für einen Soldaten unvorstellbar. Allerdings hatten die Generäle und Befehlshaber der Reichswehr ihren Eid auf die Verfassung der Weimar Republik als Lippenbekenntnis betrachtet und keine Hand zu deren Rettung erhoben, weder 1920 während des rechtsradikalen Kapp-Putsches noch 1933. Der Schwur auf Hitler dagegen galt später als eine Art säkulares Glaubensbekenntnis, das niemals mehr in Frage gestellt werden durfte, was auch immer der «Führer» tun würde.

Darin steckt, gewiss, die lange Tradition des preußischen Gehorsamsprinzips. Dennoch wirkte die Berufung auf den Eid schon in der unmittelbaren Nachkriegszeit so, als hätten die Betroffenen mit dem Eid auch ihren Verstand abgelegt. Der Eid wurde zum Code der Selbstrechtfertigung, zur Formel der scheinbaren Erlösung aus aller Schande. Schon 1952 hielt der Staatsanwalt und spätere Auschwitz-Ankläger Fritz Bauer diesen Männern den Spiegel vor, und es war kein schönes Bild, das sie darin sahen. Damals war es unter vielen alten Offizieren noch völlig üblich, den Widerstand des 20. Juli 1944 als Hochverrat zu verleumden. Denn die Männer, die Hitler hatten töten wollen, um das Land zu retten, mussten dafür ja ihren Eid brechen. Auf diese Weise exkulpierten sich die anderen, die nichts unternommen oder das Regime bis zum letzten Tag mitgetragen hatten, nicht nur selbst. Sie inszenierten sich sogar als die eigentlichen, die tragischen Helden des deutschen Militärs: pflichtbewusste Männer, durch einen heiligen Eid gebunden. Fritz Bauer setzte im Braunschweiger Verfahren, das Stauffenberg und seine Mitverschwörer rehabilitierte, dagegen eine andere Sichtweise durch: «Ein Staat wie der nationalsozialistische ist überhaupt nicht hochverratsfähig.» Ein Staat, der von Verbrechern um des Verbrechens willen angeführt wird, hat normativ nicht das Recht, jene zu Verbrechern zu erklären, welche sich ihm verweigern.

Es gibt ein anderes, viel wichtigeres Motiv als den Eid, das sie zu Generälen des Vernichtungskrieges werden ließ, ein Motiv aus der Finsternis einer Weltanschauung, die jener der Nazis viel zu verwandt war, um ihr standzuhalten, und die dann in Teilen in ihr aufging.

Was 1941 losbrach, war nicht nur Hitlers Krieg. Es war auch der Krieg eines deutschen Militärs, das sich schon in der Kaiserzeit und erst recht nach der Niederlage 1918 immer mehr radikalisiert hatte und zerfressen war von obsessiven Feindbildern. Mit Hitler und den Nazis verband sie, wie es Manfred Messerschmidt, der Begründer einer kritischen Militärhistorie in Deutschland, so treffend ausgedrückt hat: «eine Teilidentität der Ziele». Der Plan einer Herrschaft über Osteuropa und Russland entsprach ihrem eigenen Denken einer von oben straff geführten «Volksgemeinschaft» und einem außenpolitischen Motiv, in dem sich Bedrohungsängste und Aggression unauflöslich vermischt hatten: Der Bolschewismus müsse durch Gewalt vernichtet werden. Mochte es auch anfangs nicht von Völkermordphantasien geprägt gewesen sein, so waren sie doch bereit, dafür große Opfer zu bringen – vor allem die Opfer durch andere Völker.

Der Beginn dieses Weges liegt weit zurück, eigentlich schon in der gescheiterten demokratischen Revolution von 1848/49. Es ist nicht so, dass dieser Weg schnurgerade verlief und es keine Alternativen gegeben hätte, die gibt es in der Geschichte immer und natürlich auch hier, sogar reichlich. Aber der moralische Niedergang des deutschen Militärs bis 1945 und zugleich seine politische Radikalisierung wirken, im Nachhinein betrachtet, wie ein Szenario des schlimmsten Falls.

1849 war die Revolution gegen die Fürstenmacht gescheitert, alle Hoffnung auf Aufbruch und Freiheit dahin. Die Einigung des zersplitterten Deutschlands, auch sie ein Hauptziel der Aufständischen, würde trotzdem kommen, aber nicht mehr von unten, von den Bürgern getragen, sondern von oben, durch den preußischen Obrigkeitsstaat und sein Militär in den Kriegen von 1866 gegen Österreich und 1870/71 gegen Frankreich. Anders als in Frankreich, Großbritannien und den USA gehörten Freiheit und Nation im Deutschland des späteren 19. Jahrhunderts nicht zusammen. Im Gegenteil: Das Militär verstand sie als natürlichen Gegensatz und sich selbst als den Hüter heiliger Interessen, die vor allem bedeuteten, die Demokratisierung des Landes zu verhindern oder wenigstens zu bremsen. Im aggressiven Militärkult des späten Kaiserreichs unter dem uniformvernarrten Wilhelm II. gewann dieses Selbstbild weiter an Gift und Bedeutung. Gewiss, Militarismus und antidemokratisches Denken gab es auch in Streitkräften anderer Nationen, besonders ausgeprägt, ausgerechnet, in Frankreich, das doch nach 1789 das Prinzip des Volksheeres geschaffen hatte, die «levée en masse». Was immer die preußischen Heeresreformer der napoleonischen Ära wie Stein und Hardenberg daraus gelernt hatten, und zwar eine Menge, nämlich «dass ein jeder Bürger der geborene Verteidiger des Vaterlandes ist» – um 1900 war in Deutschland alles Fortschrittliche ihrer Gedanken längst verdrängt worden.

«Eisen und Blut», Zuchtmeister der Nation nach innen, Schutz und Schild nach außen – dieses Selbstverständnis radikalisierte sich zunehmend. In der Julikrise 1914 drängte die Heeresführung zum Krieg, während des Ersten Weltkrieges entwickelte sie unter Hindenburg und Ludendorff mehr und mehr den Gedanken einer deutschen Suprematie über große Teile Europas und die fixe Idee, in Polen, dem Baltikum und dem Westen Russlands eine dauerhafte Herrschaft auszuüben. Das ging schon weit über die klassischen Annektionswünsche der Außenpolitiker hinaus. Die kurze deutsche Besatzungsherrschaft in diesen Ländern 1917/18 war hart, aber nicht völkermörderisch wie die spätere unter Hitlerdeutschland. Nach dem Sieg der Revolution in Russland brutalisierte sich das Denken der Obersten Heeresleitung, welche die Besatzungsgebiete de facto eigenmächtig verwaltete. Die Aussage des Generals Bothmer, er «würde gern mal ein paar hundert der Judenbengels nebeneinander an der Kreml-Mauer hängen sehen», mochte damals noch eine Mindermeinung sein. Es zeichnete sich aber in Kreisen führender Militärs bereits das spätere Feindbild der Nazis vom «Judeo-Bolschewismus» ab.[193]

Der Aggressivität nach außen entsprach ein sich steigerndes Feindbild im Inneren. Das Konzept vom inneren Feind war geboren, den es mit allen Mitteln zu brechen galt. Aus Sicht der Fürstenhäuser und der sie stützenden gesellschaftlichen Kräfte war der innere Feind schon 1848/49 gefährlicher als ein äußerer, mit dem man von gleich zu gleich verkehren konnte. Der innere Feind drohte mit dem Umsturz, der Umwälzung der sozialen und politischen Verhältnisse, und zu seiner Inkarnation wurde während der Industrialisierung die Arbeiterbewegung.

Mit der Zahl der Wehrpflichtigen aus dem Ruhrgebiet, aus Oberschlesien, aus den rasch wachsenden Arbeitervierteln der Großstädte wuchsen die Zweifel, ob diese jungen Männer treu zu Fahne und Vaterland stehen würden, wie es hieß, ob sie sich also als Kanonenfutter in Kriege treiben lassen würden, die nicht die ihren waren. Kaiser Wilhelm II. hat diese Barbarisierung des Militärischen bei einer Ansprache an Rekruten in Potsdam 1891 offen ausgesprochen: «Bei den jetzigen sozialistischen Umtrieben kann es vorkommen, dass ich Euch befehle, Eure eigenen Verwandten, Brüder, ja Eltern niederzuschießen. Aber auch dann müsst Ihr meine Befehle ohne Murren befolgen.»

1918, im November, geschah freilich das, was die hohen Offiziere stets befürchtet hatten. Die Soldaten selbst waren jetzt der innere Feind. Sie wollten den verlorenen Weltkrieg nicht weiterkämpfen, rissen ihren Offizieren die Waffen aus der Hand und die Schulterstücke von den Uniformjacken, sie verlachten jene, die sie eben noch gefürchtet hatten, und spuckten sie an; sie löschten die Kessel der Schlachtschiffe und verließen die Schützengräben, sie gingen heim. Aber nicht alle. Der Kern des Offizierskorps und der Armee blieb bestehen – und vergaß die Schmach nie. Die radikalisierten Offiziere von 1941 sind in diesem von Feindbildern besessenen Geist aufgewachsen. Denn als Wächter suchte sich die junge Republik ihre schlimmsten Feinde. Die Reichswehr und noch mehr die paramilitärischen Freikorps waren voller Hass auf die junge Demokratie, viele von ihnen Gestrandete und Entwurzelte des großen, verlorenen Krieges, für dessen jähes Ende sie Demokraten, Juden, Sozialisten verantwortlich machten. Die Soldaten sorgten für Ruhe, aber sie taten das auf ihre Weise. Sie führten Krieg gegen den inneren Feind. Sie ermordeten in Berlin die Kommunistenführer Rosa Luxemburg und Karl Liebknecht, in München herrschte der «weiße Terror». Während des rechtsradikalen Kapp-Putsches 1920 weigerte sich das Militär, die Demokratie zu verteidigen; ihr faktischer Befehlshaber Hans von Seeckt prägte jene Parole, die zum Inbegriff eines bornierten und illoyalen Militärs werden sollte: «Truppe schießt nicht auf Truppe.»

Sie war der viel beschworene Staat im Staate, sie fühlte sich berufen, Träger nationaler Ehre und der vordemokratischen Ideale zu sein und Deutschlands verlorene Großmachtgeltung wiederherzustellen. Hitler hat das deutsche Militär sehr leicht unter Kontrolle gebracht. Aufrüstung, Wiedereinführung der Wehrpflicht, Kriegs- und Annektionspläne, das Ende der Versailler Bestimmungen, Verachtung der Demokratie, kämpferischer Antikommunismus, durchsetzt mit antisemitischen Vorurteilen, das militaristische Wesen und Auftreten der NSDAP selbst: das alles überzeugte das Offizierskorps viel zu sehr, das war die «Teilidentität der Ziele», als dass es sich mehrheitlich nicht dem «Führer» verschrieben hätte. Von ihm erhofften sie sich die Wiederherstellung ihrer alten Rolle aus der Kaiserzeit; und so gehörte die Reichswehr zu den «Wegbereitern Hitlers».[194] Das klassische Selbstbild von Ehre, Autonomie von der Welt der Politik und Professionalität stand nun neben Annektionsideen, die sich wie jene der OHL 1918 schon weit aus allen herkömmlichen Bahnen gelöst hatten. Judentum und Bolschewismus waren zentrale Kampfbegriffe eines Feindbildes, das Kommunisten, Sozialisten, Demokraten und die verhasste Moderne einschloss. Verschärft wurde die Radikalisierung durch jene jüngeren Offiziere, die sich ohnehin begeistert der Hitlerbewegung angeschlossen hatten. Die wenigen Opponenten waren rasch beseitigt, 1938 löste Hitler mehrere Spitzenoffiziere ab und übernahm selbst den Oberbefehl der gesamten Wehrmacht.

Das ist kein kollektives Urteil. Es gab noch viele, die Hitler misstrauten, gar auf ihn herabblickten oder im System versuchten, sich zu widersetzen. Aber den Offizieren der Wehrmacht fehlte mehrheitlich jedes Gespür für den moralischen Abgrund, auf den die Streitkräfte zutrieben. Die jüngeren unter den einfachen Mannschaften, die 1941 die Grenze zur Sowjetunion überschritten, waren bereits im Geist des NS-Staates indoktriniert worden: «Die Identität dieser Generation ... besaß zudem einen unabweisbaren Erfahrungshintergrund. Als politischer und sozialer Lebenszusammenhang erschienen diesen Soldaten die ‹nationalsozialistische Volksarmee› und das NS-System ebenso selbstverständlich wie alternativlos, schließlich verfügten sie über keine bewussten Erfahrungen aus anderen Staatsformen» (Felix Römer), geschweige denn dem demokratischen Ausland.[195] Die Zustimmung zum NS-System war bei den Mannschaften sicher etwas geringer als bei den Unteroffizieren und Offizieren, sie spiegelte aber doch die Unterstützung wider, die Hitlers Herrschaft im Jahr vor «Barbarossa» in sehr breiten Schichten der Bevölkerung genoss, von den alten «Eliten» bis zur Arbeiterschaft.

Zumindest in der ersten Kriegshälfte glaubten sehr viele Soldaten zweifellos der offiziellen Propaganda. Auch hier verbieten sich Pauschalurteile bei achtzehn Millionen Menschen, die insgesamt eine Zeit bei der Wehrmacht durchliefen. Die Wehrmacht war eine Wehrpflichtarmee, sich dem Kriegsdienst zu entziehen lebensgefährlich, schon der Gestapo und der Denunzianten wegen. Eine gewisse Zahl versuchte sich zu verstecken. In allen Armeen aller Zeiten war die beste Waffe gegen den Zwangsdienst das Desertieren. Unter Friedrich dem Großen setzte sich manchmal ein Drittel seines Heeres ab. Darauf stand in der Wehrmacht die Todesstrafe, die noch und gerade in den letzten Kriegsmonaten 1945 unbarmherzig verhängt wurde.

Auf dem besetzten Kontinent 1941 gab es kaum eine Grenze, über die ein Soldat hätte flüchten können. Und im Osten rückte die Front oft an einem Tag Dutzende Kilometer vor. Das machte es jenen, die solche Gedanken gehegt haben mochten, fast unmöglich, den Appellen der Roten Armee zu folgen, die Seite zu wechseln. Auf Flugblättern appellierten deutsche Exilkommunisten an die Soldaten: «Macht Schluss mit dem sinnlosen Krieg und geht über auf die Seite der Roten Armee!» «Schont Euer Leben! Schont Eure Mütter, Eure Frauen und Kinder! Geht auf die Seite der Roten Armee über, solange es noch nicht zu spät ist. An der Front erwartet Euch ein ruhmloser Tod! Bei der Roten Armee ist Euch das Leben gesichert.»[196] Doch schien diese Armee im Sommer 1941 zu kollabieren; ganz abgesehen davon, dass der radikalisierte Krieg im Osten aus guten Gründen kaum jemanden daran glauben ließ, auf der anderen Seite sei sein Leben gesichert. Selten waren die Bedingungen zum Seitenwechsel oder zur Flucht so ungünstig wie in den ersten Monaten des Bewegungskrieges in Russland.

Man darf sich das Urteil nicht einfach machen und aus dem Charakter des Ostkrieges, den die Wehrmacht führte, stereotyp auf jeden Einzelnen ihrer Angehörigen schließen. Es gibt eine kollektive Verantwortung, aber keine kollektive Schuld. Und es gab sehr viel persönliche Schuld jener, welche von dieser Verantwortung nichts wissen wollten und sie ablehnten. Diese Armee war für den Einzelnen eine gewaltige, jenseits seines Umfeldes anonyme Institution, und ob jemand schuldig wurde, lag an seiner Aufgabe, seinem Einsatzort, seiner konkreten Rolle und oft auch seinem individuellen Verhalten. Der Richtschütze eines Panzers war im Zweifel seltener in der Situation, Verbrechen an der Zivilbevölkerung begehen zu können als die Männer einer Sicherungsdivision hinter der Front. Aber das heißt nicht, dass er, wie man das früher sah, damit als Täter im Vernichtungskrieg gar nicht in Frage kam.

Nicht vergessen sollte man auch den massenhaften Mord an den eigenen Soldaten. Die Wehrmachtsjustiz hat etwa dreißigtausend ihrer eigenen Soldaten ermorden lassen, die meisten wegen «Fahnenflucht», auch auf «Wehrkraftzersetzung» durch kritische Äußerungen über den Krieg oder Hitler stand der Tod. Zum Vergleich: In der US Army wurde während des Zweiten Weltkrieges wegen Desertion ein einziges Todesurteil vollstreckt. Gegen weitere hunderttausend Deserteure verhängten die deutschen Militärrichter bis Ende 1944 lange Haftstrafen, und auch diese waren in vielen Fällen verkappte Todesurteile. Die Häftlinge kamen teils in eigene Konzentrationslager der Wehrmacht wie Esterwegen, wo auch sie wie die bekannten «Moorsoldaten» aus dem antifaschistischen Lied bis zum Tod Sklavenarbeit verrichten mussten. Dort starben sie in Scharen.

Es gehört zu den ekligsten Spektakeln der Verdrängung, dass ehemalige Nazimilitärrichter wie der baden-württembergische Ministerpräsident Hans Filbinger (CDU) ihre Justizmorde später damit rechtfertigten, dass heute nicht Unrecht sein könne, was damals Recht gewesen sei. Aber es war das Recht eines Unrechtsstaates, einer totalitären, menschenverachtenden Diktatur, und in den Opferzahlen der Militärgerichtsbarkeit steckt nur ein Trost: die Erinnerung an einige Zehntausende Soldaten, die das Unrecht nicht mittragen wollten. Und an jene Soldaten aller Dienstränge, die der Stimme des Gewissens folgten; Mordbefehle verweigerten oder ihre begrenzten, aber vorhandenen Handlungsspielräume nutzten und Verfolgte retteten: Hauptmann Wilm Hosenfeld, der den polnischen Pianisten Szpilman, dessen Chopin-Stücke 1939 im Warschauer Rundfunk noch übertragen wurden, bis die Bomber kamen, vor den Mördern bewahrte. Feldwebel der Reserve und Ölmanager Beitz, der mehrere hundert Juden dem Zugriff der SS entzog. Leutnant Reinhold Lofy, der sich 1942 in Woronesch rundheraus weigerte, einen Juden zu erschießen. Oberleutnant Albert Battel, der die SS auf einer Brücke der alten Festungsstadt Przemyśl unter Androhung von Waffengewalt darin hinderte, das jüdische Ghetto zu räumen. Ehre ihrem Angedenken. Was sie taten, hält dem Militär des NS-Staates den Spiegel vor: Das war es, was es hätte tun können, tun müssen, hätte es nicht längst seine viel beschworene Ehre verloren gehabt.[197]

Die meisten Soldaten der kämpfenden Truppe an der Ostfront, wie in allen Armeen, sahen nur einen winzigen Ausschnitt des Gesamtgeschehens, sie waren, ob sie es wollten oder nicht, hineingeworfen in eine Welt aus Gehorsam, Disziplin, Gewalt und des Kampfes gegen einen sehr gefährlichen Gegner. Sie erlebten Gefechte, Todesangst und Halt in der engen Gemeinschaft der eigenen Einheit. «Ihr Zusammenhalt war ungewöhnlich groß», schreibt der Münchner Militärexperte Christian Hartmann. «Doch war die Wehrmacht weltanschaulich viel heterogener, als man zunächst vermuten würde.» Dennoch «bestimmten ihre mentalen Prägungen, dass sie Begriffen wie Kameradschaft, Tapferkeit und Vaterland und damit auch der Welt des militärischen Apparates verpflichtet blieben».[198]

Aber selbst wenn man all das berücksichtigt, dazu die Mitläufer und jene Wehrpflichtigen, die einfach nur irgendwie den Krieg überleben wollten, ist das Bild der Truppe, die 1941 nach Russland vorstieß, erschütternd. In Boryslaw, damals Ostpolen, warfen Soldaten jüdische Zwangsarbeiter von einer Brücke in einen flachen Fluss und amüsierten sich über den Todeskampf der Schwerverletzten. Berthold Beitz, der verfolgten Juden half und Hunderte Menschen vor dem Holocaust rettete, sagte später: «Ich war allein. Ganz allein.» Die Besatzungssoldaten waren nicht seine Kameraden. Die 252. Infanteriedivision meldete am 26. Juli 1941 aus Nowgorod: «In Nowgorord verweigerten die Juden die Arbeitsaufnahme. Dem Judenrat wurde befohlen, trotz des Sabbaths die befohlenen Arbeitskräfte zu stellen, andernfalls fünfzig Juden erschossen wurden. Nach vollzogener Exekution nahmen die Juden die Arbeit auf.»[199]

Heute haben die Historiker viele der Feldpostbriefe ausgewertet, welche Soldaten aus Russland in die Heimat schrieben. Dabei muss man berücksichtigten, dass Militärzensoren die Briefe kontrollierten und kritische Äußerungen darin über den Krieg in Tausenden von Fällen zu Strafverfahren wegen «Zersetzung der Wehrkraft» und anderer angeblicher Delikte führten. Man kann die Briefe daher nicht, wie es oft geschieht, einfach als Spiegel der Stimmung unter den Absendern betrachten wie heute einen Internet-Blog. Andererseits: Soldaten durften zwar keine Kritik üben. Sie waren aber auch nicht gezwungen, sich über russischen oder jüdischen «Abschaum» zu verbreiten, Massenmorde zu bejubeln oder zu schreiben: «Wir müssen siegen, denn sonst würde es uns schlecht gehen. Das ausländische Judengesindel würde sich fürchterlich am Volk rächen, denn hier sind, um der Welt endlich Frieden + Ruhe zu bringen, hunderttausende Juden hingerichtet worden. Jedenfalls hat die SS ganze Arbeit geleistet und man hat ihr viel zu verdanken.» Dieser Brief eines siebenundzwanzigjährigen Gefreiten, verfasst im April 1942, war auch in der Wehrmachtsausstellung zu sehen.

Ein anderer Soldat notierte: «In den letzten Tagen sammeln sich die Gefangenen, unvorstellbar viele, unvorstellbar schmutzig. Es sind auch viel Frauen darunter, meist Sanitätsfrauen, aber auch Flintenweiber in jeder Ausführung. Derjenige, der gegen die Russkis gekämpft hat, kennt kein Mitleid mit ihnen, ich auch nicht.»[200] Wieder ein anderer schrieb Ende August 1941 nach Hause: «Der Krieg gegen diese Untermenschen ist fast vorbei. Sie sind Pack, der wahre Abschaum der Erde und dem deutschen Soldaten nicht gewachsen.»[201]

Von 1942 bis 1945 hörten US-Nachrichtendienste systematisch deutsche Kriegsgefangene im Gefangenenlager Fort Hunt bei Washington ab. Die Deutschen, die nicht ahnten, dass ihre Gespräche über versteckte Mikrophone aufgenommen wurden, sprachen relativ frei und offen über ihre Kriegserfahrungen – freier und offener als in den Verhören durch die Alliierten und als später in den Familien oder gar der Öffentlichkeit in Deutschland. Der deutsche Historiker Felix Römer hat die Protokolle für sein bemerkenswertes Buch «Kameraden» ausgewertet, das 2012 erschien. Keiner der Belauschten versuchte, wenn das Gespräch unter den Gefangenen auf die Verbrechen in Russland kam, auch nur den Anschein einer «sauberen Wehrmacht» zu erwecken. Das war erst ein späterer Versuch der Selbstrechtfertigung, allerdings ein sehr erfolgreicher. Oberst Sandrat von der Flak sagt laut Protokoll über das «Unternehmen Barbarossa»: «Wir haben im Anfang keine Gefangenen gemacht. Der Führer sagt doch selbst: Das sind keine Menschen, das sind Bestien.» Zwei andere streiten darüber, ob es rechtens war, so viele Menschen zu erschießen:

«G.: Ach, das sind doch Kriegsoperationen gewesen. Das sind doch keine eigentlichen Verbrechen.

H.: Wenn man ganze Familien ausrottet und auf Kinder schießt, die Familie buchstäblich umlegt? Da sind wir schuldig, wenn das Militär ohne irgendwelches Recht dem Bauer das letzte Stück Brot weggenommen, gestohlen hat.»

G.: Lass doch!

A.: Ach, verteidige die doch nicht!»[202]

Die jüngeren Soldaten waren Kinder gewesen, als die Nazis die Macht ergriffen hatten, sie waren in Schule und Jugendorganisationen verhetzt und in der Wehrmacht gedrillt worden. So erlagen viele, sehr viele von ihnen den stereotypen Feindbildern, mit denen sie aufgewachsen waren, von Juden und Bolschewisten und dem angeblichen Entscheidungskampf gegen sie. Gleichzeitig boten diese inhumanen Klischees eine Rechtfertigung, warum der Krieg in der Sowjetunion mit solcher Grausamkeit geführt wurde und warum sie, die Soldaten, Teil dieses von Hass und Furcht gespeisten Horrors waren. Anders, so hatten sie es gelernt und so verkündeten es ihre Befehlshaber wieder und wieder, sei der Kampf gegen einen solchen Feind nicht zu gewinnen. Zu den bestürzendsten Zeugnissen etlicher deutscher Soldaten von 1941 gehört daher der Blick auf die Opfer: Abgerissene und halb verhungerte russische Gefangene, Angst und Elend sowjetischer Juden, Zivilisten, die mit bloßen Händen in den Ruinen ihrer Dörfer nach etwas zu essen wühlten – all diese Bilder von Not und Verwahrlosung lösten bei vielen nicht Mitleid, sondern Abscheu aus. Hatte nicht die Goebbels-Propaganda genau solche Zustände in Stalins Staat beschrien? Doch es waren die Deutschen selbst, die ja solche Not, Rohheit und Verwahrlosung geschaffen hatten. Jetzt machten sie den Opfern deren eigenes Leid zum Vorwurf. So war diese Armee auf den Killing Fields des Ostfeldzuges eine ganz andere als jene, die im November 1918 gegen ihre Führer rebelliert hatte. Die Männer, die man 1941 zu Zehntausenden in den Tod schickte, rebellierten nicht. Sie waren die Truppe des Vernichtungskrieges. Schuld ist immer eine individuelle Frage. Die Standardbehauptung aber, man habe erst 1945 in der Gefangenschaft von Holocaust, Hungertod und Einsatzgruppen erfahren, mag in manchen Fällen zutreffen – in der Mehrheit war sie nur ein Versuch der Verdrängung.

So wandelt sich das Bild über die deutschen Soldaten im Ostkrieg. Über Jahrzehnte dominierte die Schutzbehauptung, die Angehörigen der Wehrmacht hätten von den Verbrechen wenig gewusst und sich nur in Ausnahmefällen daran beteiligt. Die Soldaten, die 1945 heimkamen, standen meist nicht nur materiell vor dem Nichts. Sie hatten überlebt, gewiss, viele an Körper und, noch mehr, an Seele gezeichnet. Sie hatten viele Jahre gekämpft – aber wofür? Nie zuvor in der Geschichte waren so viele Menschen für eine so schlechte Sache in den Krieg gezogen. Mit jedem befreiten Konzentrationslager, mit jedem Tag der Nürnberger Prozesse wurde 1945 selbst jenen, die nichts, wenig oder zumindest nur von einem kleineren Teil der Naziverbrechen gewusst hatten, vor Augen geführt: Der Krieg, den ihr geführt habt, hat all dieses Grauen erst möglich gemacht.

Nur eine Minderheit zog daraus die Konsequenz, dem,

was geschehen war, bewusst ins Auge zu blicken. Die Mehrheit verfiel in Schweigen. Und wenn später ihre Kinder versuchten, das Schweigen zu brechen, reagierte sie oft mit Abwehr: Wer das nicht selbst erlebt hat, kann nicht mitreden. So entstand erst langsam, dann durch stillen und nicht so stillen Konsens der vielen, unterstützt von den Behauptungen der Generäle, Hitler habe sie getäuscht, eine Art märchenhafte Reinwaschung von aller Schuld: Die Truppe stand zwar im Dienst eines Verbrechers, gewiss, aber sie war, wie man sagte, «sauber geblieben». Hatten sie nicht einfach getan, was alle Soldaten tun? Befehlen gehorchen, kämpfen, für seine Kameraden sorgen? Es war eine große Lüge, eine Flucht vor der Wirklichkeit, dem eigenen Erleben, jeder Auseinandersetzung mit möglicher Schuld.

Der Feldwebel Anton Schmid aus Österreich wollte solche Schuld erst gar nicht tragen. Aus Gewissengründen – «ich mit meinem weichen Herz», wie er einmal an seine Frau schrieb – rettete er 1941 in Litauen so viele der verfolgten Juden, wie er konnte, und arbeitete sogar mit der jüdischen Widerstandsbewegung zusammen. 1942 wurde er verhaftet, verurteilt und hingerichtet. Er gehörte zu jenen «stillen Helden», für deren Andenken sich der Waldkircher Militärhistoriker Wolfram Wette eingesetzt hat. Im Jahre 2000 hat die Bundeswehr sogar eine Kaserne nach Schmid benannt, ein Wandel in der Traditionspflege, für den sie fast viereinhalb Jahrzehnte gebraucht hatte. Aber für Einsicht ist es bekanntlich nie zu spät.[203]

Anton Schmid war, gewiss, eine Ausnahmeerscheinung. Dem jüdischen Schriftsteller Hermann Adler sagte er einmal: «Krepieren muß jeder. Wenn ich aber wählen kann, ob ich als Mörder oder als Helfer krepieren soll, dann wähle ich den Tod als Helfer.»[204]

Sechs Tage im Dezember: der Weltkrieg

«Hier muss ich also sterben»: die Wende vor Moskau

Das Erste, was die frierenden Soldaten in ihren Unterständen hörten, waren Explosionen der Artillerie, die Einschläge kamen schnell näher. Dann drang das dunkle Dröhnen von Panzermotoren durch die eisige Luft, und nicht der eigenen. Die Schatten sowjetischer T-34 tauchten im Schneetreiben auf. Die deutschen Panzer wollten nicht anspringen, das Thermometer stand bei minus dreißig Grad, Tendenz weiter fallend. Der Infanterist Albrecht Linsen sah voll Entsetzen, dass seine Kameraden durch den Schneesturm nach hinten rannten, «wie eine von Panik überwältigte Herde von Tieren». Ein einsamer Offizier, die Pistole in der Hand, starrte hilflos auf die Massenflucht. Dann explodierte eine Granate neben Linsen, und er spürte einen stechenden Schmerz in der Hüfte. Sein letzter Gedanke, bevor er das Bewusstsein verlor, war: «Hier muss ich also sterben, einundzwanzig Jahre alt, im Schnee vor Moskau».[205] Er überlebte mit Glück.

Es war der 5. Dezember 1941, das Ende aller deutschen Hoffnungen. Die Winteroffensive der Roten Armee traf die Wehrmacht fast unvorbereitet. Geplant hatte den Gegenschlag einmal mehr der unermüdliche Schukow, den Stalin zurück nach Moskau beordert hatte. Sowjetische Armeen brachen mit voller Wucht durch die deutschen Linien, sorgten für Chaos und Flucht und trieben an der empfindlichsten Stelle der Front einen hundertfünfzig Kilometer tiefen Keil nach Westen, an der Nahtstelle zwischen den Heeresgruppen Nord und Mitte. Weil die deutschen Truppen in einem weiten Bogen um Moskau verteilt waren, drohten sie jetzt ihrerseits abgeschnitten zu werden. Die Russen setzten Elitedivisionen in voller Winterausrüstung ein, die T-34 waren der Kälte angepasst, auch die Propeller der Kampfflugzeuge drehten sich, während die Deutschen und ihr Kriegsgerät buchstäblich eingefroren waren. Wo das Gelände es erlaubte, rasten manche Angreifer feuernd auf Skiern und Hundeschlitten heran. Das alles geschah, einen Tag nachdem der Generalstab des Heeres befunden hatte, entlang der gesamten Front der Heeresgruppe Mitte sei der Feind «zurzeit» außerstande zu einem Großangriff.

Die Soldaten erlebten das anders. Kriegsberichterstatter Simonow zitierte das Tagebuch eines deutschen Offiziers, das die Rotarmisten, wie er schreibt, bei ihrer Offensive im Schnee gefunden hatten: «Da müssen wir nun den Boden aufgeben, den wir bei unserem siegreichen Vormarsch erobert haben. Mein Gott! Mein Gott! Was haben wir getan, daß uns so etwas zuteil wird. Unsere Lage ist kritisch.» Der Verfasser war wohl in den Strudel des Rückzugs geraten, was er sah, erinnerte ihn an die Flucht der französischen Armee 1940: «Zertrümmerte Wage, verstreute Patronen … Es ist ein unglaublicher Anblick. Überall verwahrloste Gestalten, der letzte Dreck.»[206]

Dutzende Kilometer. Doch noch am 6. Dezember, einen Tag nach Beginn der Winteroffensive, war die deutsche Führung damit beschäftigt, Feldzugspläne für den Krieg 1942 zu entwerfen: Hitler und Halder erörterten, wie sich Leningrad endgültig abschnüren lasse und welche Stellungen am geeignetsten für den Winter seien. Zu diesem Zeitpunkt war ein erheblicher Teil dieser Stellungen schon in Gefahr, überrollt zu werden. Bis Monatsende rissen russische Stoßverbände, die von der Taktik ihres Feindes gelernt hatten, tiefe Löcher in die Front der Heeresgruppe Mitte. Sie brachen den deutschen Ring um Tula auf und eroberten Klin und Kaluga zurück. In dieser Region stieß ein improvisierter deutscher Gegenangriff erneut auf die schweren KW-Panzer. Einer ihrer Kommandanten berichtete: «Unsere Infanterie hielt an und geriet in Verwirrung. Ich befahl dem Fahrer, den deutschen Panzern entgegenzufahren. Dem Richtschützen befahl ich, das Feuer zu eröffnen. Bald lagen zehn verbrannte und zerschossene deutsche Panzer auf dem Schlachtfeld. Die übrigen wandten sich zur Flucht. Wir nahmen die Verfolgung auf.»[207] Nicht wenige solcher euphorischen Siegesmeldungen erwiesen sich als übertrieben, und doch war eines sicher: Alle deutschen Planungen vom 6. Dezember, den Blitzkrieg von 1941 im folgenden Jahr abzuschließen, waren schon Makulatur, und der Feind war noch immer viel stärker, als die Heeresführung angenommen hatte.

Während des gesamten Krieges war die deutsche Einschätzung des Feindes von Überheblichkeit, Hybris und ideologischem Wunschdenken geprägt. Die Briten zu unterschätzen war im Sommer 1940 ein Grundfehler gewesen, von dessen Folgen sich Hitlers Strategie nicht mehr erholte. Niemals würde er den Rücken freihaben, um seinen «Lebensraum»-Krieg im Osten ungestört zu verwirklichen. Als er trotz des britischen Widerstandes seine Landser ohne Winterausrüstung nach Moskau schickte, ignorierten Hitler und seine Generäle alle Daten über Industriepotenzial, Geographie und Stärke der sowjetischen Streitkräfte und das mögliche Ausmaß der dann gewaltigen westlichen Militärhilfe. Im Rausch der schnellen Siege 1941 wurde die

Analyse des Feindes immer nachlässiger und weltfremder. Und jetzt war die deutsche Generalität also verblüfft, als im Schneetreiben rings um Moskau elf neue Armeen auftauchten, darunter viele Elitedivisionen aus Sibirien. Guderian hatte es kommen sehen, wütend schrieb er dem Chefadjutanten der Wehrmacht bei Hitler, Rudolf Schmundt: «Man hat den Gegner, die Weite seines Landes und die Tücken des Klimas erheblich unterschätzt, und das rächt sich nun.»[208] Am 19. Dezember 1941 übernahm Hitler die Führung der Obersten Heeresleitung persönlich und schasste zahlreiche Generäle, darunter Guderian. Man hat dies oft als Entmachtung der Wehrmachtsführung bezeichnet. Aber das hatte diese schon lange Zeit zuvor selbst besorgt.

«Japans große Stunde»: der fremde Verbündete

Es war die erste große Niederlage der Wehrmacht zu Lande. Und wahrscheinlich hat ein einziger Mann mehr dazu beigetragen als Tausende Soldaten. Dieser Mann sagte von sich selbst sogar: «Ich allein habe Hitler geschlagen.» In Tokio hatte der sowjetische Spion Richard Sorge erfahren, dass Japan nicht in den deutschen Krieg gegen die Sowjetunion eingreifen, sondern die USA und die Briten attackieren werde. Er funkte seine Informationen nach Moskau, wo der Kreml diesmal den Fehler vom Juni nicht wiederholte, seinen Mann in Tokio zu ignorieren. Sorge, dessen Exzentrik und Neigung zum Alkohol seine Tarnung immer mehr gefährdeten – seiner japanischen Geliebten sagte er «Sorge ist ein Gott» –, feierte seinen letzten Coup. Im Oktober 1941 verhaftete ihn die Polizei in Tokio; später wurde er hingerichtet. Aber dieser Coup hatte welthistorische Folgen: Die japanische Bedrohung hatte die Sowjetunion gezwungen, trotz der fürchterlichen Verluste an der deutschen Front starke Verbände an der Grenze zur japanisch besetzten Mandschurei zu belassen. Jetzt aber fiel diese Gefahr weg, und Schukow ließ die letzte große Reserve, sibirische Truppen, ausgeruht und gut ausgerüstet, vor Moskau angreifen.

Es begann nun, was Hitler selbst heraufbeschworen hatte – der globale Krieg einer gewaltigen Mächteallianz gegen das Reich. Eigentlich hatten die Deutschen seit «Barbarossa» gehofft, dass die Japaner im Fernen Osten eine weitere Front gegen die Sowjetunion eröffnen würden. Mit dem Kaiserreich war Deutschland im «Antikomintern-Pakt» verbunden, dem Gegenstück zur Kommunistischen Internationale (Komintern). Das Land wurde beherrscht von einer ultranationalistischen Militärregierung, die sich immer weiter radikalisiert hatte und in China einen grausamen Unterwerfungskrieg führte. Adolf Hitler hatte dem japanischen General Oshima im Juli 1941 gesagt, er sehe nun «auch Japans große Stunde gegenüber Russland gekommen». Je zäher sich die Rote Armee gegen die Deutschen zur Wehr setzte, desto mehr wünschte sich die deutsche Führung, dass ein japanischer Großangriff den Zusammenbruch der Sowjetunion beschleunigen würde. Ernst von Weizsäcker, Staatssekretär im Auswärtigen Amt, notierte schon am 31. August 1941, das Reich habe «die Japan-Hilfe nötiger als gedacht».[209]

Doch sie kam nicht. Japan hatte seine eigenen Interessen, und der Krieg in Europa bot unverhoffte Gelegenheiten, diese durchzusetzen. Japan führte seinen Eroberungskrieg in China, doch verschlang dieser Geld, Menschen und Material, ohne ein Ende zu finden. Andererseits hassten und fürchteten die Generäle in Tokio die Sowjetunion, gegen die sie 1939 in der Mandschurei eine empfindliche Niederlage erlitten hatten; es war, im Westen kaum wahrgenommen, Schukows erster großer Sieg. Nach «Barbarossa» wäre eine Invasion der östlichen Sowjetunion, der Mandschurei und Sibiriens einerseits die Chance zur Rache gewesen, zur Ausschaltung eines mächtigen Rivalen und zur Bereicherung an der russischen Beute. Im Sommer 1941, als sich die Zangen der deutschen Panzergruppen um Stalins Armeen schlossen, wurde diese Option in Tokio tatsächlich ganz ernsthaft erörtert. Allerdings hatte das Kaiserreich am 13. April 1941 einen Neutralitätspakt mit der Sowjetunion vereinbart, um gerade nicht in den Sog des europäischen Krieges gezogen zu werden.

Ein Landkrieg in China und Sibirien zugleich barg nämlich unabsehbare Risiken, erst recht bei einem Eingreifen der USA. Für einen weiträumigen Feldzug im russischen Osten, geführt mit schnellen gepanzerten Verbänden, waren die Japaner zudem nicht gut gerüstet; diese Lektion hatte ihnen Schukow 1939 sehr nachdrücklich erteilt. Ihre Stärke waren die enorme Kriegsflotte mit vielen Flugzeugträgern und Schlachtschiffen und eine moderne Luftwaffe, beides ideale Voraussetzungen für maritime Eroberungen im Pazifik. Schon der Kampf gegen die chinesische Nationalarmee, deren Soldaten den Invasoren oft schlecht bewaffnet und barfuß entgegentraten, band die Masse der Landstreitkräfte. Und in den Kolonien der Europäer, deren Heimatstaaten mit Ausnahme der bedrängten Briten von Hitler besiegt waren, lockte eine wesentlich reichere und dazu leichtere Beute als hinter der russischen Grenze.

Von allen Bündnispartnern des «Dritten Reiches» war Japan der bei weitem stärkste. Die anderen waren mit Ausnahme des militärisch schwachen Italien ohnehin meist Vasallen in unterschiedlichen Graden der Abhängigkeit, Japan verstand sich als traditionsreiche Großmacht, mindestens auf Augenhöhe mit dem «Dritten Reich». Die beiden Staaten entwarfen zu keinem Zeitpunkt eine gemeinsame Strategie oder Operationsplanung, eine organisierte Zusammenarbeit wie zwischen den Westalliierten und der Sowjetunion existierte kaum in Ansätzen. Das seltsame Bündnis zwischen den Kriegstreibern in Berlin und Tokio definierte sich in der Destruktivität seiner jeweiligen Ziele, seinem Antikommunismus und einem rassistischen Imperialismus, der in Deutschland allerdings noch weit obsessiver war.

Sosehr sich die beiden Kulturen sonst in fast allem unterschieden: beide Gesellschaften waren zutiefst militarisiert, hier wie dort wurde der Krieg verherrlicht, und die Armee verstand sich als Schirmherr und Vorbild einer Nation, die angeblich zur Führung aller Völker auf großen Teilen ihres Kontinents berufen war. Der deutsche Herrschaftsanspruch über Europa fand sein Gegenstück in den Lehren des intellektuellen Generalstabsoffiziers Ishiwara Kanji. Er hatte im Deutschland der zwanziger Jahre studiert und brachte die Idee mit heim, dass die Werte der eigenen traditionellen Kultur irgendwann zum Entscheidungskampf mit den angeblich verderbten Demokratien drängen würden. Kanji wurde nach 1935 zu einer Schlüsselfigur der japanischen Strategie des Sozialimperialismus.

In den Hauptstädten des Westens wiederum verstanden nur wenige, wie Churchill es tat, die Strukturen und Mentalitäten der beiden unheimlichen Mächte Deutschland und Japan. Der Versuch, diese nach den herkömmlichen Maßstäben der Diplomatie zu beschwichtigen und in Verträge einzubinden, verkannte die politische Psychologie der beiden Diktaturen ebenso wie deren Entscheidungsabläufe. Umgekehrt begriffen auch die Führungen in Tokio und Berlin, gefangen im eigenen überheblichen Weltbild, die Demokratien nicht. Suchten diese nach politischen Lösungen und Verhandlungen, machten Zugeständnisse und Kompromisse, sahen die Gewaltpolitiker meist nichts als Schwäche darin, die sie verachteten und die es auszunutzen galt.

Deutschland wie Japan begriffen sich selbst als Nationen, die sich endlich nahmen, was ihnen zustand. Beide waren ökonomisch stark und verfügten über moderne Industrien und noch modernere Streitkräfte. Politisch dagegen verklärten sie die Vergangenheit und verfolgten irrationale und ideologische Ziele: in ihrer jeweiligen Welthälfte ein Raubimperium zu schaffen. Diesen Zielen aber standen dieselben Hauptkontrahenten gegenüber, die westlichen Demokratien und die kommunistische Sowjetunion.

Auch die Briten und Sowjets waren ungleiche Partner, zusammengeführt nur durch denselben Feind, der sie angegriffen hatte. Aber Deutsche und Japaner als Verbündete – das war ein bizarrer Bund: Die rassistische Naziideologie setzte nun auf die Hilfe einer asiatischen Macht, welche sich eben anschickte, die Herrschaft des weißen Mannes in Südostasien zu beenden. Hitler selbst äußerte einmal über das absehbare Verschwinden der «weißen Rasse aus diesem Raum»: «Ich habe das nicht gewollt.»[210] Alles sei nur Schuld der Briten, die sich nicht mit Deutschlands Sieg abgefunden hätten. Die Japaner wiederum sahen sich als Waffengefährten eines Regimes, das eigentlich zutiefst von der Unterlegenheit ebendieser «asiatischen Rassen» überzeugt war.

So unnatürlich der Pakt zugunsten des jeweiligen Landraubes erschien, so ähnlich war freilich auch das Dilemma, in dem die Räuber hier wie dort steckten. In beiden Fällen waren die USA der Fixpunkt ihrer Überlegungen und düsteren Pläne. Hitler wollte Russland «niederwerfen» und den Bolschewismus «auslöschen», bevor die Amerikaner in Europa intervenieren würden. Das Kaiserreich führte seinen mörderischen Expansionskrieg in China und plante überdies, eine pazifische «Wohlstandszone» zu schaffen, in Wahrheit ein Imperium der Unterdrückung und Ausbeutung. Dabei standen ihm weniger die europäischen Kolonialmächte wie die Briten und Holländer im Wege, die schwerlich die Kraft besitzen würden, ihre entlegenen Besitzungen gegen die Armeen des Tenno zu verteidigen. Es waren die USA, die mit wachsender Sorge in den pazifischen Westen blickten, ein japanisches Imperium der Gewalt bedrohte ihren Handel und ihre Sicherheit.

Die Roosevelt-Administration hatte Tokio mehrfach gewarnt, deutlich und mit wachsender Schärfe. Verhandlungen erwiesen nur, dass die Militärregierung in Tokio nicht nachgeben würde. Es mag zutreffen, dass die US-Diplomatie gegenüber Japan 1941 nicht sehr geschickt war, weil die Entscheidungsträger in Tokio sich unter massiven Druck gesetzt fühlten, was ihren ohnehin überbordenden Nationalstolz verletzte und sie noch schneller in Richtung Krieg trieb. Wahr ist aber auch, dass sie um fast jeden Preis ihr Pazifikreich aufbauen wollten und dass Nachgiebigkeit nach dem fatalen Muster der europäischen Beschwichtigungspolitik sie noch weniger daran gehindert hätte als der Versuch, ihnen Grenzen zu setzen. Ende Juli 1941 besetzten sie Französisch-Indochina, das noch der Vichy-Regierung unterstand und ihr formal auch verblieb. Die USA, Großbritannien und die niederländische Exilregierung erließen ein Handels- und Ölembargo gegen das Reich der «aufgehenden Sonne».

Jetzt war die Regierung des Ministerpräsidenten Tojo, auch er ein hartleibiger nationalistischer General, in ähnlicher selbst geschaffener Zwangslage wie Hitler in seiner fernen Berliner Reichskanzlei: Die Zeit lief ihnen davon. Das Embargo traf die japanische Kriegswirtschaft hart. Die Militärregierung hatte nun die Wahl, ihre Eroberungspläne aufzugeben oder das Hindernis mit Gewalt aus dem Wege zu räumen, das zwischen ihr und diesen Eroberungen stand: die militärische Macht der Amerikaner. Sie wählten, wie Hitler auch, den Weg der Gewalt. Nun aber musste mit jedem Monat, der verstrich, das Dilemma wachsen: Die Ölreserven schwanden dahin, die Amerikaner rüsteten auf, und je später Japan zuschlagen würde, desto ungünstiger erschien die Ausgangslage. Ganz ähnlich hatte Hitler gegenüber seinen Generälen argumentiert: Je schneller Russland vernichtet sei, desto kleiner die amerikanische Bedrohung.

Also lief am 26. November 1941 die Trägerflotte unter dem Kommando des besten japanischen Admirals, Yamamoto, in Richtung Hawaii aus. Geführt wurde sie von Vizeadmiral Nagumo. Der gewaltige Verband, der über sechs Flugzeugträger, viele Begleitschiffe und vierhundert moderne Kampfflugzeuge verfügte, legte bei absoluter Funkstille sechstausendachthundert Kilometer zurück und näherte sich bis auf zweihundert Seemeilen dem US-Marinehafen Pearl Harbor. Er entging der amerikanischen Aufklärung, die weitgehend versagte. Mit den technischen Mitteln ihrer Zeit, einer Epoche ohne Drohnen und Satellitenbilder, war der gewaltige pazifische Raum allerdings schwer zu kontrollieren. Informationen von Aufklärungsflugzeugen, Schiffen auf See und aus entschlüsselten Funksprüchen, auch durch Agenten, lieferten ein höchst unvollständiges Bild. In dem halben Jahr vor Pearl Harbor wussten die Amerikaner «an hundertvierunddreißig von hundertachtzig Tagen nicht genau, wo sich gerade die japanischen Flugzeugträger befanden».[211] Ein gewagter Überraschungsschlag gegen die Pazifikflotte in Pearl Harbor, Hawaii, sollte Japans Kriegsmaschine die nötige Zeit zur Unterwerfung Südostasiens geben. War das pazifische Reich, so die Strategie, mit seinen Rohstoffen und Ölfeldern erst einmal gefestigt und durch einen weiträumigen Ring von Inseln und Stützpunkten gesichert, würden die USA vor vollendeten Tatsachen stehen.

So entstand eine der großen, für die Deutschen fatalen Paradoxien des Krieges: Ausgerechnet Japans Attacke auf die USA und die Briten entlastete die bedrängte Sowjetunion und führte somit direkt mit zum winterlichen Debakel des deutschen Verbündeten vor Moskau. Und dieser Angriff erfolgte nur drei Tage nach Beginn der sowjetischen Gegenoffensive. Am Morgen des 7. Dezember 1941 war der Trägerverband nahe genug an Hawaii herangekommen, und Nagumo ließ die geballte Gewalt von mehr als 353 Kampfflugzeugen in zwei Angriffswellen auf die Insel los.

«Tora, Tora, Tora!»: Pearl Harbor

Der 7. Dezember 1941 war ein Sonntag, der freie Tag bei der US Navy. Viele Flottenoffiziere übernachteten an Land. Sie waren zum Frühstück verabredet, machten Spaziergänge in der Morgensonne oder bereiteten sich auf den Besuch des Gottesdienstes vor. An Bord der großen Schlachtschiffe schliefen die meisten Mannschaften noch. Zwei US-Radarbeobachter auf der Insel Oahu entdeckten auf ihren nagelneuen Geräten eine Zusammenballung grüner Punkte, die sich aus etwa hundertdreißig Seemeilen von Norden rasch näherten. Die Informationszentrale glaubte an eine Verwechslung, und die Antwort des zuständigen Wachoffiziers ging in die Geschichte ein: «Don't worry about it!» Macht euch keine Sorgen darüber.

Um Punkt 7:49 Uhr funkte Mitsuo Fuchida, der Kommandeur des japanischen Angriffsgeschwaders, nach Tokio: «Tora, Tora, Tora!» – Tiger, Tiger, Tiger. So jedenfalls klang es für die Amerikaner, die den codierten Funkspruch auffingen. Es war das Signal dafür, dass die Überraschung gelingen würde. Dann stießen die Sturzkampfbomber und die Torpedoflugzeuge auf Pearl Harbor nieder, und der Krieg im Pazifik hatte begonnen. Und jetzt war der Zweite Weltkrieg wirklich ein globaler Krieg; alle großen Mächte der Welt waren nun an ihm beteiligt.

Die junge Reporterin Elizabeth P. McIntosh war beim verspäteten Heulen der Sirenen auf die Straße gerannt und sah Flugzeuge, die sich vom Himmel auf ihre Ziele stürzten. Viele Bewohner von Hawaii begriffen zunächst gar nicht, welches Drama sich unten am Hafen vollzog: «Überall entlang der sonnenbeschienenen Straße zum Hafen kamen Leute aus der Kirche, lagen Hunde faul in den Einfahrten, in den Bäumen lärmten die Versammlungen geselliger Stare.» Dann fielen Bomben auch auf die Wohnviertel, die Journalistin erblickte die ersten Leichen und eingestürzte Häuser und Läden; in ihrem Artikel beschrieb sie den jähen Einbruch des Krieges in die friedliche Welt eines amerikanischen Sonntagmorgens so plastisch, dass ihr Arbeitgeber, der *Honolulu Star-Bulletin*, sich weigerte, die Geschichte abzudrucken – als könne man den Frieden zurückerhalten, wenn man nur den Blick in das Gesicht des Krieges vermied.[212]

Eine beliebte Verschwörungstheorie lautet, Roosevelt habe seine Pazifikflotte und das Leben ihrer Besatzungen absichtlich geopfert, um Amerika endlich in den Krieg hineinzuziehen. So argumentiert etwa der US-Fotograf und Marineveteran Robert B. Stinnett. Rechte und auch ein paar linke Publizisten in Deutschland, geeint durch antiamerikanische Ressentiments, haben sie häufig vorgebracht. Sie vergessen dabei stets, dass – selbst wenn sie recht hätten – die freie Welt ohne die USA niemals Hitlerdeutschland niedergeworfen hätte; dass Amerikas Eintritt in den Krieg nicht durch finstere Ränke ausgelöst wurde, sondern durch Roosevelts Entschlossenheit, den Feinden der Freiheit die Stirn zu bieten; und dass sowohl Japan als auch Hitlerdeutschland Amerika den Krieg erklärten und nicht umgekehrt. Und natürlich haben sie nicht recht.

Die Behauptung, Pearl Harbor sei eine amerikanische Intrige gewesen, ist vom selben schlichten Geiste oder besser Ungeiste wie die Theorie, die Wehrmacht sei 1941 in Notwehr in der Sowjetunion eingefallen oder der israelische Geheimdienst Mossad stecke hinter den Terroranschlägen der al-Qaida von 9/11. Das Hauptargument lautet meist, die US Navy habe ihre Träger zeitig in Sicherheit gebracht (kann es Zufall gewesen sein, dass sie kurz vor dem Bombenangriff aus Pearl Harbor ausliefen ...) und die alten Schlachtschiffe samt ihren Besatzungen als Lockvogel benutzt. Mit der Realität des Krieges 1941 haben solche Phantasien nichts zu tun, die dank des Internet neue giftige Blüten treiben.[213]

Wahr ist, dass die Aufklärung der Amerikaner durch eine Kette von Pannen und Fehlentscheidungen zu zögernd erfolgte und die späten Warnungen aus Washington Pearl Harbor nicht mehr rechtzeitig erreichten. Der Verlust der Schlachtschiffe traf die US Navy anfangs sehr hart. Die Amerikaner waren auf einen Krieg schlecht vorbereitet, die einzige Teilstreitkraft von beachtlicher Stärke war die Marine,

die US Navy, und die Pazifikflotte wiederum deren Trumpf-
stück. Als aber die japanischen Flugzeuge am 7. Dezember
1941 zurück zu Yamamotos Trägern flogen, sie hatten nur
wenige Maschinen verloren, bot sich im Militärhafen von
Hawaii eine Szene des Grauens. Von den neun Schlachtschiffen war nur eines entkommen, fünf hatten die Japaner
versenkt, drei schwer beschädigt. Hinzu kamen kleinere
Schiffe und mehrere hundert vernichtete oder ramponierte
Kampfflugzeuge. 2403 Amerikaner waren tot, noch tagelang
standen schwarze Rauchwolken über Hawaii.

Navy-Lieutenant Richard Mueller Nixon hatte großes
Glück: Er war gerade an Land, als die Bomber heranrasten.
Er rannte in einer Menschenmenge aus Seeleuten zurück
zum Hafen, schwarze Rauchwolken stiegen hoch in den
Himmel. Mueller Nixon glaubte, die Japaner hätten die Öl-
tanks nebenan getroffen, so heftig brannte es: «Aber als ich
das Dock erreichte, sahen wir, dass es unser eigenes Schiff
war, die *USS West Virginia.*» Er war Geschützoffizier an Bord,
aber zum Feuern war es viel zu spät. Die *West Virginia* hatte
es hart getroffen, sie stand in Flammen. Plötzlich tauchte
aus dem Qualm ein Matrose auf, von Kopf bis Fuß in Öl ge-
tränkt, er hatte enormes Glück, dass er nicht bei lebendigem
Leibe verbrannt war. Der Mann berichtete, viele Kameraden seien tot, auch der Kapitän. Mueller Nixon und andere
gingen auf ein Feuerwehrschiff und halfen beim Löschen
der Brände. Erst jetzt sah er das Ausmaß der Katastrophe.
Die *Arizona* nebenan war hinter einer Wand aus Feuer verschwunden, die *Oklahoma* lag, mit dem Kiel nach oben, ge-
kentert im Wasser. Es war schwarz vor Öl, Ruß, Asche und
Blut.[214]

Nur dem Schlachtschiff *St. Louis* gelang bei Höchst-
geschwindigkeit die Flucht aus der Todesfalle des Hafens.

Zwar waren die drei US-Flugzeugträger an diesem Tag nicht mehr im Hafen und den Flugzeugen mit der roten Sonne auf den Tragflächen entkommen; sie waren kurz zuvor ausgelaufen, um die bedrohten US-Außenposten auf Wake Island und Midway durch Kampfflugzeuge zu verstärken.[215] Zu diesem Zeitpunkt aber war den kriegführenden Mächten eines noch nicht klar: Nicht die vor schwerer Artillerie strotzenden Schlachtschiffe, in die man so viel Geld steckte, würden wie seit Jahrzehnten die entscheidende Waffe des Seekrieges sein, sondern die Träger. Und die Amerikaner besaßen in Pearl Harbor viel weniger von ihnen als ihr Gegner, nämlich nur drei. Diese wurden dann notgedrungen zur Speerspitze der späteren Gegenoffensive; dem Träger gehörte die Zukunft des Seekrieges. Hätte Roosevelt, wie die Verschwörungstheoretiker glauben machen wollen, den Untergang der Pazifikflotte in Kauf genommen, um sein Land endlich in den Krieg zu führen, wäre es der dümmste und selbstzerstörerischste Winkelzug der Weltgeschichte gewesen. Das Debakel von Pearl Harbor zwang die amerikanische Marine für den Rest des Jahres in die Defensive, während Japans Armeen von Sieg zu Sieg eilten.

Die Japaner griffen fast zeitgleich die Briten auf der malaysischen Halbinsel an und stießen auf die Großstadt Singapur vor, die am 15. Februar 1942 fiel. Wie sehr die veraltete Militärdoktrin noch nach Pearl Harbor auf die Macht der großen Schlachtschiffe setzte, bewies Churchill, der die *Repulse* und die *Prince of Wales*, das Schiff, auf dem er die Atlantik-Charta unterzeichnet hatte, zur Abschreckung nach Singapur beordert hatte. Er versprach sich von diesem Zug, dass von den beiden Kolossen «jene unbestimmte Drohung ausgehe, die schwerstbewaffnete Großkampfschiffe mit unbekannter Position auf gegnerische

Flottenpläne ausüben». So war es immer gewesen, so würde es nie mehr sein.

Ihr Schicksal wirkt noch heute wie der Abgesang der europäischen Kolonialherrschaft. Wie in früheren Epochen des *Britannia rule the waves* hatte die Seemacht geglaubt, auch weit entfernte Meere beherrschen zu können. Als lägen die Schlachtschiffe der US-Pazifikflotte nicht in Trümmern vor Pearl Harbor, liefen die *Repulse* und die *Prince of Wales* nun ohne Schutz aus der Luft den Japanern entgegen.

Den Premierminister hatte die Nachricht aus Pearl Harbor wegen der Zeitverschiebung abends erreicht, er saß bei einem Dinner in Chartwell zusammen mit dem amerikanischen Diplomaten Averell Harriman und US-Botschafter John Winant. Als der Hausdiener Frank Sawyers hereinstürzte und berichtete, er habe im Radio vom Angriff auf Pearl Harbor gehört, stand Churchill auf und ließ sich im Büro eine Leitung nach Washington geben. Zwei Minuten später war Roosevelt am Telefon. «Mr. President, was geht da vor mit Japan?», fragte Churchill. Roosevelt antwortete: «Es ist wirklich wahr. Sie haben uns in Pearl Harbor angegriffen. Nun sitzen wir alle im selben Boot.» In seinen Memoiren schrieb Churchill seine Gedanken aus dieser Nacht auf: «Wir hatten doch noch gewonnen.» England würde leben, «wir würden nicht ausgelöscht werden, Hitlers Schicksal war besiegelt».[216] Schon am nächsten Tag erklärte das Kriegskabinett Japan den Krieg. Die im Gegenzug erhoffte Kriegserklärung der USA an Deutschland blieb allerdings aus.

Repulse und *Prince of Wales* sollten den Worten des Premiers Taten folgen lassen. Die Japaner ließen am 10. Dezember 1941 Wellen landgestützter Torpedobomber auf die stolzesten Schiffe Ihrer Majestät los, deren Abfahrt man in Singapur noch mit einem Marineball an Deck gefeiert hatte.

Ted Matthews, Flakoffizier an Bord der *Repulse,* sah Dutzende japanischer Bomber und Torpedoflugzeuge herankommen, viel zu viele, um sie allein mit Flugabwehrgeschützen aufzuhalten: «Innerhalb weniger Augenblicke rasten sie über die Steuerbordseite nach Backbord. Wir sahen ihre Bomben nicht und waren sicher, dass sie sie bereits abgeworfen hatten. Plötzlich gab es eine gewaltige Explosion. Wir waren getroffen worden, und sofort war alles mit Rauch bedeckt. Ich erinnere mich noch, wie geschockt ich über die Präzision des Angriffs war.»[217] Churchill schrieb später: «Während des gesamten Krieges traf mich kein Schlag unerwarteter. Japan herrschte unbeschränkt über die ungeheuren Weiten dieser Ozeane; wir waren, wo man hinsah, nackt und bloß.»

Innerhalb von wenigen Monaten besetzten die Japaner Malaysia, Indonesien, die Philippinen, Hongkong und insgesamt einen so gewaltigen Raum, dass der Traum des Pazifikimperiums schon Wirklichkeit geworden zu sein schien. Die Demütigung der alten Kolonialmächte war ungeheuerlich. In einer bezeichnenden Analogie zu Hitlers Ostfeldzug nutzten die Japaner in keiner Weise die Begeisterung der asiatischen Bevölkerung, welche die Truppen des Tenno teils jubelnd als Befreier aus der Knechtschaft der Weißen begrüßte. Als Besatzer beuteten die neuen Herren Menschen und Ressourcen so erbarmungslos aus, dass sie bald auf Widerstand stießen. Wie ihre fernen Bündnispartner in Berlin führten sie einen Krieg, den sie trotz aller Triumphe des Anfangs nicht gewinnen konnten. Er war schon verloren, als er begann.

«With all her power and might»:
Roosevelt gegen Hitler

Die Männer aber, die diesen Krieg zwei Jahre zuvor in Polen entfesselt hatten, frohlockten über die Nachricht aus Honolulu. Luftwaffengeneral von Richthofen schrieb begeistert in sein Tagebuch: «Mit Japan schwimmen für die nächsten Jahre alle englischen, amerikanischen und russischen Hoffnungen fort. Wäre eine Mordssache!»[218]

Zwar mochte Pearl Harbor aus deutscher Sicht nur die zweitbeste Lösung sein – aber noch immer eine gute. Hitler selbst frohlockte über «eine Wende von unvorstellbarem Ausmaß»; er hielt die Gefahr eines amerikanischen Eingreifens in Europa jetzt vorerst für gebannt, da die USA sich zunächst der Japaner würden erwehren müssen. Zumindest hatte er für den Russlandkrieg Zeit gewonnen, falls die Amerikaner doch noch mit «all ihrer Kraft und Macht» in Europa eingreifen wollten, *with all her power and might*, wie es Churchill stets beschworen hatte. Gleichzeitig waren die Briten geschwächt, die nun vor der schweren Aufgabe standen, in Europa, Afrika und auf dem Atlantik Krieg zu führen und zugleich auch noch ihre asiatischen Kolonien und vor allem Indien zu beschützen. Vielleicht, spekulierte die deutsche Führung, würde ein englisches Desaster im Pazifik sogar den verhassten Churchill stürzen, vielleicht wäre dann doch noch ein Sonderfrieden mit London möglich, zu den Bedingungen des NS-Regimes natürlich.

In Deutschland jubelten die staatlich gelenkten Zeitungen über die Versenkung der amerikanischen Kriegsschiffe auf Hawaii. «Japans Waffen antworten Roosevelt – Zwei USA-Schlachtschiffe versenkt» titelte die Parteizeitung *Völkischer Beobachter*. Die Wochenschauen zeigten tönende

Sondersendungen, in den Schulen versuchten die Lehrer zu erklären, warum das Reich der aufgehenden Sonne ein natürlicher Partner war. «Die Japaner, das sind Kerle», sagte ein Dorfschullehrer im Spessart den Kindern und ließ eine Weltkarte bringen, um ihnen zu zeigen, wo diese neuen Freunde überhaupt lebten. Deutschland, so die Botschaft, stand in einer Welt von übelwollenden Feinden nicht mehr allein (Italien zählte bereits nicht mehr viel). Dies freilich war ein epochaler Selbstbetrug. Das Reich hatte einen Verbündeten gewonnen, aber die Zahl seiner Feinde um deren stärksten vergrößert. John Lukacs schrieb: «Der Wendepunkt eines ganzen Krieges, vielleicht eines ganzen Jahrhunderts, war auf zwei Erdhälften im gleichen Augenblick gekommen. Aus dem letzten europäischen Krieg war der Zweite Weltkrieg geworden.»[219]

Im winterlichen Washington war in den Stunden nach Pearl Harbor die Entscheidung dabei noch keineswegs gefallen, auch Krieg gegen Japans deutsche Freunde zu führen; im Gegenteil, die meisten US-Politiker warteten, was denn die Deutschen nun tun würden, und die Stimmung grenzte mitunter an Hysterie. In der Nacht zum 8. Dezember verließ Roosevelts Redenschreiber Sam Rosenman das Weiße Haus und fand sich in der Dunkelheit wieder, von der Pennsylvania Avenue aus war auch der sonst hell beleuchtete Sitz des Präsidenten nicht mehr zu sehen. Alle Lichter waren abgeschaltet worden. Rosenman erinnerte sich später: «Es gingen wilde Gerüchte um, deutsche Flugzeuge seien zu Luftangriffen von U-Booten aus gestartet, viele Städte hatten deshalb Verdunkelung angeordnet.»[220]

Churchill drängte Roosevelt zu einem Treffen, erneut wollte der Premierminister den gefährlichen Weg über den Atlantik nehmen – nicht nur, um die gemeinsame Strategie zu besprechen. Churchill war beunruhigt, dass die USA den Briten selbst jetzt noch nicht in Europa zu Hilfe gegen Hitlerdeutschland kommen würden. Roosevelt nannte den Überfall auf Pearl Harbor den «Tag der Schande» und zeigte sich als meisterhafter Krisenmanager, der die bedrängte Nation mobilisierte – aber gegen Japan, nicht gegen Hitler. Der britische Außenminister Anthony Eden hielt es für notwendig, seinem überenthusiastischen Chef diesen kleinen, aber entscheidenden Unterschied noch einmal zu verdeutlichen. Churchills Stimmung sank, als Roosevelt das Treffen mit ihm ablehnte. Der Präsident wollte abwarten, Churchill drängte: «Es wäre mir eine große Freude, Sie wieder zu treffen, und je baldiger, desto besser.» Es waren wenige Tage voller Ungewissheit und Ungeduld. Aber dann nahm der deutsche Diktator ausgerechnet Churchill, seiner Nemesis, alle Sorgen ab.

Am 9. Dezember 1941 erklärte Adolf Hitler den USA den Krieg.

«Die Flamme des Zorns»: Epilog

War Hitlers Krieg bis dahin Wahnsinn mit Methode gewesen, so kam die Methode dem Wahnsinn jetzt immer rascher abhanden. Dem Deutschen Reich fehlte jede Möglichkeit, diesen neuen Gegner zu unterwerfen oder zu einem Frieden von seinen Gnaden zu zwingen. Es hatte dies im Sommer 1940 nicht einmal mit dem wesentlich schwächeren Großbritannien geschafft, dessen Küste man bei gutem Wetter von Pas-de-Calais aus sehen kann. Die USA konnten ihre Soldaten nach London schicken, und sie begannen damit schon bald. Die Deutschen jedoch würden selbst bei einem Sieg über Russland, der zunehmend unwahrscheinlicher wurde, noch immer außerstande sein, den Krieg auf das Territorium der USA zu tragen. Sie würden nicht einmal dessen Städte und Industriezentren bombardieren können, dazu fehlten ihnen die Stützpunkte, die Flugzeugträger, die Luftflotte. Der U-Boot-Krieg im Atlantik bot dafür keinen wirklichen Ersatz, auch wenn das Auftauchen der Wolf Packs vor den Küstengewässern der USA zunächst Panik auslöste.

Hitler führte nun selbst herbei, was er doch unbedingt hatte vermeiden wollen: Krieg mit den USA. Aber der Preis schien es ihm wert zu sein. Um die fernen Japaner zu gewinnen, hatte Hitler ihnen im Dreimächtepakt versprochen, Deutschland werde sich ihrem Kampf gegen Amerika anschließen, sollten sie einen solchen beginnen. Nun war es so weit.

Nie zuvor in der Kriegsgeschichte hatte eine große Macht der anderen so schlecht vorbereitet den Krieg erklärt wie das Deutsche Reich den USA an diesem 9. Dezember 1941. Erst anschließend analysierte der Wehrmachtsführungsstab im OKW die strategischen Auswirkungen: Die Vorteile seien größer als die Risiken, das Reich werde seine militärischen Ziele – vor allem die Vernichtung der Sowjetunion – erreichen, bevor die USA vollständig kriegsbereit und mobilisiert seien, so die Lagebeurteilung vom 14. Dezember 1941. Hitler, seit der Wende vor Moskau persönlich Oberbefehlshaber des Heeres, begann nun, die Küsten des Ärmelkanals und des Atlantik befestigen zu lassen, der Beginn des späteren «Atlantikwalls». Im Sommer des folgenden Jahres würde im Westen schon mehr als eine halbe Million deutscher Soldaten für den Fall eines angloamerikanischen Angriffs bereitstehen. Die deutschen Kräfte begannen sich zu überdehnen, schon jetzt.

Der Russlandfeldzug sollte dennoch mit einem großen Schlag beendet werden: 1942 begann in einer letzten militärischen Kraftanstrengung der Vormarsch im Süden der Sowjetunion, nach Stalingrad und in den Kaukasus, wo die Wehrmacht die Ölquellen von Baku zu erobern hoffte. Ein Ausgleich mit Russland, selbst wenn Stalin sich darauf eingelassen hätte, kam für die deutsche Führung nicht in Betracht. 1942 wies Hitler japanische Vermittlungsversuche brüsk ab. Noch immer glaubte er, den «Lebensraum»-Krieg gewinnen zu können. Das Nazireich würde an seiner eigenen Ideologie zugrunde gehen.

Viel zu weit hatte sich das Denken der deutschen Führung schon von der Wirklichkeit gelöst, auch das des Militärs, das Hitler selbst jetzt noch folgte. Zwei Jahre würden noch vergehen, bis eine Minderheit, die drohende Niederlage vor Augen, am 20. Juli 1944 mit dem Anschlag auf Hitler jene Ehre bewies, welche die Wehrmacht als Ganzes schon sehr lange verloren hatte. Wenn rationale Politik die Kunst des Möglichen ist, dann war die deutsche Politik hinsichtlich der USA 1941 zutiefst irrational – der Versuch, Unmögliches möglich werden zu lassen.

Wie Hitlers Reich in Osteuropa hatte auch Japans Imperium die Kräfte jener Feinde geweckt, die es dann zerbrechen sollten. Der Versuch, durch die Flucht nach vorn gewaltige Herrschaftsräume und vollendete Tatsachen zu schaffen, mobilisierte die geballte Macht Amerikas, das «Arsenal der Demokratie», wie Roosevelt gesagt hatte. Es war ein schlafender Riese gewesen, der sich partout nicht hatte wecken lassen wollen. Nach Pearl Harbor blieb ihm nichts übrig, als die Herausforderung der Gewalt anzunehmen. Und nur zwei Tage später erklärte das Deutsche Reich den USA den Krieg. Japan wie Deutschland hatten binnen achtundvierzig Stunden endgültig den Kurs eingeschlagen, auf dem sie untergehen sollten. Aber ein Zurück gab es nicht mehr. Der Griff beider Gewaltsysteme nach der Weltmacht war gescheitert. Was das Hitlerreich betrifft, konnte es nach dem Grauen von «Barbarossa» keine Verhandlungen mehr mit ihm geben. Die bedingungslose Kapitulation, welche die Alliierten nach der Konferenz von Casablanca 1943 von Hitlerdeutschland verlangten, galt dem System, das diesen Krieg entfesselt hatte, sie galt dem deutschen NS-Staat, der als Verhandlungspartner nicht in Frage kam, gerade weil seine Ziele und Motive nicht verhandelbar waren. Der Untergang Hitlerdeutschlands war nur noch eine Frage der Zeit, wenn auch langer und sehr leidvoller Zeit. In diesen wenigen Tagen Anfang Dezember 1941 hatte sich das Schicksal der Welt entschieden.

Es war, wie so oft, Winston Churchill, der die eindrucks-
vollsten Worte für diese historische Wende fand. Er verbrachte Weihnachten 1941 im Weißen Haus. Eine Mitarbei-
terin Roosevelts, Grace Tully, erblickte am ersten Morgen
seines Besuchs «einen rundlichen, rotgesichtigen, kahlköpfigen Gentleman; er war gekleidet in einen blauen, einteiligen Baumwolloverall und schlurfte, eine große Zigarre
rauchend, direkt auf mein Büro zu».[221] Churchill erkundete
in seinem einteiligen Arbeiterblaumann die Gänge und
Stockwerke des Weißen Hauses. Er gab der US-Presse lässi-
ge und gewitzte Interviews, vertiefte eine ehrliche Freundschaft mit Roosevelt und fühlte sich in dessen Amtssitz so
zu Hause, dass er dem Präsidenten doch gelegentlich ein
wenig auf die Nerven ging. Winston Spencer Churchill, der
Mann, von dem so viele geglaubt hatten, er führe das letzte,
aussichtslose Gefecht der europäischen Demokratie, stand
auf dem Gipfel seines Ruhms. Wenig nur war ihm bewusst,
dass er von nun an zum tragischen Helden werden sollte.
Die Sowjetunion und die USA waren die neuen Weltmächte,
ihr wachsender Gegensatz nach 1945 sollte fast den gesamten Rest des Jahrhunderts bestimmen. Die alten Kolonialmächte spielten darin nur noch eine Nebenrolle, und die
Unterdrückung so vieler fremder Völker durch sie sollte zu
wachsenden Konflikten mit den USA führen, noch während
des Krieges. Die Neue Welt kam, wie Churchill es beschworen hatte, zur Rettung der Alten. Aber sie brachte auch eine
neue Ordnung. Wenige Jahre später gingen die weißen Herren heim aus Afrika und Asien. Eine Ära war vorüber.

Aber das alles lag noch in ferner Zukunft, als Winston
Churchill am zweiten Weihnachtsfeiertag 1941 in Washington vor beide Häuser des Kongresses trat. Die Befürchtun-
gen seines Freundes Hopkins, Roosevelts innenpolitische

Gegner könnten frostig reagieren, erwiesen sich als völlig unbegründet. Churchill hielt eine der großen Reden seines langen Lebens, und dieses eine Mal wurde er gefeiert wie der Mann, der eine Welt gerettet hatte. Er streckte den Abgeordneten die Finger zum V-Zeichen hin, Victory, Sieg, und erhielt Standing Ovations, Hurrarufe und Jubel. Feierlich wie stets beschwor Churchill das Licht der Freiheit: «In die Herzen von Millionen und Abermillionen Männern und Frauen ist die Hoffnung wieder eingekehrt, und mit dieser Hoffnung brennt die Flamme des Zorns gegen den brutalen, verderbten Angreifer ... Die Stunde wird schlagen, und ihr feierlicher Schlag wird verkünden, die Nacht sei vorüber und eine neue Morgendämmerung angebrochen.»[222]

Anmerkungen

1 Jugend von Johannes Blaskowitz: vgl. Giziowski, Blaskowitz, S. 15 ff. Die Biographie ist wegen ihres hagiographischen Charakters freilich nur begrenzt von Nutzen.

2 «Dummheiten machen» und Werdegang Blaskowitz': nach Friedrich-Christian Stahl: Generaloberst Johannes Blaskowitz. In: Ueberschär, Hitlers militärische Elite, S. 20 u. 21.

3 Morde in Bedzin, Einsatzgruppen in Polen: vgl. Snyder, Bloodlands, S. 142.

4 «Erschießungen unschuldiger Juden»: Hassell-Tagebücher, S. 152.

5 «Die Ansicht»: zit. nach Friedrich-Christian Stahl: Generaloberst Johannes Blaskowitz. In: Ueberschär, Hitlers militärische Elite, S. 23.

6 Denkschrift Blaskowitz 8. Dezember 1939: nach Giziowski, Enigma, S. 179 f.

7 Ablösung von Blaskowitz und Nachfolge: vgl. Hans-Erich Volkmann: Zur Verantwortlichkeit der Wehrmacht. In: Müller, Volkmann, Wehrmacht, S. 1203 f.

8 Zu Blaskowitz' Tod ist anderer Ansicht Giziowski, Enigma, S. 467 ff., doch erscheinen seine Quellen und Herleitungen sehr zweifelhaft.

9 «Man muss sich auch in einem Krieg»: Bob Doe im Interview mit dem Autor, September 2009. Im Jahr 2015 hat seine Tochter Helen Doe, Historikerin in Exeter, die Geschichte ihres Vaters noch einmal erzählt und bezweifelt, dass es sich bei dem Deutschen um Pingel handeln könnte. Zu den verschiedenen Versionen vgl. Helen Doe, Fighter Pilot, S. 77.

10 «Er las ihn wieder und wieder» (Szene an Bord der *Tuscaloosa*): zit. nach Roll, The Hopkins Touch, S. 74 ff.

11 «den immensen Armeen Deutschlands»: Churchill, The Second World War 2, S. 494 f.

12 «spezielle Iowa-Mischung»: Sherwood, Roosevelt, S. 14 u. 234. Der Name des florentinischen Staatsphilosophen und Politikers Niccolo Machiavelli (1469–1527) steht heute meist für eine Machtpolitik, für die der Zweck die Mittel heiligt. Svengali ist ein dämonisches, andere manipulierendes Genie aus dem Horrormärchen «Trilby» von 1894. Rasputin, geboren 1869, war ein russischer Prediger und angeblicher Wunderheiler mit erheblichem Einfluss auf die letzte Zarin Alexandra, er wurde 1916 ermordet.

13 «alarmiert, als er Hopkins sah»: Roll, Hopkins Touch, S. 81.

14 «Harry wer?»: zit. nach Manchester/Reid, Defender (The Last Lion 3), S. 256.

15 «es erscheint mir»: zit. nach Sullivan, Harry Hopkins, S. 53.

16 «Wenn Mut alleine»: zit. nach Roll, Hopkins Touch, S. 88.

17 «Berija nahm Stalins Arm»: zit. nach Chlewnjuk, Stalin, S. 337.

18 «Wir hatten keine Zeit»: zit. nach Sullivan, Harry Hopkins, S. 67.

19 «Große und heroische Tage»: zit. nach Roll, Hopkins Touch, S. 179.

20 «Die Ukrainer empfingen»: Mick, Kriegserfahrungen, S. 470. Die Studie von Christoph Mick ist eine beklemmende, bedeutende Rekonstruktion einer Stadt in drei Jahrzehnten zügelloser Gewalt. Vgl. Sandkühler, «Endlösung», S. 202 ff.

21 «Ich sah tausende»: Jakub Demel, zit. nach Mick, Kriegserfahrungen, S. 473.

22 Boris Dorfman in Lemberg: Interview mit dem Autor, 29. August 2014 in Lemberg. Über Boris Dorfman gibt es neuerdings auch einen Film von Gabriela und Uwe von Seltmann: «Boris Dorfman – A mentsh». Vgl. uwevonseltmann.worldpress.com.

23 «Der Kalte Krieg» und weitere Interviewzitate: Süddeutsche Zeitung, 17. Oktober 2009.

24 «Harte Pomeranzen, aus Bäumen gepflückt»: Zei, Die Verlobte, S. 108. Weitere Buchzitate S. 134 u. 232.

25 «Requiem für eine ganze Nation»: zit. nach http://www.ellasnet.de/die-verlobte-des-achilles-alki-zei (Ellasnet, online).

26 Alki Zeis Buch «Die Verlobte des Achilles».

27 «Das Knarren von Stiefeln»: Patrick Leigh Fermor: Die Zeit der Gaben. Zu Fuß nach Konstantinopel. Der Reise erster Teil (engl. Original 1977), S. 56.

28 «verwandelte sich unter meinem immer trüberen Blick»: Leigh Fermor, Zeit der Gaben, S. 143.

29 «zornig bis ins Mark»: Moorehead, Martha Gellhorn, S. 174.

30 Churchill-Rede vom 6. Oktober 1938: Churchill, Reden, S. 34.

31 «Eine Niederlage Deutschlands»: Thierry Maulnier in Le Combat, zit. nach Lukacs, Entmachtung, S. 242.

32 «Hatte Churchill, der – einer gegen alle …»: Haffner, Churchill, S. 108.

33 «Er war ein Mann …»: Haffner, Churchill, S. 113.

34 «Das ist unser Himmler»: zit. nach: Die Zeit, Serie: Der Weg in den Krieg, 8. 9. 1989.

35 «Ich sah, wie sich das Gesicht des Krieges wandelte»: zit. nach Hastings, All Hell, S. 7.

36 «Die russischen Flugzeuge»: Gellhorn, Gesicht, S. 104.

37 «grundlegende Veränderungen»: zit. nach Longerich, Hitler, S. 708. Longerich geht hier ausführlich auf das Ausmaß, aber auch die Schwäche militärinterner Oppositionen gegen Hitler ein: «Im Ergebnis zeigte sich, dass Hitler keine Antipode hatte, die sich seinen Kriegsplänen wirkungsvoll entgegenstellen konnte.» (S. 710)

38 «fateful choices»: Kershaws so betiteltes Buch (dt. Fassung: Wendepunkte) nennt zehn Schlüsselentscheidungen (über die man im Einzelnen gewiss diskutieren kann; m. E. ist die Zahl der «Wendepunkte» zu groß, was aber das Verdienst der Studie nicht schmälern soll): 1. Großbritannien setzt 1940 den Kampf fort. 2. Hitler beschließt im zweiten Halbjahr 1940, die Sowjetunion zu vernichten. 3. Japan entschließt sich zum Krieg. 4. Mussolini will 1940 ein eigenes Großreich erobern und scheitert. 5. Roosevelt hilft den Briten bis Frühjahr 1941, so weit er kann. 6. Stalin verkennt 1941 die deutsche Gefahr. 6. Die USA führen 1941 einen unerklärten Krieg gegen das Reich. 8. Japan greift die USA an. 9. Hitler erklärt den USA den Krieg. 10. Sommer und Herbst 1941: «Hitler beschließt, die Juden zu ermorden.»

39 «Zwar erklärte der neue Premierminister»: Fest, Hitler (Bd. 2), S. 869. Zeitungszitate: www.winstonchurchill.org (in memoriam).

40 «Blut, Schweiß, Mühsal und Tränen»: Churchill, Reden, S. 53.

41 «Es gibt Anzeichen»: Colville, Downing Street, S. 140.

42 «Bis zum Jahre 1940»: Haffner, Churchill, S. 133.

43 «Wir werden uns niemals ergeben» – Rede Churchills: Churchill, Reden, S. 59 ff.

44 «Wir rechneten nicht damit»: zit. nach Bishop, Fighter Boys, S. 260.

45 Luftkämpfe am 15. September 1940: nach Houghs/Richards, Battle, S. 280 ff.

46 Churchill und der «Battle of Britain»-Day: nach Churchill, The Second World War 3, S. 293 ff.

47 «Als die Bombe einschlug»: Taylor, Coventry, S. 223. Warum der Siedler-Verlag dem Buch freilich den Untertitel «Wendepunkt im Zweiten Weltkrieg» gab, bleibt offen; der Autor schreibt nichts dergleichen.

48 «Dutzende neuer Coventrys schaffen»: Taylor, Coventry, S. 369.

49 «Ich glaube, wir haben es geschafft»: zit. nach Kielinger, Der späte Held, S. 115.

50 Luftangriff auf Liverpool, Zitat John Adams: Williams, Battle, S. 106 f.

51 «Wenn wir seinen Angriff abschlagen»: Churchill, Reden, S. 85.

52 «Deshalb wache er morgens auf»: nach Colville, Downing Street, S. 341.

53 «Die Prahlereien der Nazis»: Churchill, Reden, S. 129 (27. April 1941).

54 «Je länger die Briten durchhielten»: Stargardt, Der deutsche Krieg, S. 156.

55 «mit dem Heck zuerst»: Williams, Battle, S. 96.

56 «Transporte über die Ozeane»: zit. nach DRZWK 6, S. 279 (Beitrag Werner Rahn).

57 «Ich werde die Amerikaner hineinziehen»: zit. nach Gilbert, Churchill and America, S. 186.

58 «Großbritannien oder Russland?»: Keegan, Der Zweite Weltkrieg, S. 181.

59 fireside chat Roosevelt, 29. Dezember 1940: zit. nach Kershaw, Fateful Choices, S. 229.

60 «eine der Schlüsselentscheidungen»: Kershaw, Fateful Choices, S. 230.

61 Churchill-Zitate 9.2.1941: Churchill, Reden, S. 120 ff.

62 «Englands letzte Hoffnung»: Halder, Kriegstagebuch, Bd. 2, S. 49. Vgl. DRZWK 4, S. 13 ff. (Beitrag Jürgen Förster).

63 «daß man besser mit Rußland Freundschaft hält»: zit. nach Eberhard Jäckel: Hitlers doppeltes Kernstück. In: Förster, «Unternehmen Barbarossa», S. 19.

64 «steht in der Kontinuität»: DRZWK 4, S. 18 (Beitrag Jürgen Förster).

65 «Blaupause»: Institut für Zeitgeschichte, Hitler. Mein Kampf, S. 52 (Beitrag Andreas Wirsching).

66 «einmal zwölf- oder fünfzehntausend»: Institut für Zeitgeschichte, Hitler. Mein Kampf, S. 52 (Originaltext).

67 «Von Hitlers Hasspredigt»: Institut für Zeitgeschichte, Hitler. Mein Kampf, S. 53 (Beitrag Andreas Wirsching).

68 «daß die gesamte Erziehung der Marine»: zit. nach Michael Salewski: Die Deutschen und die See. Stuttgart 2002, S. 333.

69 «Artillerie, Flugzeuge und Spezialwaffen»: zit. nach DRZWK 3, S. 134 (Beitrag Gerhard Schreiber).

70 «jede Idee eines Angriffs»: zit. nach: Der Spiegel, Nr. 20/1990.

71 «Sie waren müde»: zit. nach Dimbleby, Destiny, S. 21.

72 «Um das eigene Verhalten»: Bericht der von den Außenministern der Bundesrepublik Deutschland und der Italienischen Republik am 28.3.2009 eingesetzten Deutsch-Italienischen Historikerkommission, S. 52. http://www.auswaertiges-amt. de/cae/servlet/contentblob/633874/publicationFile/175264 /121219-DeuItalHistorikerkommission-Bericht.pdf

73 «All die Regimenter in Kairo»: Moorehead, Desert War, S. 6 .

74 «Es dämmerte»: zit. nach Dimbleby, Destiny, S. 47.

75 «Ich will hier nicht bleiben»: Moorehead, Desert War, S. 91.

76 «das völlige Versagen der italienischen Marine»: zit. nach DRZWK 3, S. 610 (Beitrag Bernd Stegemann).

77 «Wir lasen es alle zusammen»: zit. nach Dimbleby, Destiny, S. 51.

78 «Wir waren 21 Jahre alt»: zit. nach Hastings, All Hell, S. 114.

79 «In der Garnison»: Moorehead, Desert War, S. 145.

80 «Ich werde an die Zeit ungern erinnert»: Der Spiegel, Nr. 49/1976.

81 «Ich habe mich entschlossen»: DRZWK 3, S. 553 (Beitrag Gerhard Schreiber).

82 «Man fürchtete»: DRZWK 3, S. 561 (Beitrag Gerhard Schreiber).

83 «Die Männer waren so ausgelaugt»: zit. nach Moorehead, Desert War, S. 172.

84 «Der Krieg wird immer komischer»: zit. nach Beevor, Der Zweite Weltkrieg, S. 210.

85 «Hier endlich erreichten wir» und folgendes Zitat von Richard Dimbleby: zit. nach Dimbleby, Destiny, S. 166.

86 «Dieser Hitler stellt mich»: zit. nach Beevor, Der Zweite Weltkrieg, S. 176.

87 «F(ührer) tobt»: zit. nach DRZWK 3, S. 381 (Beitrag Gerhard Schreiber).

88 «der unmittelbaren Unterstützung des Landkrieges» und folgendes Zitat: Overy, Bombenkrieg, S. 28 u. 896.

89 «Ich hörte kein Geräusch»: zit. und übersetzt nach Auszug auf www.generalmihailovich.com.

90 «17 000 Einwohner»: Churchill, Der Zweite Weltkrieg (dt. Fassung), S. 477.

91 «vorwiegend Juden und Kommunisten»: zit. nach Hamburger Institut für Sozialforschung, Vernichtungskrieg (Katalog), S. 46. Morde in Pancewo: S. 28 ff. mit Bilddokumenten.

92 «Libyen erscheint uns wie ein Billardtisch»: zit. nach Buckley, Greece and Crete, S. 54.

93 «quite a disagreeable walk»: Colville, Fringes of Power, S. 374.

94 «Wir waren die letzten britischen Truppen»: zit. nach Hastings, Finest Years, S. 133.

95 Kampf um Malene und Cunea: vgl. Beevor, Crete, S. 111 f.

96 Kampf um Heraklion: vgl. Beevor, Crete, S. 139.

97 «auf alles und jeden»: zit. nach Mooreheard, Desert War, S. 165.

98 «Waltzing Mathilda»: zit. nach Buckley, Greece and Crete, S. 271.

99 «Kreta-Interview»: nach: Der Spiegel, Nr. 3/1947.

100 Massaker von Kondomari und Aussage Weixler: Donovan Nuremberg Trial Collection, Bd. 12, Section 25.03 (Weixler information, 11. November 1945, Verfahren gegen Hermann Göring). Abrufbar unter http://www.kreta-wiki.de/wiki/Weixlers_Zeugenaussage (mit Bildern).

101 «Jede Warnung»: Churchill, The Second World War 3, S. 330.

102 «Es entstand die Frage»: Guderian, Erinnerungen, S. 139.

103 «Sie fragten nach meinem Ehering, bis ich»: zit. nach Snyder, Bloodlands, S. 151.

104 «Wjatscheslaw Molotow war ein Mann»: Churchill, der Zweite Weltkrieg (dt. Fassung), S. 179.

105 «Wir hatten vorher»: Churchill, The Second World War 3, S. 516.

106 «Stalin ließ sich täuschen»: Chlewnjuk, Stalin, S. 301.

107 «Die Politik, Repressalien»: zit. nach: Der Spiegel, Nr. 7/1971, vgl. auch Kershaw, Fateful Choices, S. 244 ff.

108 «voraussichtlich heftige Grenzschlachten» und folgende Zitate: zit. nach Andreas Hillgruber: Das Rußland-Bild der führenden deutschen Militärs vor Beginn des Angriffs auf die Sowjetunion. In: Wegner, Zwei Wege, S. 169 ff.

109 «Ungeheure Materialmengen rollen»: zit. nach Birnbaum, Feldpostbriefe, S. 66.

110 «Wie ist das möglich?»: zit. nach Werth, Russia, S. 151.

111 «schon jetzt sagen» (Halder, 3. Juli 1941): zit. nach Weinberg, Welt, S. 297.

112 «Es ist ein Aufwaschen»: zit. nach Humburg, Gesicht, S. 125 f.

113 «Drei Garben MG-Feuer»: zit. nach Werth, Russia, S. 152 f.

114 «Die Bomben saßen gut»: Feldpostbrief Siebeler, zit. nach Birnbaum, Feldpostbriefe, S. 62.

115 «Es muss nur noch marschiert werden»: zit. nach Hartmann, Wehrmacht, S. 251.

116 Panzerschlacht in Mzensk: Hartmann, Wehrmacht, S. 309.

117 Deutsche und russische Panzer 1941: vgl. DRZWK 4 (Beitrag Rolf-Dieter Müller), S. 168 ff.; Zahlen v. a. S. 182 ff.

118 «Die deutschen Armeen»: Churchill, Second World War, S. 350.

119 Churchill an Stalin, 9. Juli 1941: zit. nach Churchill, Second World War 3, S. 340.

120 «Alarm! Feind überrennt ...»: zit. nach Dokumenten aus: Die Geschichte der 15. Infanteriedivision 1935–1945. Marc-Stefan Seum, Homepage 15id.info: «Abwehrkämpfe der 15. I.D. im Jelnja-Bogen».

121 «den Eindruck eines traurigen Pathos» und folgende Zitate: Alexander Werth, Russland im Krieg, Teil 1. In: Der Spiegel 27/1965 (gekürzte und ergänzte deutsche Fassung von Werth, Russia).

122 «ob man es unseren Soldaten zumuten kann»: DRZWK 4, S. 551 (Beitrag Ernst Klink).

123 «aber wenigstens nicht unmittelbar vor unseren Augen» (Leeb) und folgendes Zitat des OKW: zit. nach DRZWK 4, S. 551/552 (Beitrag Ernst Klink).

124 «Der Tod kam bei jeder Gelegenheit»: zit. nach Werth, Russia, S. 324. Zum Verlauf der Belagerung vgl. auch Overy, Russlands Krieg, S. 161 ff.

125 «sah ich keinen einzigen Menschen»: zit. nach Werth, Russia, S. 339.

126 «Manche hatten gehofft»: zit. nach Römer, Kommissarbefehl, S. 204.

127 Materialverluste Stand 4. September 1941 nach: DRZWK 4, S. 571 ff. (Beitrag Ernst Klink).

128 «den neuen Strapazen» und weitere Guderian-Zitate: Guderian, Erinnerungen, S. 178–182.

129 «Im Osten ist Härte»: zit. nach Christian Streit: Die Behandlung der sowjetischen Kriegsgefangenen und völkerrechtliche Probleme des Krieges gegen die Sowjetunion. In: Ueberschär/Wette, Der deutsche Überfall, S. 165.

130 «Anhaltende Regenfälle»: Fretter-Pico, Verlassen, S. 62.

131 «Neulich hat der Führer»: Feldpostbrief Anton Böhrer, 9. Oktober 1941. In: Birnbaum, Feldpostbriefe, S. 136.

132 Zit. nach Stopper, Brjansker Gebiet, S. 9.

133 Stalinrede 7. November 1941, nach Werth, Russia, S. 249.

134 «Die Tränen der Frauen»: zit. nach Overy, Russlands Krieg, S. 197.

135 «Schneehemden, Stiefelschmiere»: Guderian, Erinnerungen, S. 225.

136 «Sie verließen sich schlicht»: DRZWK 4, S. 592 (Beitrag Ernst Klink).

137 «Es knirscht und kracht»: DRZWK 4, S. 599 (Beitrag Ernst Klink).

138 «Für die Truppe ist es eine Qual»: zit. nach Der Spiegel 28/1965.

139 «machten sie zunächst den Schlamm»: Weinberg, Welt, S. 306.

140 «Die Straßen sind voller Menschen»: zit. nach Beevor, Schriftsteller, S. 84.

141 Schlacht um Tula, Dezember 1941: nach Werth, Russia, S. 255 ff.; zur Biographie Boldins: Jan Foitzik: Wer war wer in der DDR?, Berlin 2010.

142 «Die Einnahme Moskaus»: Wegener, Moskau 1941, S. 35 f.

143 «Wie sollte ein Krieg gegen Russland»: Haffner, Hitler, S. 146.

144 Frontbericht Osadchinsky: nach Hastings, All Hell, S. 166 ff.

145 «Liebes Schwesterchen»: Brief vom 20. Dezember 1941, zit. nach Birnbaum, Feldpostbriefe, S. 206.

146 Verlustzahlen Ostkrieg: nach Hartmann, Unternehmen Barbarossa, S. 115 ff.

147 «Feind des russischen Volkes»: Aufruf Wlassow vom 27. Dezember 1942, zit. nach Overy, Russlands Krieg, S. 199.

148 «Wie sehr der Feldzug»: Fest, Hitler, S. 884.

149 «Er hatte nur ein ganz verschwollenes Auge»: zit. nach Sandkühler, Endlösung, S. 303, zu Beitz' Beobachtungen auch Käppner, Berthold Beitz, S. 52 ff.

150 Augenzeugenbericht von Hermann Gräbe, 13. Juli 1942, zit. nach Christian Habbe: Einer gegen die SS. In: Spiegel Spezial 1/2001, «Die Gegenwart der Vergangenheit».

151 Dina Pronitschewa in Babij Jar: zit. nach ihrem Bericht in Rosh/Jäckel, Der Tod, S. 48 ff.

152 «Ein steiler Abhang»: zit. nach: Die Zeit, 18. Januar 1963 (Übersetzung von Eckhardt Schmidt und Alexander Kaernpfe).

153 «Ereignismeldungen UdSSR»: nach Andreas Hillgruber, Der Ostkrieg und die Judenvernichtung. In Ueberschär/Wette, Überfall, S. 194.

154 «eine letzte Steigerungsstufe»: Hillgruber, Hitlers Strategie, S. 593.

155 *ADAP*, Serie D, Bd. XIII.1, Nr. 114.

156 «nach Hitlers Septemberentscheidung»: Longerich, Hitler, S. 817.

157 «Wir sind wie Tiere»: http://www.yadvashem.org/yv/de/holocaust/about/pdf/documents/17.pdf.

158 «Vor dem Reichstag»: zit. nach Picker, Tischgespräche, S. 85.

159 Zur Atlantik-Charta ausführlich Meacham, Franklin and Winston, S. 147 ff.

160 Diesen Zusammenhang sieht auch Müller, Der letzte deutsche Krieg, S. 108 ff.; Näheres in Jersak, Interaktion, S. 311 ff.

161 «Der Führer ist der Überzeugung»: zit. nach Friedländer, Jahre der Vernichtung, S. 267.

162 «Es waren zwei Gaswagen»: zit. nach Friedländer, Das Dritte Reich, Bd. 2, S. 262.

163 «Der Tod ist zu etwas Handfestem geworden»: zit. nach Friedländer, Das Dritte Reich, Bd. 2, S. 350.

164 «Sein Magen ist dehnbar»: zit. nach Ueberschär/Wette, Der deutsche Überfall, Dokument 37, S. 328 (1. Juni 1941).

165 «zig Millionen Menschen»: zit. nach Müller, Der letzte deutsche Krieg, S. 92.

166 «Politruks erledigt» und Zahl der nachgewiesenen Morde: Römer, Kommissarbefehl, S. 361 und 359.

167 «den Kampf zweier Weltanschauungen»: zit. nach Fest, Staatsstreich, S. 174.

168 «Die Bedenken entsprechen»: zit. nach Streim, Sowjetische Gefangene, S. 34.

169 «Der Kommissarbefehl demonstriert»: Müller, Der letzte deutsche Krieg, S. 96.

170 «Meine Herren, ich stelle fest» und Entsendung von Gersdorffs zum OKH: zit. nach von Gersdorff, Soldat, S. 88 ff. Der Vorgang wird auch sehr anschaulich geschildert bei Fest, Staatsstreich, S. 179 ff.

171 Zur Rolle Mansteins 1941 ausführlich: Hürter, Hitlers militä-rische Elite, S. 418. Dieser Darstellung ist auch die Episode von Simferopol entnommen.

172 «bestimmungsgemäß behandelt»: von Wrochem, Manstein, S. 69.

173 «den Befehl Stalins»: zit. nach Römer, Kommissarbefehl, S. 231; Felix Römer geht hier auch auf Dichtung und Wahr-heit bei den Berichten über sowjetische Verbrechen ein.

174 «Die Rote Armee nimmt...»: zit. nach DRZWK 4, S. 789 (Bei-trag Hans-Joachim Hoffmann).

175 «Feinde zu vernichten»: zit. nach DRZWK 4, S. 756 (Beitrag Hans-Joachim Hoffmann).

176 Leonid Serafimowitsch und die Partisanen: nach Simonow, Kriegstagebücher, 36 ff.

177 «Die Vorstellung»: Hamburger IfS, Vernichtungskrieg, S. 138.

178 «Der Kampf der Russen»: Denkschrift vom August 1941, zit. nach Hartmann, Wehrmacht, S. 540.

179 «Während des Kampfes»: zit. nach Römer, Kommissarbefehl, S. 237 (Juli 1941).

180 Feldpostbriefe Marlow und Siebeler: zit. nach Birnbaum, Feldpostbriefe, S. 71 und 63.

181 «Ich kann nur sagen»: Manstein, Verlorene Siege, S. 603.

182 «Es war in dieser angespannten Versorgungslage»: zit. nach Streit, Keine Kameraden, S. 129.

183 «Hekatomben von Leichen»: zit. nach Streit, Keine Kamera-den, S. 131.

184 «Eine Welle der Solidarität» und Todeszahlen in Auschwitz: nach Otto, Wehrmacht, S. 192. Mit Markierung sind die Häftlingsgruppen gemeint, deren Kleidung von der SS unter-schiedlich markiert wurde.

185 «an Verwahrlosung starben»: Beevor, Der Zweite Weltkrieg, S. 245.

186 «Seien Sie froh», zit. nach Otto, Wehrmacht, S. 207.

187 «Die Menschen waren dünn»: zit. nach: Die Zeit, 17. Juni 2010.

188 «Hitlers Geiselbefehl»: zit. nach Messerschmidt, Militarismus, S. 265; zum Verhalten der Generäle vor dem Nürnberger

Tribunal ausführlich Heer/Naumann, Vernichtungskrieg, S. 531 ff.

189 «Es handelt sich um einen Vernichtungskampf»: zit. nach Messerschmidt, Militarismus, S. 228.

190 «Das jüdisch-bolschewistische System»: zit. nach Ueberschär/ Wette, Der deutsche Überfall, S. 290, Dokument 22.

191 «Der Soldat ist im Ostraum»: zit. nach Stargardt, Der deutsche Krieg, S. 217, Befehl an die 6. Armee vom 10. Oktober 1941.

192 Befehle Reichenau 1941: Messerschmidt, Militarismus, S. 233 f.

193 «Judeo-Bolschewismus» und Radikalisierung vgl.: Pohl, Herrschaft, S. 27 ff. (Zitat S. 32).

194 «Wegbereitern Hitlers»: Wette, Militarismus, S. 170.

195 «Die Identität dieser Generation»: Felix Römer: Volksgemeinschaft in der Wehrmacht? Milieus, Mentalitäten und militärische Moral in den Streitkräften des NS-Staates. In: Welzer u. a., «Der Führer», S. 73.

196 «Schont Euer Leben!»: Sowjetunion 1941, Deutsches Historisches Museum, Inventar-Nr. 1990/1015.

197 Zu Hosenfeld, Lofy und Battel ausführlich Wette, Judenretter in Uniform. Zu Beitz: Käppner, Berthold Beitz, S. 41 ff., sowie Sandkühler, «Endlösung», S. 290 ff.

198 «Ihr Zusammenhalt»: Hartmann, Unternehmen Barbarossa, S. 25.

199 «In Nowgorord»: zit. nach Heer/Naumann, Vernichtungskrieg, S. 117. Solche Details dokumentierte die «Wehrmachtsausstellung» von 1995 in großer Zahl.

200 «In den letzten Tagen»: zit. nach Katrin Kilian: «Man stirbt nicht gern, wenn man 22 Jahre alt ist, aber ich war bereit ...» Der Krieg in Russland 1941 bis 1945 im Spiegel deutscher Feldpostbriefe. In: «Unternehmen Barbarossa». Edition geschichtswissenschaftlicher Beiträge zum Krieg gegen die Sowjetunion 1941–1945. Historisches Zentrum Hagen 2005. www.historisches-centrum.de/forum/kilian02-1.html.

201 «Der Krieg gegen diese Untermenschen»: zit. nach Hastings, All Hell, S. 148.

202 «Wir haben im Anfang» und folgende Zitate: aus Römer, Kameraden, S. 416 u. 427.

203 «Stille Helden» und ihr Andenken, s. Wette, Ehre, S. 229 ff.

204 «Krepieren muß jeder»: zit. nach Wette, Ehre, S. 251.

205 «Wie eine von Panik überwältigte Herde» und Erlebnis Linsen: zit. nach Hastings, All Hell, S. 167.

206 «Da müssen wir nun den Boden aufgeben»: zit. nach Simonow, Kriegstagebücher, S. 103 f.

207 «Unsere Infanterie hielt an»: zit. nach Wegener, Moskau, S. 151.

208 «Man hat den Gegner»: zit. nach Guderian, Erinnerungen, S. 237.

209 «Nötiger als gedacht»: zit. nach DRZWK 4, S. 905 (Beitrag Jürgen Förster).

210 «Ich habe das alles nicht gewollt»: zit. nach DRZWK 4, S. 906 (Beitrag Jürgen Förster).

211 «an 134 von 180 Tagen»: DRZWK 6, S. 235 (Beitrag Werner Rahn).

212 «Überall entlang der sonnenbeschienenen Straße»: The Seattle Times (online), 7. Dezember 2012. http://www.seattletimes.com/nation-world/reporters-untold-story-of-pearl-harbor-attack-is-finally-published/.

213 Auch das deutsche Handbuch zum Zweiten Weltkrieg schreibt: «Diesbezügliche Vermutungen bzw. Verdächtigungen, die immer wieder in der Literatur auftauchten, erwiesen sich bei näherer Betrachtung als falsch.» DRZWK 6, S. 237 (Beitrag Werner Rahn).

214 «Aber als ich das Dock erreichte»: Bericht Richard Mueller Nixon, http://usswestvirginia.org/stories.

215 Rolle der US-Flugzeugträger bei Pearl Harbor; vgl. Times-Herald, Washington, D. C., 28. September 1944.

216 «Nun sitzen wir alle in einem Boot»: zit. nach Raymond Seitz: The Special Relationship – «All in the Same Boat». Vortrag am Churchill Center, 2011. www.winstonchurchill.org; Churchill, The Second World War 3, S. 537 ff.

217 «Innerhalb weniger Augenblicke»: zit. nach Alan Matthews: The Sinking of the Prince of Wales and Repulse. A series of

personal accounts compiled from crew members. www.microworks.net (pow_repulse).

218 «Mit Japan schwimmen»: zit. nach DRZWK 4, S. 906 (Beitrag Jürgen Förster).

219 «Der Wendepunkt»: Lukacs, Entmachtung, S. 136.

220 Rosenman-Episode nach Meacham, Franklin and Winston, S. 133 f.

221 «einen rundlichen, kahlköpfigen, rotwangigen Gentleman»: zit. nach Meacham, Franklin and Winston, S. 142.

222 «In die Herzen von Millionen»: Churchill, Reden, S. 146.

Literatur

Beevor, Antony: Der Zweite Weltkrieg. München 2014
- (mit Luba Vinogradova): Ein Schriftsteller im Krieg. Wassili Grossman, und die Rote Armee 1941–1945. Gütersloh 2007
- Crete. The Battle and the Resistance. London 1991
Birnbaum, Christoph: Feldpostbriefe aus dem Russlandfeldzug 1941. Vierkirchen o. J.
Bishop, Patrick: Fighter Boys. Saving Britain 1940. London 2003
Bitzes, John G.: Greece in World War II (to 1941). Manhattan (Kansas) 1982
Brands, H.W.: Traitor of His Class. The Privileged Life and Radical Presidency of Franklin Delano Roosevelt. New York 2008
Browning, Christopher R.: Judenmord. NS-Politik, Zwangsarbeit und das Verhalten der Täter. Frankfurt a. M. 2001
Buckley, Christopher: Greece and Crete 1941. London 1952
Chlewnjuk, Oleg: Stalin. Eine Biographie. Berlin 2015
Churchill, Winston: Der Zweite Weltkrieg. Frankfurt a. M. 2003 (für dieses Buch auch benutzt die englische Langfassung: The Second World War. 6 Bde., London 1948–1954)
- Reden in Zeiten des Krieges. Hamburg/Wien 2002
Colville, John: The Fringes of Power. Downing Street Diaries 1939–1955. London 1985
Dimbleby, Jonathan: Destiny in the Desert. London 2013
Doe, Bob: Fighter Pilot. The Story of One of the Few. Chislehurst 2004
Doe, Helen: Fighter Pilot. Gloucestershire 2015
Europa unterm Hakenkreuz. Die Okkupationspolitik des deutschen Faschismus (1938 bis 1945). Berlin (DDR, bis 1990) 1988–1994
Fest, Joachim: Hitler. Eine Biographie. Frankfurt a. M. 1973
- ders.: Staatsstreich. Der lange Weg zum 20. Juli. Berlin 1994

Fretter-Pico, Maximilian: «... verlassen von des Sieges Göttern». Wiesbaden 1969

Friedländer, Saul: Das Dritte Reich und die Juden. 2 Bde., München 1998

Gellhorn, Martha: Das Gesicht des Krieges. Reportagen 1937–1987. Zürich 2012

Gersdorff, Rudolf-Christoph Freiherr von: Soldat im Untergang. Lebensbilder. Frankfurt a. M. u. a. 1979

Giziowski, Richard: The Enigma of General Blaskowitz. London/New York 1997

Guderian, Heinz: Erinnerungen eines Soldaten. Stuttgart 1979 (11. Auflage)

Haffner, Sebastian: Anmerkungen zu Hitler. München 1978 (10. Aufl.)

– Winston Churchill. Reinbek bei Hamburg 2003 (Original: 1967)

Hamburger Institut für Sozialforschung (Hrsg.): Verbrechen der Wehrmacht. Dimensionen des Vernichtungskrieges 1941–1944. Katalog zur Ausstellung. Hamburg 2002

Hartmann, Christian: Unternehmen Barbarossa. Der deutsche Krieg im Osten 1941–1945. München 2012

– Wehrmacht im Ostkrieg. Front und militärisches Hinterland 1941/1942. München 2010

Hassell, Ulrich von: Die Hassell-Tagebücher 1938–1944. Aufzeichnungen vom anderen Deutschland. Hrsg. von Friedrich Freiherr Hiller von Gaertringen. Berlin 1988

Hastings, Max: All Hell Let Loose. The World at War 1939–1945. London 2011

– Finest Years. Churchill as War Lord 1940–45. London 2009

Heer, Hannes/Naumann, Klaus (Hrsg.): Vernichtungskrieg. Verbrechen der Wehrmacht 1941–1944. Hamburg 1995

Herzstein, Robert: Roosevelt und Hitler. Prelude to War. New York u. a. 1994

Hough, Richard/Richards, Denis: The Battle of Britain. New York/London 1989

Humburg, Martin: Das Gesicht des Krieges. Feldpostbriefe von Wehrmachtssoldaten aus der Sowjetunion 1941–1944. Opladen 1998

Jäckel, Eberhard: Hitlers Weltanschauung. Entwurf einer Herrschaft. Tübingen 1969

Jäger, Eberhard: Verbrechen unter totalitärer Herrschaft. Studien zur nationalsozialistischen Gewaltkriminalität. Olten 1967

Jenkins, Roy: Churchill. A Biography. London 2002

Jersak, Tobias: Die Interaktion von Kriegsverlauf und Judenvernichtung. Ein Blick auf Hitlers Strategie im Spätsommer 1941. In: HZ 1999, S. 311 ff.

Käppner, Joachim: Berthold Beitz. Die Biographie. Berlin 2010

Kennedy, Paul: Die Casablanca-Strategie. Wie die Alliierten den Zweiten Weltkrieg gewannen. München 2012

Kershaw, Ian: Hitler. London 1998/2000.

– Fateful Choices. Ten Decisions that Changed the World 1940–1941. London 2007

Kielinger, Thomas: Winston Churchill. Der späte Held. Eine Biographie. München 2015

Kitchen, Martin: Rommel's Desert War. Waging World War II in North Africa. Cambridge 2009

Leigh Fermor, Patrick: Die Zeit der Gaben. Zu Fuß nach Konstantinopel: Von Hoek van Holland an die Donau. Der Reise erster Teil. Zürich 2011

Longerich, Peter: Hitler. Biographie. Berlin 2015

– Politik der Vernichtung. Eine Gesamtdarstellung der nationalsozialistischen Judenverfolgung. München 1998

Lukacs, John: Die Entmachtung Europas. Der letzte europäische Krieg 1939–1941. Stuttgart 1978

Manchester, William/Reid, Paul: The Last Lion: Winston Spencer Churchill. Bd. 3: Defender of the Realm, 1940–1965. New York 2012

Manstein, Erich von: Verlorene Siege. Bonn 1955

Meacham, Jon: Franklin and Winston. An Intimate Portrait of an Epic Friendship. New York 2003

Messerschmidt, Manfred: Militarismus, Vernichtungskrieg, Geschichtspolitik. Zur deutschen Militär- und Rechtsgeschichte. Paderborn u. a. 2006

Mick, Christoph: Kriegserfahrungen in einer multiethnischen Stadt. Lemberg 1914–1947. Wiesbaden 2010

Militärgeschichtliches Forschungsamt (Hrsg.): Das Deutsche Reich und der Zweite Weltkrieg. 10 Bde., Stuttgart 1979–2008.

Moorehead, Alan: Desert War. The North African Campaign 1940–1943. London 2001 (Original: African Trilogy, 1944)

Moorehead, Caroline: Martha Gellhorn. A Life. London 2004

Müller, Rolf-Dieter: Der letzte deutsche Krieg 1939–1945. Stuttgart 2005

– Volkmann, Hans-Erich: Die Wehrmacht. Mythos und Realität. Im Auftrag des Militärgeschichtlichen Forschungsamtes. München 1999

– Hitlers Ostkrieg und die deutsche Siedlungspolitik. Die Zusammenarbeit von Wehrmacht, Wirtschaft und SS. Frankfurt a. M. 1991

Neitzel, Sönke/Welser, Harald: Soldaten. Protokolle vom Kämpfen, Töten und Sterben. Frankfurt a. M. 2011

O'Sullivan, Christopher D.: Harry Hopkins. FDR's Envoy to Churchill and Stalin. Lanham u. a. 2015

Overy, Richard: Der Bombenkrieg. Europa 1939–1945. Berlin 2014

– Russlands Krieg 1941–1945. Reinbek bei Hamburg 2003

Paul, Gerhard (Hrsg.): Die Täter der Shoah. Fanatische Nationalsozialisten oder ganz normale Deutsche?. Göttingen 2002

Picker, Henry: Hitlers Tischgespräche im Führerhauptquartier. Stuttgart 1983

Pohl, Dieter: Die Herrschaft der Wehrmacht. Deutsche Militärbesatzung und einheimische Bevölkerung in der Sowjetunion 1941–1944. München 2009

– Verfolgung und Massenmord in der NS-Zeit 1933–1945. Darmstadt 2003

– Holocaust. Die Ursachen – das Geschehen – die Folgen. Freiburg u. a. 2000

Römer, Felix: Kameraden. Die Wehrmacht von innen. München 2012

– Der Kommissarbefehl. Wehrmacht und NS-Verbrechen an der Ostfront 1941/1942. Paderborn 2008

Roll, David L.: The Hopkins Touch. Harry Hopkins and the Forging of the Alliance to Defeat Hitler. Oxford 2013

Sandkühler, Thomas: «Endlösung» in Galizien. Der Judenmord

in Ostpolen und die Rettungsinitiativen von Berthold Beitz 1941–1944. Bonn 1996

Simonow, Konstantin: Kriegstagebücher (Auswahl). Leipzig 1985

Smith, Helmut Walser: Fluchtpunkt 1941. Kontinuitäten deutscher Geschichte. Stuttgart 2010

Snyder, Timothy: Bloodlands. Europa zwischen Hitler und Stalin. München 2011

Stargardt, Nicholas: Der deutsche Krieg 1939–1945. Frankfurt a. M. 2015

Stopper, Sebastian: Das Brjansker Gebiet unter der Besatzungs-herrschaft der Wehrmacht 1941 bis 1943. Berlin 2012 (Diss.; edoc.hu-berlin.de)

Streim, Alfred: Sowjetische Gefangene in Hitlers Vernichtungs-krieg. Berichte und Dokumente. Heidelberg u. a. 1982

Streit, Christian: Keine Kameraden. Die Wehrmacht und die sow-jetischen Kriegsgefangenen 1941–1945. Bonn 1997

Taylor, Frederick: Coventry. Der Luftangriff vom 14. November 1940: Wendepunkt im Zweiten Weltkrieg. Berlin 2015

Ueberschär, Gerd R.: Hitlers militärische Elite. 68 Lebensläufe. (3. Aufl., 2015)

– mit Wette, Wolfram: «Unternehmen Barbarossa». Der deutsche Überfall auf die Sowjetunion 1941. Berichte, Analysen, Doku-mente. Frankfurt a. M. 2011

Wegner, Bernd (Hrsg.): Zwei Wege nach Moskau. Vom Hitler-Stalin-Pakt zum «Unternehmen Barbarossa». München / Zürich 1991

Weinberg, Gerhard L.: Eine Welt in Waffen. Die globale Geschichte des Zweiten Weltkrieges. Stuttgart 1995

Welzer, Harald / Neitzel, Sönke / Gudehus, Christian (Hrsg.): «Der Führer war wieder viel zu human, viel zu gefühlvoll». Der Zwei-te Weltkrieg aus der Sicht deutscher und italienischer Soldaten. Frankfurt a. M. 2011

Werth, Alexander: Russia at War 1941–1945. London 1964

Wette, Wolfram: Ehre, wem Ehre gebührt! Täter, Widerständler und Retter 1939–1945. Bremen 2015

– Militarismus in Deutschland. Geschichte einer kriegerischen Kultur. Frankfurt a. M. 2011

- (Hrsg.): Retter in Uniform. Handlungsspielräume im Vernichtungskrieg der Wehrmacht. Frankfurt a. M. 2003
Willams, Andrew: The Battle of the Atlantic (zur gleichnamigen BBC-Dokumentarserie). London 2002
Wrochem, Oliver von: Erich von Manstein: Vernichtungskrieg und Geschichtspolitik. Paderborn u. a. 2006
Zei, Alki: Die Verlobte des Achilles. Köln 1991 (autobiogr. Roman)

Dank

Mein Dank gilt – neben meinen leidensfähigen Angehörigen – zuerst Manfred Messerschmidt, dem Begründer der kritischen Militärgeschichtsschreibung in Deutschland: schlicht für das Vorbild, das seine Forschungen und seine langen Kämpfe gegen die Beharrungskräfte des Gestrigen mir stets gewesen sind. Ebenso danke ich Kurt Kister, Chefredakteur der *Süddeutschen Zeitung*, für Teilhabe an seinem enzyklopädischen Wissen und seine freundschaftliche Förderung.

Was dieses Buch selbst betrifft, danke ich dem Sachbuchleiter des Rowohlt · Berlin Verlags, Ulrich Wank, der die Idee und die Überzeugungskraft dazu hatte. Und meiner sehr kompetenten und bei allen Schperänzsche (rheinisch für: Attituden, divenhafte Verhaltensweisen), die ein Autor so an den Tag legen kann, gleichbleibend geduldigen und freundlichen Lektorin Ricarda Saul. Dank schulde ich, selbstredend, allen Zeitzeugen, die ich befragen durfte. Bleiben zu nennen meine Berater und Freunde Cord Aschenbrenner und Harald Hordych. Sie haben mir, neben allerlei fachlichen Hinweisen, allein als Rollenmodelle über dauerhaft verlegte Bücher, verschwundene Dateien und Smartphones, rätselhafterweise vermisste Bibliotheksausweise und ähnliche, vom Autor gänzlich unverschuldete Widrigkeiten eines solchen Projektes hinweggeholfen.

Europa vor dem Zweiten Weltkrieg

Grenzen von 1937

Neue Staaten nach 1918

Ladogasee

lsinki
Leningrad
(St. Petersburg)

Nowgorod
Jaroslawl

llinn
(eval)
TLAND

Moskau

Wolga

ga

has
(no)

Wilna

Minsk

Saratow

923
LEN
st-
wsk

UNION DER SOZIALISTISCHEN
SOWJET-REPUBLIKEN 1922

Kiew

Don

Wolga

Astrachan

Lemberg

Rostow

Tschernowitz

Odessa

Krim

Grosny

Alexandrowsk

K a u k a s u s

*K a s p i s c h e s
M e e r*

MÄNIEN

Bessarabien
1918/20

Tiflis

Kronstadt

Bukarest

Schwarzes Meer

Kura

Baku

JLGARIEN
ofia

1918–1923
v. Alliierten bes.

Trabzon

1920/21 türk.

Eriwan

Kars

Edirne
Istanbul

Erzurum

Täbris

Athen
ECHEN-
LAND

Ankara

TÜRKEI
1923 Rep.

Mossul
Mossul-Gebiet

IRAN
bis 1935 Persien

Dodekaden. Rhodos
ital.

Kreta

Hatay

Haleb

Latakia
Latakia

SYRIEN
1920
franz. Mandat
1930 Rep.

1925 brit. *Zypern*
Kronkolonie

Libanon
Beirut

Damaskus

IRAK
1920–30
brit. Mandat

Bagdad

Euphrat

Tigris

Drusen-Staat

Basra

Palästina
Jerusalem

Amman

1920 brit. Mandat

I Transjord.

Port Said

Alexandria

Kairo
Suez
Brit. Militärzone
1936

Nil

Akaba
1922 brit.
1925 Transjord.

SAUDI-ARABIEN

ÄGYPTEN
1922/36
unabh. Königreich

0   100 200 300 400 500 km

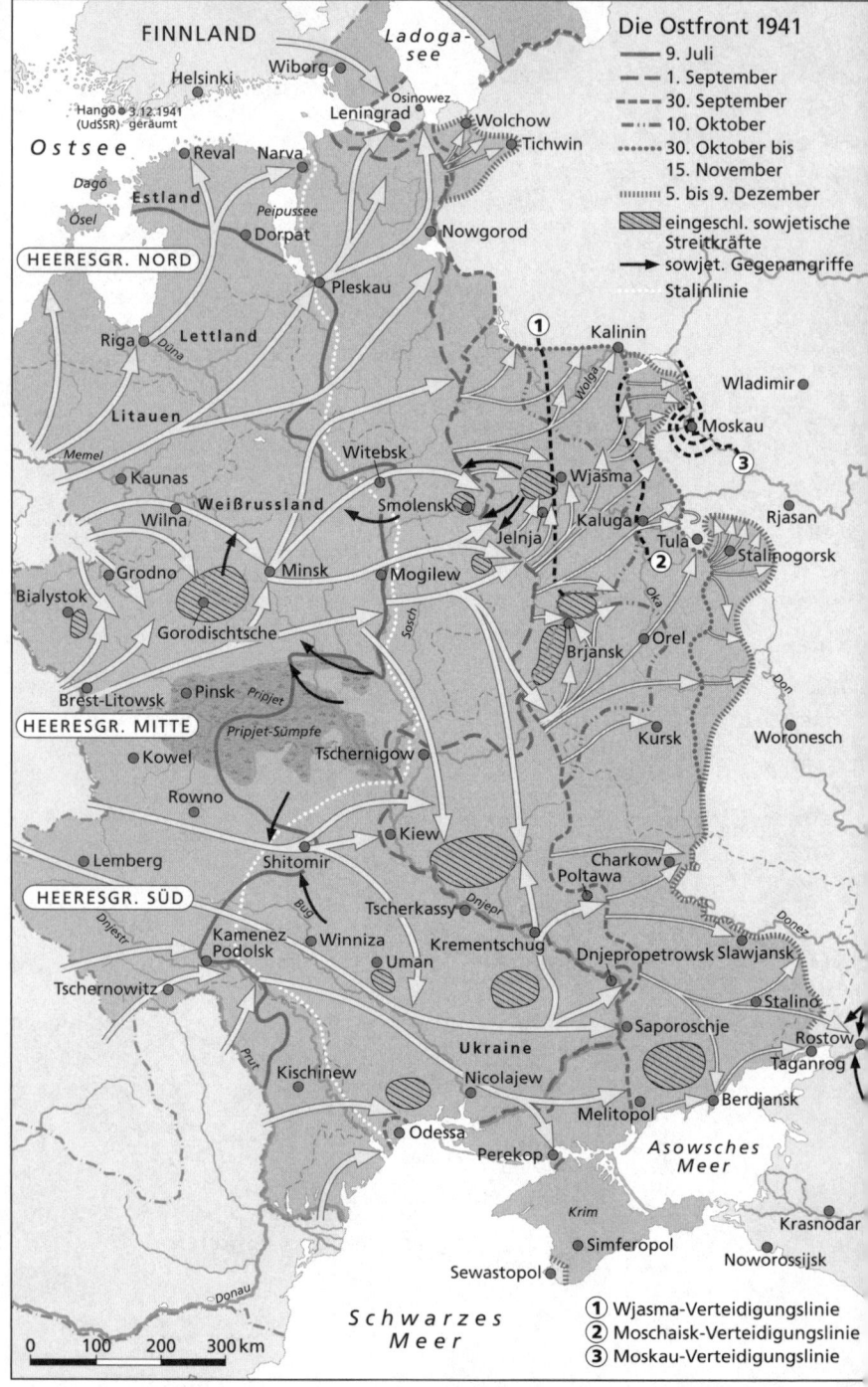

Die Ostfront 1941

- ──── 9. Juli
- ── ── 1. September
- ─ ─ ─ 30. September
- ········· 10. Oktober
- ·········· 30. Oktober bis 15. November
- ▥▥▥▥ 5. bis 9. Dezember
- ▨ eingeschl. sowjetische Streitkräfte
- ➤ sowjet. Gegenangriffe
- ── Stalinlinie

① Wjasma-Verteidigungslinie
② Moschaisk-Verteidigungslinie
③ Moskau-Verteidigungslinie

FINNLAND

Ladogasee

Helsinki
Wiborg
Osinowez
Hangö 3.12.1941 (UdSSR) geräumt
Leningrad
Wolchow
Tichwin
Ostsee
Reval
Narva
Dagö
Estland
Peipussee
Nowgorod
Ösel
Dorpat
HEERESGR. NORD
Pleskau

Riga
Düna
Lettland
Kalinin
Wladimir
Moskau
Wolga
③

Litauen
Memel
Witebsk
Wjasma
Kaluga
Rjasan
Kaunas
Smolensk
Jelnja
Tula
Stalinogorsk
Wilna
②
Weißrussland
Minsk
Mogilew
Orel
Grodno
Don
Bialystok
Gorodischtsche
Brjansk
Woronesch
Brest-Litowsk
Pinsk
Pripjet
Kursk
HEERESGR. MITTE
Pripjet-Sümpfe
Kowel
Tschernigow
Ssosch

Rowno
Kiew
Charkow
Poltawa
Lemberg
Shitomir
Dnjepr
HEERESGR. SÜD
Tscherkassy
Kamenez-Podolsk
Winniza
Krementschug
Dnjepropetrowsk
Slawjansk
Tschernowitz
Uman
Donez
Stalino
Ukraine
Saporoschje
Rostow
Taganrog
Kischinew
Nicolajew
Berdjansk
Prut
Melitopol
Odessa
Perekop
Asowsches Meer
Krim
Krasnodar
Simferopol
Noworossijsk
Sewastopol
Donau
Schwarzes Meer

0   100   200   300 km

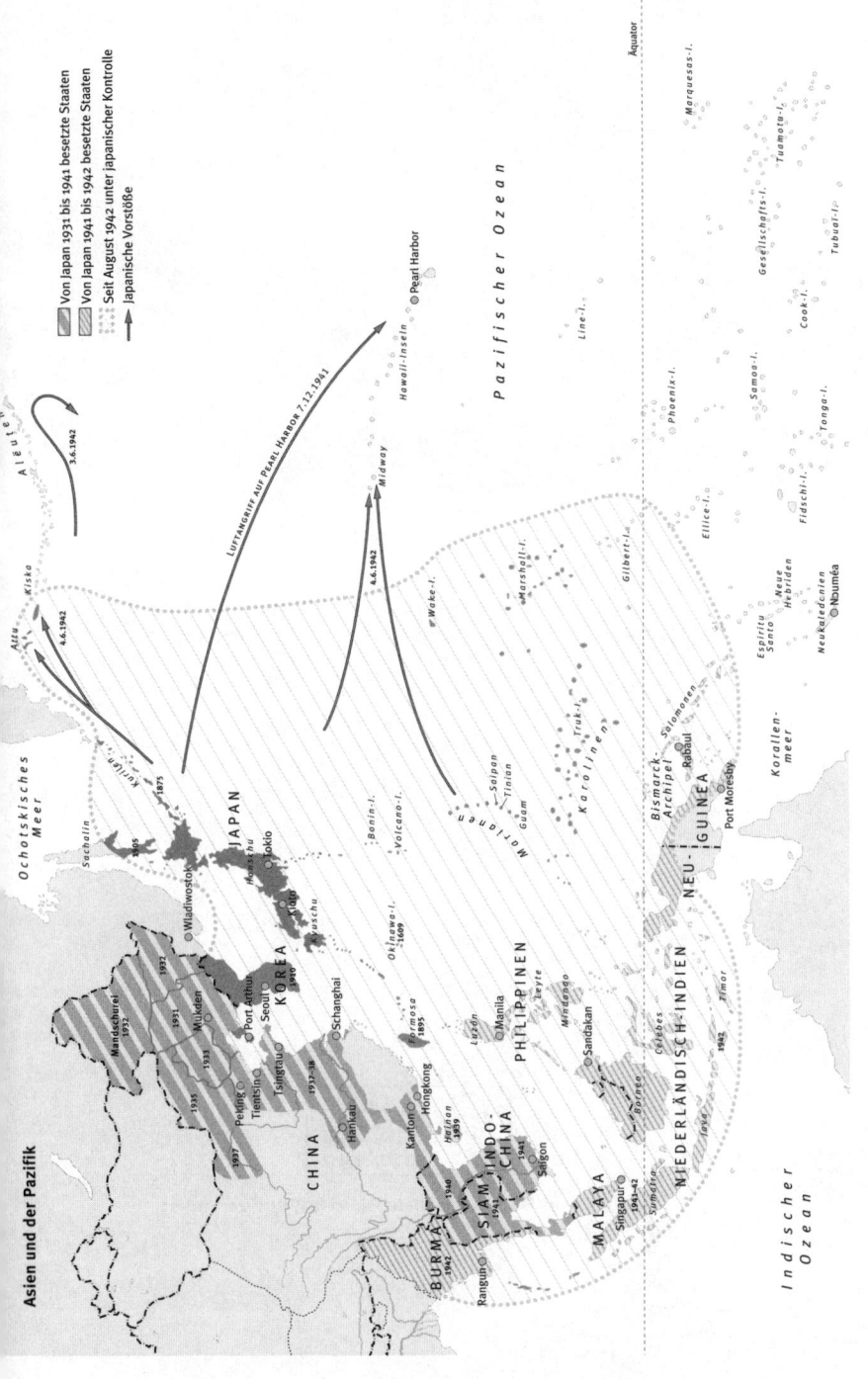

Asien und der Pazifik

Von Japan 1931 bis 1941 besetzte Staaten
Von Japan 1941 bis 1942 besetzte Staaten
Seit August 1942 unter japanischer Kontrolle
Japanische Vorstöße

Ochotskisches Meer

Sachalin
305
Kurilen
Wladiwostok
Aleuten
Attu
Kiska
3.6.1942
4.6.1942

JAPAN
Hokkaidō
Honschu
Sokio
Kiōto
Kiuschu
KOREA
Seoul 1910
Port Arthur
1905

Pazifischer Ozean

Äquator

LUFTANGRIFF AUF PEARL HARBOR 7.12.1941
Pearl Harbor
Hawaii-Inseln
Midway
4.6.1942

Bonin-I.
Volcano-I.

Okinawa-I. 1609
Formosa 1895

Wake-I.
Marianen
Saipan
Tinian
Guam

Marshall-I.

Line-I.

Marquesas-I.

Gesellschafts-I.
Tuamotu-I.
Tubuai-I.
Cook-I.

CHINA
Peking 1937
Tientsin 1937
Tsingtau
Schanghai
Hankau
Hongkong
Kanton
Heijan 1939
INDO-CHINA
Saigon 1941
SIAM 1941
1946
BURMA 1942
Rangun

Karolinen
Truk-I.

Gilbert-I.

Phönix-I.

Samoa-I.

Ellice-I.

Fidschi-I.
Tonga-I.

Manila
Luzón
PHILIPPINEN
Leyte
Mindoro
Mindanao
Sandakan
Borneo
Celebes
Timor
1942

MALAYA
Singapur 1941–42
Sumatra
NIEDERLÄNDISCH-INDIEN

Bismarck-Archipel
Rabaul
Salomonen
NEU-GUINEA
Port Moresby

Espiritu Santo
Neue Hebriden
Neukaledonien
Nouméa

Korallen-meer

Indischer Ozean